湖北省社科基金一般项目（后期资助项目）成果

刘勋 著

唐代旅游地理研究

武汉大学出版社

图书在版编目(CIP)数据

唐代旅游地理研究/刘勋著.—武汉：武汉大学出版社,2023.4
ISBN 978-7-307-22937-2

Ⅰ.唐… Ⅱ.刘… Ⅲ.旅游地理—历史地理—研究—中国—唐代 Ⅳ.①K928.9 ②K928.6

中国版本图书馆 CIP 数据核字(2022)第 038566 号

责任编辑:喻　叶　　　责任校对:汪欣怡　　　版式设计:马　佳

出版发行：武汉大学出版社　　(430072　武昌　珞珈山)
（电子邮箱：cbs22@whu.edu.cn　网址：www.wdp.com.cn）
印刷：武汉中科兴业印务有限公司
开本：720×1000　1/16　印张：17.25　字数：280 千字　插页：1
版次：2023 年 4 月第 1 版　　2023 年 4 月第 1 次印刷
ISBN 978-7-307-22937-2　　定价：58.00 元

版权所有，不得翻印；凡购我社的图书，如有质量问题，请与当地图书销售部门联系调换。

序　言

"旅游"之事，由来已久。西周时，即已有周穆王游历天下之事，《穆天子传》言之綦详。"旅游"一词，则首见于南朝萧梁，沈约"旅游媚年春，年春媚游人"之句(《沈隐侯集》卷二《悲哉行》)，或是其滥觞。至于唐朝，"旅游"之事已为寻常之事，"旅游"一词便常见于诗赋，记游诗因此成为唐诗百花园中的一朵奇葩。

唐代旅游者，有钟爱山水之美者，如李白"五岳寻仙不辞远，一生好入名山游"(《李太白全集》卷十四《庐山遥寄卢侍御虚舟》)，王勃在四川利州旅游数月，"寻茅溪之涧，深溪绝磴""憩乎荒涧，睹青苔焉"(《御定历代赋汇》卷一百十五《涧底寒松赋》，卷一百二十《青苔赋》)；有偏好人文之秀者，如齐己在淮甸旅游时，一身衲衣棕笠装扮，"城中古巷寻诗客，桥上残阳北酒楼"(《御定全唐诗》卷八百四十五《寄吴国知旧》)。不过，唐人笔下之"旅游"，并非与现代意义上的旅游完全相同。现代旅游活动之践行，必须有旅游者自主的欲求动机。但是，唐人笔下之"旅游"则不尽然，他们所言的"旅游"，既有旅行游览之含义，亦有羁旅他乡之寓意，他们有关"旅游"的篇什，除了叙述游览时观睹到的山水之胜、人文之景和风俗之美，往往还抒发着旅游者"独在异乡为异客"的相思之情、离愁之绪和孤独之恨。如，自称"江潭旅游子"的赵冬曦在游历岳州湿湖后，感叹沧海桑田，世事无常，写下了"君讶今时尽陵陆，我看明岁更沦涟。来今目昔无终始，人事回环常若是"的诗句(《唐诗纪事》卷十七《湿湖作》)，从湿湖的水陆环境变迁联想到人事无常。又如，贾岛在关中旅游时，因为科场失意，留下"世难那堪恨旅游，龙钟更是对穷秋。故园千里数行泪，邻杵一声终夜愁"的诗句(《御定全唐诗录》卷五十二《上谷旅夜》)，说明旅游带给他的是愁与恨，并非快乐与满足。再如，白居易在游览丰县朱陈村后，十分向往这个村"既安生与死，不苦形与神,所以多寿考,往往见玄孙"的长寿生活,而回忆起自己在安史乱后的旅游经历,却是感伤不已,曰:"忆昨旅游初,迨今十五春。孤舟三适楚,羸马四经秦。昼行有饥色,夜寝无安魂。东西不暂住,来往若浮云"(《御定全唐诗录》卷六十《朱陈邨》)。还有,李群玉"灯微静室生乡思,月上严城话旅游"(《御定全唐诗》卷八百四十五《与重幽上人话旧》),白居易"江海漂漂共旅游,一樽相劝散穷愁"(《御定全唐诗》卷四百三十六《宿桐庐馆同崔存度醉后作》),田澄"旅游唯得酒,今日过明朝"(《唐诗纪事》卷三十九《成都为客作》),谭用之"乡思不堪悲橘柚,旅游谁肯重王孙"(《宋诗纪事》卷二《秋宿湘江遇雨》),等等。这些篇什提到"旅游",几乎都是愁绪满怀,乡思爆棚,与现代旅游过程的轻松快乐大相径庭。如果说句中"旅游"的例子还不能说明问题,那就再看看题中"旅游"的例子吧!一如贾岛《旅游》诗曰:"此心非一事,书札若为传。旧国别多日,故人无少年。空巢霜叶落,疏庸火萤穿。留得林僧宿,中宵坐默然"(《御定全唐诗录》卷五十二),离愁与孤独,跃然于纸上。二如刘沧《春日旅游》诗曰:"玄发辞家事远游,春风归雁一声愁。花开忽忆故园树,月上自登临水楼。浩浩晴原人独去,依依青草水分流。秦川楚塞烟波隔,怨别路歧何日休"(《御定全唐诗录》卷八十八),字里行间,充斥着孤独和怨愁。三如李昌符《旅游伤春》诗曰:"酒醒乡关远,迢迢听漏终。曙分林影外,春尽雨声中。鸟思乡村路,花残野岸风。十年成底事,羸马倦西东"(《御定全唐诗录》卷八十八),借酒浇愁,长夜难眠,有的只是伤感和乡思。四如王建《初冬旅游》诗曰:"远投人宿趁房迟,童仆伤寒马亦饥。为客悠悠十月尽,庄头栽竹已过时"(《御定全唐诗》卷三百一),随从病,坐马饥,时节过,都是不如意。五如李群玉《旅游番禺献凉公》诗曰:"帝乡群侣杳难寻,独立沧州岁暮心。野鹤栖飞无远近,稻粱多处是恩深"(《御定全唐诗》卷五百七十),独立河洲上,看野鹤栖飞,朋友却音信杳无,自己也形单影只,其岁暮心境,好不凄凉!如此等等,不一而足。唐代旅游者的这些偏负面的心境,是值得唐代旅游史研究者特别注意的。

唐代是中国历史上的"大一统"王朝,在其统治的近三个世纪里,总体的社会状况是国力雄厚,疆土辽阔,交通发达,城市繁荣,封建经济达到相当高度,旅游活动也因之蔚然成风,存在着帝王巡游、官宦仕游、文人漫游、僧侣云游、商旅行游、军士征游、市民园游、百姓冶游等多种旅游主体和旅游形式,参与旅游活动的社会规模和地域范围都远远超迈其以前的朝代。历史地理学者张全明教授认为："隋唐五代两宋时期，中国的生态旅游文化进入了一个相对发达的高潮期……参与生态旅游已成为一种时髦的社会风尚；生态旅游资源已得到较广泛的开发；佛道宗教信徒在本教及其各教派之间盛行旅游；生态旅游的文化含量大幅度增加；咏言山水的诗词发展至鼎盛状态；山水游记体散文正式形成且走向成熟；生态旅游文化的哲学思考有重要的进步；旅游审美能力的提高和旅游设施的增多与不断完善等"（《中华五千年生态文化》，华中师范大学出版社1999年版第1316页）。这是从整个隋唐五代两宋时期的生态文化史角度来评论的，其实用以概括唐代的旅游发展情况，也是基本符合的。但是，目前学界对唐代的旅游主体、旅游资源、旅游设施等的研究还相当薄弱，唐代旅游地理是还一个值得研究的重大课题。

中国历史地理学是二十世纪三十年代才逐步建立起来的新兴学科，到二十世纪九十年代，经过六十余年的发展虽然有了很大进步，也取得了很多成就，但其学科体系仍未完善，还有不少与现代地理科学对应的分支学科尚未建立起来，历史医学地理学和历史旅游地理学就是其中的两个，故自九十年代开始，我便致力于中国历史医学地理学的研究，至新世纪初，又开始指导博士研究生开展中国历史旅游地理学的探索。2010年，博士生任唤麟完成了《明代旅游地理研究》（中国科学技术大学出版社2013年出版）；2011年，博士生周军完成了《清代旅游地理研究》，博士生刘勋完成了《唐代旅游地理研究》；2012年，博士生何小芊完成了《中国历史温泉的旅游地理研究》（2013年旅游教育出版社出版）。现在，刘勋博士的《唐代旅游地理研究》即将付梓出版，请我撰写序言，可喜可贺，当然应该应允。

刘勋的《唐代旅游地理研究》一书是在博士学位论文基础上经多年的修改完善定稿的。书中通过对两《唐书》列传人物的旅游活动所涉及的旅游目的地、旅游资源、旅游设施等史料信息进行系统梳理，并以之为基础数据支撑，按照现代旅游地理学和历史地理学的理论框架，采用定性与定量相结合、历史文献分析和地理空间分析相结合的方法，一是分析了唐代旅游活动的时空分布与变迁规律、旅游发展的阶段性与区域性特征等；二是研究了唐代主要旅游客源地的等级结构与分布变迁，主要旅游目的地的空间格局、变迁规律等；三是阐述了唐代旅游资源的类型结构与分布变迁、开发利用与保护等;四是探讨了唐代旅游的交通线路与交通工具、旅游接待与服务的设施、地图与旅行指南的旅游使用等。全书力求揭示唐代旅游活动的时空特征及其形成的内在机理,从一个侧面勾勒了唐代的社会发展和唐人的社会生活,对于唐代社会生活的研究和中国历史旅游地理的研究都有一定参考价值。书中认为,唐代是中国古代旅游发展的重要转折时期,唐玄宗开"旅游补贴"的滥觞,唐德宗将其制度化后大大促进了旅游的大众化发展,以致平民百姓甚至下层妇女也成为旅游活动的主体;书中指出,唐代是中国传统民俗从祭拜礼仪型转化为娱乐逸兴型的集中期,正是唐代民俗的"初因淡化"奠定了后世旅游活动的欢乐愉悦基调;书中还认为,唐代是中国古代旅游经济发展的萌芽时期,部分人口从农业和手工业中脱离出来从事旅游娱乐服务,使得旅游服务成为一种营生手段,旅游业作为一种新业态正式出现。这些观点,均颇有新意。当然,如前所述,唐代旅游者的初心与动机与现代意义上的旅游并不完全相同,书中在旅游史料的搜集、考证和引用,文字表达的简洁精炼和历史美感等方面,还有一些有待改进的地方。不过,瑕不掩瑜,《唐代旅游地理研究》作为中国历史旅游地理系列的第二部断代著作,学术价值是毋庸置疑的。抛砖引玉之作,希望有更多的历史地理学者参与到历史旅游地理的研究中来!

是为序。

龚胜生
2022 年 10 月 30 日于桂子山寓所

目 录

第一章 绪论 1

第一节 唐代旅游地理研究背景 3
一、旅游相关概念 3
二、唐代旅游地理研究概述 20

第二节 唐代旅游地理环境 29
一、唐代旅游地理空间 30
二、唐代自然环境与旅游 35
三、唐代人文环境与旅游 49

第二章 唐代旅游发展研究 70

第一节 唐代各道旅游者统计 70
一、北方诸道旅游者统计 70
二、南方诸道旅游者统计 81

第二节 唐代旅游发展的阶段性 87
一、数据来源及说明 87
二、唐代旅游发展的阶段性 90

第三节 唐代旅游发展的区域性 95
一、唐代旅游活动的空间变迁 97
二、唐代旅游活动空间分布特征 101
三、唐代旅游发展的区域差异 107

第四节 唐代主要旅游目的地 110

第三章　唐代旅游者地理 ……………………………………… 115
第一节　唐代旅游者类型 ………………………………………… 115
　　一、唐代国际旅游者 …………………………………………… 115
　　二、唐代国内旅游者 …………………………………………… 125
第二节　唐代主要旅游客源地 …………………………………… 133
　　一、唐代国际主要旅游客源地 ………………………………… 134
　　二、唐代国内主要旅游客源地 ………………………………… 137

第四章　唐代旅游资源地理 ……………………………………… 152
第一节　唐代旅游资源概况 ……………………………………… 152
　　一、北方诸道旅游资源统计 …………………………………… 152
　　二、南方诸道旅游资源统计 …………………………………… 166
第二节　唐代旅游资源特征 ……………………………………… 186
　　一、唐代旅游资源的结构特征 ………………………………… 188
　　二、唐代旅游资源的分布特征 ………………………………… 194
第三节　唐代旅游资源的开发保护 ……………………………… 202
　　一、唐代旅游资源开发利用的基本状况 ……………………… 202
　　二、唐代旅游资源开发利用事例 ……………………………… 206
　　三、唐代旅游资源的保护 ……………………………………… 215

第五章　唐代旅游媒介 …………………………………………… 218
第一节　唐代旅游交通概述 ……………………………………… 218
　　一、唐代基本交通状况 ………………………………………… 218
　　二、唐代主要的旅游交通方式 ………………………………… 223
　　三、唐代主要的旅游交通工具 ………………………………… 227
第二节　唐代旅游接待 …………………………………………… 231
　　一、唐代旅游接待概况 ………………………………………… 231
　　二、唐代馆舍的分布 …………………………………………… 235
第三节　唐代其他旅游媒介 ……………………………………… 238

一、唐代的陪游 …………………………………………… 238
二、唐代的地图 …………………………………………… 239
三、唐代的旅游指南 ……………………………………… 241

结论 ……………………………………………………… 245

参考文献 ………………………………………………… 250

后记 ……………………………………………………… 266

第一章 绪　　论

有唐一代，中国呈现出前所未有的繁荣，特别是在其全盛时期，不仅气候适宜、国泰民安，而且政治开明、文化开放、胸襟开阔，各民族团结、交流与融合，交通事业、地域开发和农田水利获得巨大发展，生产技术迅速提高，商业活动与海外贸易异常活跃，人口增速加快，大城市数量和人口城市化等城市建设成就达历史最高峰，物资进一步充盈和富足。正如杜甫所言：

> 忆昔开元全盛日，小邑犹藏万家室。稻米流脂粟米白，公私仓廪俱丰实。九州道路无豺虎，远行不劳吉日出。齐纨鲁缟车班班，男耕女桑不相失。宫中圣人奏云门，天下朋友皆胶漆。百馀年间未灾变，叔孙礼乐萧何律。①

物质财富的丰盈，不仅奠定了唐代旅游活动的物质基础，也使部分人可以从劳动中解放出来，特别是产生了大量生活富足的中下层民众，他们逐渐成为唐代旅游活动的主力军，随着城市化的发展和进步，甚至出现了众多专门从事娱乐游艺活动的专业队伍。此外，唐代不仅岁时节日特别多，而且随着时间推移，休假制度越来越人性化，如休假时间的增加、规范化和制度化等。② 休假时官员不用上朝，不用办公，③ 学生不用上课，就连庶民都有休假的权利，④ 因而休假时出

---

① （唐）杜甫：《忆昔二首》，见《御定全唐诗》卷220。
② 开元年间，寒食、清明四日为假。至大历十二年以后，寒食通清明，休假五日。至贞元六年，寒食、清明宜准元日节，前后各给三日。见《唐会要》卷82《休假》。
③ "百司每旬节休假，并不须入曹司""今后每至旬节休假，中书门下，文武百寮，不须入朝，外官不须衙集"等。见《旧唐书》卷9《本纪第九·玄宗下》。
④ "寒食，从前已来，准式赐七日假。筑台夫每日三千官健，寒食之节，不蒙放出，怨恨把器伏，三千人一时衔声。皇帝惊怕，每人赐三疋绢，放三日假。"见：[日]圆仁撰，白化文等校注：《入唐求法巡礼行记校注》，花山文艺出版社1992年版，第457页。

游成风。据载："每遇休假，诸生多出游"①，"唐时风习豪奢，如上元山棚、诞节舞马、赐酺纵观，万众同乐，更民间爱重节序，好修故事……凡曹司休假，例得寻胜地燕乐，谓之旬假，每月有之。遇逢诸节，尤以晦日、上巳、重阳为重，后改晦日立二月朔为中和节，并称三大节……凡此三节，百官游燕，多是长安万年两县，有司供设，或径赐金钱给费，选妓携觞，幄幕云合，绮罗杂沓，车马骈阗，飘香堕翠，盈满于路"②。

另外，朝廷对游乐的鼓励态度，助长了旅游的社会风气。公元730年，（玄宗）二月诏令："百官于春月旬休，选胜行乐（令寻选胜地，行游而宴乐也），自宰相至员外郎，凡十二筵，各赐钱五千缗……尽欢而去"③，开古代"旅游补贴"的先河。公元749年，又"赐京官绢，备春时游赏"。这种"朝士还旬休，豪家得春赐"④的做法，对于旅游的刺激作用不言而喻。不仅官员，老百姓也有"旅游补贴"，"福虽始于邦家，庆宜均于士庶。其亲王、公主、郡主、县主及内外文武官等，并量赐钱，至休假之辰，宜以酒食，用申庆乐，诸道节度使及将士等亦且准此。其两京及诸州父老，亦量赐钱，同此欢宴"⑤。公元788年，德宗更是将"旅游补贴"制度化，"其正月晦日、三月三日、九月九日三节日，宜任文武百僚选胜地追赏为乐。每节宰相及常参官共赐钱五百贯文，翰林学士一百贯文，左右神威、神策等军每厢共赐钱五百贯文，金吾、英武、威远诸卫将军共赐钱二百贯文，客省奏事共赐钱一百贯文，委度支每节前五日支付，永为常式"⑥。不仅皇亲国戚和显赫世家，全国游风浓郁，普通百姓"每春莫，车马若狂，以不耽玩为耻"⑦，节日里"贵游戚属及下俚工贾，无不夜游，车马骈阗，人不得顾。王主之家，马上作乐，以相夸竞。文士皆赋诗一章，以纪其事。作者数百人……"⑧"上巳曲江滨，喧于市朝路。相寻不见者，此地皆相遇"⑨，平时找不着的人，现在

---

① 《旧唐书》卷87《裴炎传》。
② 《唐音癸签》卷27《谈丛三》。
③ 《资治通鉴》卷213《玄宗纪》，开元十八年。
④ （唐）元稹：《元和五年予官不了……怆曩游因投五十韵》，见《御定全唐诗》卷400。
⑤ 《唐大诏令集》卷113《玄元皇帝临降制》。
⑥ 《旧唐书》卷13《本纪第十三·德宗下》。
⑦ 《唐国史补》卷中。
⑧ 《唐新语》卷8《文章第十八》。
⑨ （唐）刘驾：《上巳日》，见《御定全唐诗》卷585。

都跑到曲江滨游玩来了。

随着社会的发展和区域的进一步开发，特别是安史之乱后，地方经济的迅速发展，唐代丰富的自然和人文旅游资源得到充分的挖掘和利用，并通过文学诗歌等文艺形式宣传和推广开来，旅游资源正是人们借景抒发悲喜、惜别、人生感悟等思想感情的最好、最常用载体，这既是一种旅游宣传手段，更是提高旅游资源吸引力和激发旅游动机的重要方式。加上唐代宗教、文化交流和商业往来频繁且自由度高，进京赶考的士子与漫游全国的文人络绎不绝，官员调动较之前代也更为频繁等，又使部分人自觉不自觉地加入旅游者的行列。

唐代开创了中国旅游史的全新时代，其旅游主体迅速大众化和平民化，其旅游资源开发和利用逐步地方化和专业化，其旅游交通、旅馆业、地图与导游等旅游媒介得到充分的发展，其旅游风气和观游思想也逐步摆脱传统观念与礼制束缚并愉悦逸兴化，真正将中国古代"旅行"升华为更重视游、乐的纯粹的"旅游活动"，并深刻影响着后世旅游发展。

第一节　唐代旅游地理研究背景

一、旅游相关概念

（一）旅游

1. 旅游的概念

瑞士学者汉泽克尔和克拉普夫在1942年出版的《普通旅游学纲要》中提出："旅游是非定居者的旅行和暂时居留而引起的现象和关系的总和。这些人不会导致长期定居，并且不从事任何赚钱的活动"，它曾被认为是最完美的"旅游"定义。但随着旅游实践的深入，其无法区分旅游和旅游业，不能涵盖一些特殊的旅游形式等不足之处也暴露出来。此后，形成了"旅游"概念的多元化表述。[①] 如维也纳经济大学旅游研究学院主张旅游是以消遣和增长知识为目的的旅行，1974

---

① 仅以《旅游学概论》为名的著作统计，南开版（李天元）7种，高职版（田里）8种，北大版（唐宇）10种，中国林业版（魏向东）18种等。

年，英国的伯卡特和梅特列克强调旅游的本质特征是异地性和暂时性，1986年，于光远强调旅游是一种短期的异地性、业余性和享受性的生活方式①，李天元认为："旅游是人们出于移民和就业任职以外的其他原因，离开常住地前往异地的旅行和暂时逗留活动，以及由此所引起的各种现象和关系的总和。"②1991年6月25日，世界旅游组织（UNWTO）在加拿大召开的"旅游统计国际大会"上，重新定义旅游为：包括人们为了休闲和商务的目的，离开他们惯常的环境，到某些地方以及在某些地方停留，但连续时间不超过一年的活动，同时强调访问的目的不应是通过所从事的活动从访问地获取报酬。③但无论是概念性（理论性）定义，还是技术性（实践性）定义，都存在些许不足，有的不能涵盖所有的旅游形式，有的无法体现旅游的基本特征，有的则把旅游与旅游业混为一谈。要给旅游下一个准确的定义非常困难，正如申葆嘉说，"旅游是一个可以意会、却难睹全貌的社会存在……对于这样一个难解的问题，不必急于要为它给出一个完整的科学定义或概念，而需要多做研究、多加思考。"④

2. 旅游的特征

尽管"旅游"定义的表述多种多样，但学术界对其特征却基本达成了一致认识。

（1）异地性

异地性是旅游活动发生的前提，但实践中要界定"异地性"并不容易。常住地指一个常住国的居民，在近一年的大部分时间所居住的城镇或只居住了较短的时期，但12个月内仍将返回的城镇。⑤常住地与旅游目的地是相对共生的空间概念，其界定有赖于旅游目的地与旅游活动，对于短途旅游，家是常住地；对于长途旅游，居住城市，甚至是州县和国家都可为其常住地。如杜甫在门前的浣花溪泛舟，崔涓在钱塘湖看竞渡，李白仗剑去国，辞亲远游等。历史旅游地理研究

---

① 于光远：《掌握旅游的基本特点，明确旅游业的基本任务》，《旅游时代》1986年第1期。
② 李天元：《旅游学概论》，南开大学出版社2003年版，第47页。
③ 转自：［美］威廉·瑟厄波德主编，张广瑞等译：《全球旅游新论》，中国旅游出版社2001年版，第13页。
④ 申葆嘉：《我的旅游观》，《旅游学刊》2008年第23卷第2期，第12~17页。
⑤ 中华人民共和国国家旅游局：《中国旅游统计年鉴：2001》，中国旅游出版社2001年版，第134页。

中，旅游常住地的界定及其与目的地的关系考量，既要注意现实与逻辑的统一，也应明确特定旅游活动中，一个旅游目的地对应一个旅游常住地。如元和十二年（817年），白居易在庐山营置草堂，① 在他做江州司马，游玩庐山时，可以认为是他的常住地。长庆二年（822年），白居易出刺杭州，经过此地，并游山访友。② 这里就只能算作旅游目的地了。类似情况在唐代非常多，如高祖、太宗过旧宅，张九龄、李德裕、元稹、王维、宋之问、韦嗣立、李白等经过或游玩旧别业、旧居、读书处等，他们曾经的"常住地"，此后可能再也不会回来，即已成为非定居者。

（2）暂时性

在时间上界定旅游的"暂时性"同样困难。为统计需要，世界旅游组织规定国际旅游的连续停留时间不超过一年，对国内旅游未做限定，一般也可采用这样的规定性。但不同的国家也有所差异，如法国规定不超过四个月，中国规定不超过六个月。③ 此外，这种"暂时"是否包括旅途时间，在唐代旅游地理研究中应慎重对待，因交通条件限制，古代旅游者多经年累月的长途跋涉，如玄奘、杜环在外国游历多年后才分别回到长安和广州，至于进京赶考的"旅游者"，往来多是半年程。④ 宦游者也是且行且游，常常日行一到两驿，⑤ 有些人还特地折回，赏景游玩尽兴了才再赶路，张九龄奉使岭南，在路上就花了一年多的时间。因此古代旅游研究中，"暂时性"应更偏向于在旅游目的地的连续停留。

（3）消遣性

消遣指消磨，排遣，今多指消闲，⑥ 即用自己感觉愉快的事来度过空闲时间，消闲解闷。⑦ 旅游是利用闲暇时间进行的审美活动，是一种动态的消遣行为，目的在于消遣、休息或丰富旅游者的经历和文化教养，旅游消遣性最突出的

---

① 《白香山诗集》卷16《四十五》《寄李相公崔侍郎钱舍人》。
② 《白香山诗集》卷20《题别遗爱草堂兼呈李十使君》。
③ 魏向东：《旅游概论》，中国林业出版社2000年版，第92页。
④ （唐）刘沧：《下第东归途中书事》，见《御定全唐诗》卷586。
⑤ （唐）白居易：《从陕至东京》《奉使途中戏赠张常侍》，见《御定全唐诗》卷448。
⑥ 辞海编辑委员会：《辞海》（1999年版缩印本），上海辞书出版社2000年版，第2626页。
⑦ 中国社会科学院语言研究所词典编辑室：《现代汉语词典》（第5版），商务印书馆2005年版，第1493页。

表现形式——休闲、娱乐和度假则是众多旅游目的之首。① 人们自古便懂得利用旅游来排忧解闷、愉悦身心，如"荆台之游……其乐使人遗老而忘死"②"驾言出游，以写我忧"③"驾言暂出游，写忧慰穷独"④"驾言出游衍，冀以涤心胸"⑤"不出积愁感，出游将自宽"⑥"本因寻友去，却为看山留……月能从剧饮，天可寄闲愁"⑦"举世谁能伴我闲，出游随处一开颜"⑧等。

（4）综合性

旅游是旅游者的活动所引起的一切现象和关系的总和，这决定了旅游的综合性。旅游的本质也一度成为学术界争论的热点之一，谢彦君通过对"旅游是一种综合性的审美活动"的总结，认为旅游具有消费、休闲和社会属性。⑨ 旅游的产生、发展以及旅游活动本身都与特定社会、政治与经济环境密切相关，旅游活动涉及食、住、行、游、购、娱等方面，并因此产生各种旅游相关企业与设施。同时，旅游不仅是各种要素的综合体，也因旅游目的、需求与行为的不同，而表现出多种形式。从某种意义上讲，旅游也推动着社会、政治、经济的发展，如促使社会更加文明、开放，推动各国的文化交流和政治、经济往来等。

3. 旅游的起源

在旅游起源问题上，旅行与旅游的关系与区别是主要的争议点之一。旅行是人们从常住地到所期望的目的地之间的一种流动过程，这个过程具有往返特征。尽管人们动机不同，但在旅行的行为和要求上是一致的。⑩ 旅游是人们观赏自然

---

① 世界旅游组织和联合国统计委员会推荐的技术性定义特别提出旅游目的包括六大类："休闲、娱乐、度假""探亲访友""商务、专业访问""健康、医疗""宗教、朝圣""其他"。
② （汉）刘向著，王锳、王天海译注：《说苑全译》，贵州人民出版社1992年版，第385页。
③ 《诗经疏义会通》卷3《氓六章章十句》。
④ 《鄱阳集》卷1《诗·次三月望日出游》。
⑤ 《江文通集》卷4《诗·悼室人十首》。
⑥ 《永乐大典》卷8844《秉烛夜游·宋梅圣俞〈莞陵集〉》。
⑦ 《剑南诗稿》卷63《出游》。
⑧ 《剑南诗稿》卷43《出游》。
⑨ 谢彦君：《论旅游的本质与特征》，《旅游学刊》1998年第4期，第41~44页。
⑩ 朱玉槐：《旅游学辞典》，陕西人民出版社1989年版，第17页。

风景和人文景观的旅行游览活动,① 是旅行和游览的统一体,有旅游必定有旅行,旅游者同时也是旅行者,反过来却不一定成立。但要真正将旅行与旅游分开,却并不容易,尤其是在古代旅游研究中,就连新版《辞海》也没有很好地做到,它对旅游和旅行的解释分别是:旅游是旅行游览,旅行是为办事或游览而去外地。②

如果认为旅行与旅游基本相通,那么毫无疑问,在很久远的时代,就已经有了旅游活动。持这种观点的多为历史学家,如章必功认为旅游活动始于原始氏族社会,产生黄帝神话的历史时期已经具备了萌生旅游意识和旅游愿望的客观事实。原始人在崇山峻岭中的奔波,是人类创造具有审美意识的旅行活动即旅游的必经之路。③ 王淑良更认为旅游与人类社会发展史相始终,"我们将人类行迹的开始作为中国旅游史的开端。原始人类的游踪……可以说那个时代的生存活动区即是景区",又说伏羲"始作八卦""结绳为网以渔"都是其旅游生活中看到、听到、实践过的经验总结。史前的旅游,就是行路,开创步履。④ 郑焱也说迁徙实际上就是一种特定意义的旅行,中国人很早就知道旅行是人们到异地他乡游览观光,并能在物质上和精神上得到一定程度满足的活动。⑤ 张全民等也认为,早在上古时代,带有原始性质和乡野气息的公务旅游大量存在,是传统旅游形成和发展的基础。⑥ 人类的迁徙不能算作旅游是肯定的,因为迁徙意味着没有打算回来,是人类为了适应环境的变化,而改变生活地点。既无旅游的物质基础,也没有旅游的动机,更谈不上消遣的目的。在西方,旅游与旅行也经常被当作同义词,如伦德伯格认为旅游是"由于除上下班工作通勤以外的任何目的,人们离开

---

① 中国百科大辞典编委会:《中国百科大辞典(十三)旅游学》,中国大百科全书出版社2007年版,第4页。
② 辞海编辑委员会:《辞海》(1999年版缩印本),上海辞书出版社2000年版,第4414页。
③ 章必功:《中国旅游史》,云南人民出版社1992年版,第2、4页。
④ 王淑良:《中国旅游史》(上册),旅游教育出版社1998年版,前言、第1、12~13页。
⑤ 郑焱:《中国旅游发展史》,湖南教育出版社2000年版,第2页。
⑥ 张全明、王玉德等:《中华五千年生态文化》(下),华中师范大学出版社1999年版,第1283页。

他们的常住地社区,前往异地所进行的行动和活动"①。

有的学者认为旅游产生于第三次社会大分工和商业的出现。如蔡敏华认为人类进入奴隶社会后,商人为了了解市场供求以及经营天下,有了对外旅行的需求。而"享乐旅行"的出现标志着旅游的诞生。这种旅行活动,"有的自开始就有非功利性享乐活动的自觉目的,更多的则是在经商的旅行过程中,留出一段时间所进行的游览观光活动,它标志着旅游的诞生,意味着旅游和旅行的分离。因此,享乐旅行实质上就是具有现代旅游意义和本质特征的古代旅游活动"②。唐宇也持类似的观点。(奴隶主)"进行以消遣和享乐为目的的活动……近似于今天人们外出旅游活动的目的……目的有鉴赏艺术、观览庙宇、欣赏建筑、游历古迹、休闲疗养等"。不仅在中国,当时世界上其他国家也有类似的旅游,"英国北部星罗棋布的湖泊,希腊北部雄峻的顿泊河谷,以及尼罗河、第聂伯河、莱茵河和小亚细亚蜿蜒曲折的河流,都成了让他们流连忘返的旅游目的地"。一些自由民也加入旅游活动,"人们在夏季到沿海地区旅游,一些富有者甚至远程到金字塔去刻他们的名字。据史料记载,当时意大利的沿海地带排列着大理石雕刻、浴馆、浴场、体育馆和寺庙等"③。古罗马时期,在少数富有阶层中出现的休闲式旅游,被视为财富、地位和教养的象征,某些地方还建起了供旅游者享用的别墅。古罗马哲学家普鲁塔施说:"这个世界的涉足者,把他们一生中最宝贵的时间都花在旅馆和船上了。"④

还有一些学者认为旅游产生于近代,是一种新生事物⑤,因为世界上最早关于"旅游"的概念解释均产生于近代。⑥ 如安东尼·马克扎克认为真正的现代意义

---

① 转自王永忠:《西方旅游史》,东南大学出版社2004年版,第11页。
② 蔡敏华:《旅游学概论》,人民邮电出版社2006年版,第1~3页。
③ 唐宇:《旅游学概论》,北京大学出版社2007年版,第11~13页。
④ Borinir Jordan: *The Athenian Navy in the Classical Period: a study of Athenian naval administration and military organization in the fifth and fourth centuries B. C*, University of California Press,1975:104.
⑤ Valene L. Smish, ed: *Hosts And Guests: The Anthropology of Tourism*, University of Pennsylvania Press, 1989.
⑥ 根据《牛津英文字典》的解释:"tourist"一词,最先采用于1800年,而"tourism"一词,于1811年才被采用。在我国,"旅游"一词的解释,最早出现在1959年编写审订完稿,1960年发行的《现代汉语词典(试印本)》(中国科学院语言研究所编,商务印书馆出版)中。

的旅游活动开始于19世纪中叶。① 陈愉秉批判了"旅游的历史与人类的历史相始终"的观点,她指出,商旅活动的被迫性和求生性可以作为划分古代旅行和近现代旅游的标尺,而原始社会末期,人们为交换产品所做的流动只能被视为"旅行"活动的起点。"19世纪中叶以后,和谋生无关而纯粹属于消遣行为的出行才逐渐形成社会规模,成为主流。人类的旅行活动从此也由生产活动的一部分过渡到新消费形式和生活方式的一部分"。② 方相林在《旅游学概论》③中总结旅游的产生时说:"旅游是人类历史发展的产物。古代只有旅行,而无现代意义上的旅游。旅行是伴随商业发展而开始出现的。"这里所说的"旅游"是大众化的、消遣性的旅游。持这种观点的学者多数并没有否认古代旅游的存在。如申葆嘉认为旅游是市场经济发展的产物,"只有在机器大生产和人本主义自我意识成为支持社会发展的物质和精神力量时,旅游才会从小生产自给经济时期个人行为的游乐性旅行转化为市场经济时期社会需要的旅游"④。李天元在《旅游学》中总结19世纪以前的旅行活动的特点时说:"消遣性旅游活动参加者多为统治阶级及附庸阶层"⑤。这里的"游乐性旅行""消遣性旅游"即具有"现代旅游"的基本特征。

彭勇指出,现代意义的旅游是源于古代早期的旅行活动,很难将二者截然分开,必须用发展的观点来研究历史旅游现象,而不能用现代西方旅游业的标准来考量历史时期的旅游活动。⑥ 同时,人们对于旅行和旅游的理解会随着旅游实践的深入而发生变化。正如英国人伊什图里金所说,旅游的概念是变化的、发展的,旅游这种特殊生活方式是发展中的生活方式,不论规模、范围、内容和性质都在发生变化,如娱乐旅行的大众化,旅游需求的复杂化,闲暇追享的"民主化",现代旅游的"社会化"等。对于历史旅游研究来说,更应重视这种发展变化。

从上文可以看出:第一,古代有旅游活动已被大多数学者承认,但要确切说

---

① 彭顺生:《旅游产生"时间"考》,《特区经济》2005年第7期,第169~171页。
② 陈愉秉:《从西方经济史看旅游起源若干问题》,《旅游学刊》2000年第15卷第1期,第68~71页。
③ 方相林:《旅游学概论》,郑州大学出版社2003年版。
④ 申葆嘉:《我的旅游观》,《旅游学刊》2008年第23卷第2期,第12~17页。
⑤ 李天元:《旅游学》,高等教育出版社2002年版,第8~9页。
⑥ 彭勇:《中国旅游史》,郑州大学出版社2006年版,第3页。

明何时产生旅游不太可能;第二,现代的旅游是由古代的旅行发展而来,但很难将旅游与旅行截然分开;第三,若以现代旅游含义的基本范式(异地性、暂时性)来考量古代旅行,则古代旅游活动内容和形式丰富多样;第四,中国历史旅游的研究,不能完全以现代旅游理论,特别是旅游的经济属性和西方旅游标准来考量,而必须用历史的、辩证的、发展的眼光和科学的逻辑去看待问题。

(二)旅游者

1. 旅游者的定义

旅游者定义的产生源于统计需要。1937年,国际联盟统计委员会提出"国际旅游者"是离开定居国到其他国家访问旅行超过24小时的人;① 1945年,联合国增加了"最长停留时间不超过6个月"的限定;1963年,联合国旅游和旅行会议提出"游客"是基于任何原因到一个非自己定居的国家访问,目的不是挣钱的人;1991年,世界旅游组织《旅游统计国际大会建议书》统一了旅游者相关概念的表述,国际游客是到自己通常居住的国家以外的另一个国家旅行,时间不超过一年,主要目的不是从访问国家获得经济利益的人,② 包括国际旅游者、国际一日游游客,划分标准为是否在目的地停留过夜。

根据全国《旅游统计制度》,凡纳入我国旅游统计的来华旅游入境人员统称为海外游客,其连续停留时间不超过12个月,并且主要目的不是获取报酬,国内游客指报告期内(通常为一年)在国内观光游览、度假、探亲访友、就医疗养、购物、参加会议或从事经济、文化、体育、宗教活动的本国居民,且不通过所从事的活动谋取报酬,包括国内游客和国内一日游游客,其中国内一日游游客指国内居民离开惯常居住地10千米以上,出游时间6~24小时,未在境内其他地方的

---

① 国际旅游者包括四种人:①为了消遣、家庭事务及身体健康方面的目的而出国旅行的人;②为出席会议或作为公务代表而出国旅行的人;③为工商业务原因而出国旅行的人;④在海上巡游过程中前来访问的人。下列几种人不属于国际旅游者:①抵达某国谋求职业或长期居住的人;②到国外学习、膳宿在校的学生;③凡属边境地区居民及落户定居而又越过边界去工作的人;④临时过境而不做法律意义上的停留的人,即使在境内时间超过24小时也不算旅游者。

② 转自吴宜进:《旅游地理学》,科学出版社2005年版,第26~27页。

旅游住宿设施过夜的国内游客。①

以上定义便于了解旅游者的数量与规模、消费水平与结构及整个旅游业在国民经济中的地位、作用、影响等，对推动旅游业的发展起到重大作用，并被广泛采用，但其不足也很明显：①只能反映旅游行为却不能说明旅游动机；②不能正确区分部分旅游者，如某些市内旅游者不被统计为旅游者；③尽管统一的旅游者统计口径得到大家的承认，但在实际工作中，许多国家（甚至是不同的州、省）依然根据自己的统计需要设计不同的统计标准，如罗马定义认定在亲朋好友家或借助于自身所携带的设施过夜的游客属于旅游者；④与理论研究的"旅游者"内涵和范围不一致。

在旅游者的理论研究中，可以认为旅游者是出于就业和移民以外的任何原因，暂时离开常住地到异乡访问，连续停留时间不超过一年的人，其目的可以为休闲、娱乐与度假、商务与专业访问、宗教与朝圣、健康与疗养、探亲与访友、公务与会议、科考与探险等，但不能从旅游活动中谋取报酬。

2. 旅游者产生的地理背景

旅游需要是人们为满足消遣、宗教朝圣、探亲访友、健康医疗、商务旅行等欲望而产生的对旅游产品或经历的渴望或要求。旅游动机是直接推动旅游者实施旅游活动的内部驱动力，是由旅游需要所激发，受社会观念和规范准则所影响，直接决定具体旅游行为的内在动力源泉（见图1.1）。② 旅游者的形成需要内动力、外动力和客观条件的共同作用，是旅游者主、客观条件综合作用的结果。③旅游客源地与目的地地理背景的差异性是产生旅游动机的最主要因素，是实施旅游活动的内动力，客观条件即实施旅游活动的物质、时间、制度和环境保障等，外动力是旅游地与客源地因地理差异而产生的互补性、替代性和可达性等空间相互作用。④ 关于旅游者产生的客观条件，学术界已经统一了认识，以下将重点讨论旅游者产生的地理背景。

能激发旅游者旅游动机和实施旅游行为，并具有恒定、持续影响的地理环

---

① 中华人民共和国国家旅游局：《中国旅游统计年鉴：2001》，中国旅游出版社2001年版，第135页。
② 吴宜进：《旅游地理学》，科学出版社2005年版，第29、32页。
③ 陶犁、杨桂华：《旅游地理学》，云南大学出版社2001年版，第79页。
④ 吴宜进：《旅游地理学》，科学出版社2005年版，第33~35页。

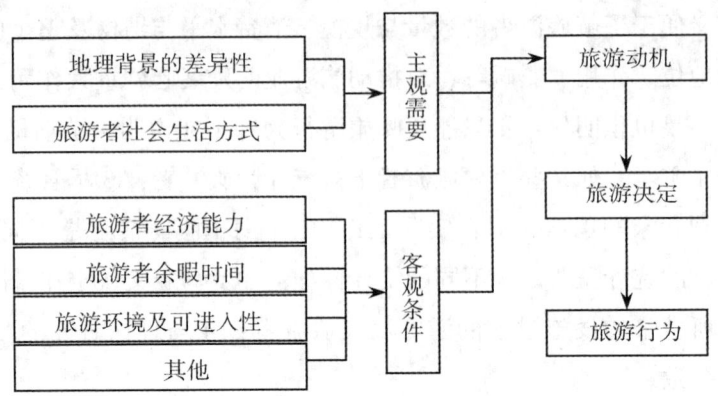

图 1.1　旅游动机和旅游行为的形成

境,称为旅游者产生的地理背景,① 主要包括自然地理因素、文化地理因素、经济地理因素等方面。

(1)自然地理因素。自然地理环境由地质、地貌、气候、水文、土壤、矿藏和生物七大要素组成,一般空间距离越大、高山大河阻隔程度越高、生物生长环境的差异性越强,自然地理环境的差异性就越大,越能激发人们的旅游动机。② 自然地理因素包括地带性因素和非地带性因素。

地带性因素是自然环境各要素在地表近于带状延伸分布,沿一定方向递变的规律性,包括水平地带性(经度地带性和纬度地带性)和垂直地带性。经度地带性如西部内陆是"大漠孤烟直,长河落日圆",东部江边是"春江潮水连海平,海上明月共潮生……江流宛转绕芳甸,月照花林皆似霰",海上则是"浩浩去无际,泛泛深不测。崩腾歕众流,泱漭环中国";纬度地带性如"上苑今应雪作花,宁知此地花为雪……傥知巴树连冬发,应怜南国气长春";垂直地带性如"人间四月芳菲尽,山寺桃花始盛开"等。

非地带性又称隐域性,区域性的地形起伏、洋流与环流、岩石性质变化、地热异常以及人为作用等因素均可导致地带性分布规律变得不完整、不鲜明,甚至

---

① 李娟文、游长江:《中国旅游地理》(第2版),东北财经大学出版社2002年版,第9页。

② 能否实施旅游活动则依赖于旅游动机与旅游可进入性的辩证统一程度。

是自然带的缺失。在地带性和非地带性因素的综合作用下，自然环境更加复杂，前者是普遍的、起主导作用，后者是局部的、特殊的，如庐山的悬崖、瀑布等地区性的高山流水，悬崖峭壁，"绝顶有悬泉，喧喧出烟杪。不知几时岁，但见无昏晓。闪闪青崖落，鲜鲜白日皎。洒流湿行云，溅沫惊飞鸟"，即是地带性和非地带性共同作用的结果，其独特性越大、未知程度越高，吸引力越强。

自然地理背景是激发旅游动机最早、最持久的因素之一，如李白和刘禹锡对荆州青溪诸山和道州南山岩溶地貌"异境"的描述，① 孟郊描写华山"山尽五色石，水无一色泉"的地质作用独特性、王勃对蜀地茅溪涧原始环境的推崇，② 姚合对杭州大潮"势连沧海阔，色比白云深。怒雪驱寒气，狂雷散大音。浪高风更起，波急石难沈。鸟惧多遥过，龙惊不敢吟"的感叹等，自然地理背景的独特性以唐人最喜好的诗文为载体在民间广泛传播，不仅强烈激发着人们的旅游热情，也促进唐代自然旅游资源的宣传推广和开发利用，揭开了古代旅游的新篇章，并促进了各种科学，特别是文学、地理学、地图学、方志学、生物学等的发展和完善，纵使韩愈、郑谷一生未曾到过桂林，也能写出"江作青罗带，山如碧玉簪""触目成幽兴，全家是胜游。篷声渔叟雨，苇色鹭鸶秋"这等描述桂林山水和桂林旅游的最贴切诗句。

此外，自然地理因素的吸引强度存在地区差异，即可进入性不同也会影响唐代旅游者旅游动机的激发。研究表明，唐代气候温和湿润、阳光充沛、环境优美奇特的地区，旅游吸引强度最大；大城市的城郊，尤以依山傍水之处最受青睐，如长安南郊被誉为"天下之奇处，关中之绝景"③，园林别业最为密集；④ 内地相对边疆地区更具旅游吸引力。

（2）文化地理因素。文化地理环境是人类有意识地利用自然地理环境，所创造的有形文化景观（物质文化要素）和蕴涵在其内的无形气氛（精神文化要素），其中物质文化要素给人直观的感觉，是文化地理环境的标志性要素。文化地理环

---

① （清）张英，王士祯等：《御定渊鉴类函》卷25《地理部三·洞一》。
② 《王子安集》卷2《洞底寒松赋并序》。
③ 《长安志图》卷中。
④ 李浩：《唐代园林别业考论》，西北大学出版社1998年版，第22~23页。

境具有历史延续与地域分异两重性,即具备时间和空间的差异性,① 时间差异性指随着时间的推移,有形文化景观所发生的变化;空间差异性指文化景观特征依地域不同而各异。以唐代柳文化为例,灞桥等特定地点的柳树是自然地理基础,因柳而作的带有惜别意境(精神文化景观)的诗歌即是其物质文化要素。随着时间的推移,物质文化要素会发生变化,如我们现在很少写诗送别了,但有时也会用柳枝来表达送别之意,而在没有柳树的地方,这个传统就有可能不存在了。

文化地理环境的差异性和丰富性远大于自然地理环境,② 人们只能感受却无法得到文化地理环境的差异性和丰富性,因此,文化地理环境也能激发旅游动机。

时间层面如文化发祥地对接受其文化影响地区人们旅游动机的激发,同一文化区内前人留下的历史遗物对后人旅游动机的激发,还有特殊的文化传统对向往该传统的人们的吸引等。如在佛教传入中国之后,作为佛教发祥地的天竺就成为众多中国僧人③拜访的地方,而佛教由中国传入日本以后,大多日本僧人④首先想到要拜访的是中国,这种文化交流和传播需要所激发的拜访活动存在双向互动性,入唐的天竺僧人⑤和入日的中国僧人⑥也不在少数。《御定全唐诗》中的"怀古"诗文不下150多首,"吴宫"诗文也不下60首,这种时间差异性和丰富性对旅游动机激发的事例,在现代旅游中更是常见,如安道尔每年接待的游客是其全国人口的几百倍,原因之一就是它有着从青铜时代的岩石、洞穴,到罗马时代的教堂、城堡,再到现代的高大建筑。"在安道尔旅游,不是在空间里活动,而是在时间里漫游。"⑦

---

① 李娟文、游长江:《中国旅游地理》(第2版),东北财经大学出版社2002年版,第10页。
② 刘振礼、王兵:《新编中国旅游地理》,南开大学出版社2001年版。
③ 唐代如玄奘、道生、玄照、慧日、义净、悟空等。
④ 唐代如惠隐、智通、智达、定慧、道光、智宗、义德、智凤、智鸾、玄昉、道慈、荣睿、普照、玄朗、玄法、道久、空海、最澄、檐逸势、灵仙、圆仁、圆行、常晓、戒明、义澄、帷政、仁好、惠萼、仁济、顺昌、圆珍、真如、宗睿等。
⑤ 唐代如无极高、那提、福生、日照、菩提流支、金刚智、宝思惟、波顿、智通、善无畏、莲华、般剌若等。
⑥ 唐代如秦川胜、福亮、道昭、智由、道璿、鉴真、道浚等。
⑦ 庄志民:《旅游经济发展的文化空间》,上海学林出版社1999年版,第76页。

空间层面如异质文化之间、文化区之间的差异性。以中国传统水墨画为例，作为普通商品，它对一般西方游客和日韩游客的吸引力不同，再如中国众多的民俗文化主题乐园等非真实场景，也能吸引众多盼望领略多民族文化和风情的游客。空间距离是产生文化审美的必要条件之一，一般而言，空间距离越远，文化"沟壑"就可能越深，反向激发的探究愿望越强烈。① 旅游活动中，文化差异体验是在直接接触过程中实现的，不同文化相互作用，其效应在扩散、积累中会同向加强反向削弱，② 即文化地理环境差异性越大、丰富性越强，吸引力就会越大。

（3）经济地理因素。中国古代经济重心首先形成于北方地区，大致在泾水、渭水、汾水和黄河中下游流域。在历史发展过程中，经历了由西向东，由北向南的迁移过程，并最终由黄河流域移到长江流域，在东南地区形成一个新的经济重心。③ 关于中国古代经济重心南移开始和完成时间的争论一度成为热点，但纵观前贤研究，唐代经济史具有过渡性质明显且得到普遍认可。天宝时期唐朝国力最盛，安史之乱导致唐朝经济地理格局变化，经济重心由黄河流域转向长江流域，④ 即黄河中下游和长江流域分别是唐前、后期全国经济最为发达的地区，包括江南道北部、河南道西部、京兆府周边区域，另外还有山南道东南部，同时，成都平原和岭南道也是当时经济较为发达的地区。

经济地理因素与旅游者的关系主要体现为：

第一，经济发达地区是主要的旅游客源地。⑤ 经济发达地区人均收入水平较高（有钱），劳动保障制度可能更加完善（有闲），基础设施更完备（有条件），政治、经济、贸易、文化等交流更加频繁，了解外界的手段更丰富、愿望更强烈，排解工作、竞争、生活、社会和环境等压力的心情更迫切等（有动机），因而旅游者更容易产生于经济发达地区。研究表明，除岭南道，唐代各地经济发达程度

---

① 庄志民：《旅游经济发展的文化空间》，上海学林出版社1999年版，第8页。
② 张文：《旅游与文化》，旅游教育出版社2001年版，第106页。
③ 程民生：《关于我国古代经济重心南移的研究与思考》，《殷都学刊》2004年第1期，第47~58页。
④ 曹尔琴：《唐代经济重心的转移》，《历史地理》第二辑，上海人民出版社1982年版，第147~155页。
⑤ 一般认为：人均国民生产总值达到800~1000美元时，居民将普遍产生国内旅游动机。若达到4000~10000美元，将产生出国旅游动机。超过10000美元，则产生洲际旅游动机。

与出游人数多寡存在正相关的关系,经济越发达,出游人数越多。

第二,经济发达地区通常也是重要旅游目的地。经济发达地区往往开发较早,有着更悠久的人类活动历史,在区域政治、经济、文化等领域的地位举足轻重,这些地区不仅基础设施更为发达和完善,历史遗产、城市文明等更丰富、灿烂,对外交流也更为频繁等,它不仅可以发挥旅游接待的功能,成为重要的区域旅游集散中心,还聚集了众多独特的旅游吸引物,成为区域乃至全国重要的旅游目的地。

(三)旅游资源

1. 旅游资源的概念

陈国生等依据旅游资源理论核心,将学术界关于旅游资源的定义分为广义、狭义和中性定义三类,[①] 广义定义多从资源和效益角度看待旅游资源,认为旅游资源是"自然界及人类社会中,一切可为旅游业发展所利用,并产生效益的各种因素"[②];狭义定义则从旅游业发展的角度界定旅游资源,其目的主要是向旅游者组织并销售旅游产品;中性定义多从旅游者角度将旅游资源等同于旅游吸引物,认为旅游资源是指对旅游者具有吸引力的自然存在和历史文化遗产,以及直接用于旅游目的的人工创造物。[③] 泛资源论和唯资源论的观点不符合旅游业发展实际,更难应用于古代旅游资源研究,因为古代利用旅游资源发展旅游业,以及开发旅游产品向旅游者销售并产生社会、经济和环境效益的说法过于牵强。故此,本书认为能为旅游者提供游览、度假、休息、观赏、疗养、乐趣、探险猎奇、知识、考察研究及友好往来的客体和劳务,凡对旅游者具有吸引力,并能引起旅游活动的任何因素,均属旅游资源,包括人们旅行中所感兴趣的各类事物(如国情民风、山川风光、历史文化和各种物产等)。[④]

旅游资源的核心属性是其吸引功能。在表现形式上具有多样性,既有有形的

[①] 陈国生、王勇:《中国旅游资源学教程》,对外经济贸易大学出版社2006年版,第4页。
[②] 徐学书:《旅游资源保护与开发》,北京大学出版社2007年版,第2页。
[③] 保继刚、楚义芳、彭华:《旅游地理学》,高等教育出版社1992年版,第52页。
[④] 陈国生、王勇:《中国旅游资源学教程》,对外经济贸易大学出版社2006年版,第4~5页。

物质资源，如山水名胜、文物古迹、节庆活动、艺术表演等，也有无形的非物质资源，如神话传说、社会风貌、文明程度等。旅游资源的形成既可以是自然变化的结果、历史遗留的痕迹，也可以是人类社会创造的财富，还可以是人们审美变化的对象。除专门的人工创造物外，绝大部分旅游资源最初并不具备旅游吸引功能，① 在特定的条件下，某些事物有可能转化为旅游资源，如陈子昂旧居、严陵钓台、唐太宗破薛举战地等。特定地理背景的历史事件、人们审美情趣的变化等，都能使原本并不具备旅游吸引力的因素，成为诱发旅游动机并产生旅游活动的旅游吸引物。同样，某些旅游吸引物，有可能在历史进程中逐渐失去其旅游吸引功能。总体上，随着人类认知能力的提高，旅游资源的外延在不断扩大，内涵在不断丰富，关于旅游资源的认识和定义也在不断深化和发展。

2. 旅游资源的特点

（1）区域性。旅游资源的区域差异客观存在，所谓"五里不同风，十里不同俗""风"是说自然条件不同而形成的行为习惯差异，"俗"是讲人文环境差异引起的不同行为规范。人们不断地改变着自己的"俗"，以适应"风"的变化，同时又反作用于自然环境。于是各具特色的区域文化地理景观成为吸引人们实施旅游活动的旅游资源。"顷在豫章，遇一辽州僧于上蓝，与之闲谈曰：'南人不信北方有千人之帐，北人不信南人有万斛之舟，盖土俗然也'，《法苑珠林》云：'山中人不信有鱼大如木，海上人不信木大如鱼，胡人见锦不信有虫食树吐丝所成，吴人身在江南，不信有千人毡帐，及来河北，不信有二万斛船'，辽僧之谈合于此。"②这种对区域差异的疑惑，正是激发旅游动机的基础。

（2）观赏性。旅游资源的价值在于旅游者对他的感受和体验，尤其是对新、奇、美等的观赏。尽管唐人与现代人的审美情趣不太一样，但是对美的追求和喜好不应时代而变化，如郑綱"巡荆部商山，歇马亭，俯瞰山水，时雨霁，岩峦奇秀，泉石甚佳。綱坐久，起行五六里。曰：'此胜概，不能吟咏，便晚何妨？'却返于亭"。"李贞抱自阙回，与匡威相遇，同登寺楼，观镇州山川之美"③，"及鸿渐出蜀……始至嘉陵，颇有山川景致，至夜，月色又佳，乃与从事杨崖州、杜

---

① 王恩涌、赵荣等：《人文地理学》，高等教育出版社2000年版，第257页。
② 《容斋随笔·四笔》卷9《南舟北帐》。
③ 《北梦琐言》卷13《雷电救王镕》。

亚辈驿楼望月，行舫燕话"①，"鹤林寺杜鹃高丈余，每春末花烂漫……其后，一城士庶，四方之人，无不酣乐游从，连春入夏，自旦及昏，闾里之间，殆于废业"②，形象美、色彩美、气势美等美学特征正是旅游吸引赖以存在的基础。

（3）时间性。旅游资源的时间性体现在三个方面：①周期性，如"年年岁岁花相似"③，"同来玩月人何在，风景依稀似去年"④，这种周期性与地理环境的节律性紧密相关；②季节性，如"君不见巴乡气候与华别，年年十月梅花发。上苑今应雪作花，宁知此地花为雪"⑤；③变异性，如"迟日园林悲昔游，今春花鸟作边愁"⑥，"凤凰台上凤凰游，凤去台空江自流。吴宫花草埋幽径，晋代衣冠成古丘"⑦等。正是旅游资源的周期性和季节性变化，造就了旅游活动的淡季与旺季之分。

另外，旅游资源的特点还有多样性、组合性、垄断性等，恕不一一举例。

3. 旅游资源的分类

从成因（属性）出发，可将旅游资源分为自然旅游资源和人文旅游资源两大类，但也不能一概而论，如唐代的园林技术、牡丹种植、盆景技术等均已达到相当高的水平，这些旅游资源都是自然与人文相互渗透，分类时，应注重其主导属性。

本书主要采用国家标准GB/T18972—2003《旅游资源分类、调查与评价》的分类法，将旅游资源分为8个主类、31个亚类和155个基本类型，按照旅游资源的属性，主类中的地文景观、水域风光、生物景观、天象与气候景观可认为是自然旅游资源类，遗址遗迹、建筑与设施、旅游商品、人文活动可归入人文旅游资源类。

（四）旅游地理学

现代旅游体现出的地域规律性，与旅游者所处的地理环境、民族特性等有密

---

① 《太平御览》卷583《乐部二十一·羯鼓》。
② 《续仙传》卷下《殷文祥》。
③ （唐）宋之问：《有所思》，见《御定全唐诗》卷51。
④ （唐）赵嘏：《江楼感旧》，见《御定全唐诗录》卷82。
⑤ （唐）卢僎：《十月梅花书赠》，见《御定全唐诗录》卷10。
⑥ （唐）杜审言：《渡湘江》，见《御定全唐诗》卷62。
⑦ （唐）李白：《登金陵凤凰台》，见《御定全唐诗》卷180。

不可的关系。旅游地理学是"研究人类旅行游览、休憩疗养、康乐消遣同地理环境以及社会经济发展相互关系的一门学科"①，其研究内容包括旅游者地理、旅游资源地理、旅游区划、旅游规划、旅游影响、旅游地图与旅游指南等，参见图1.2。

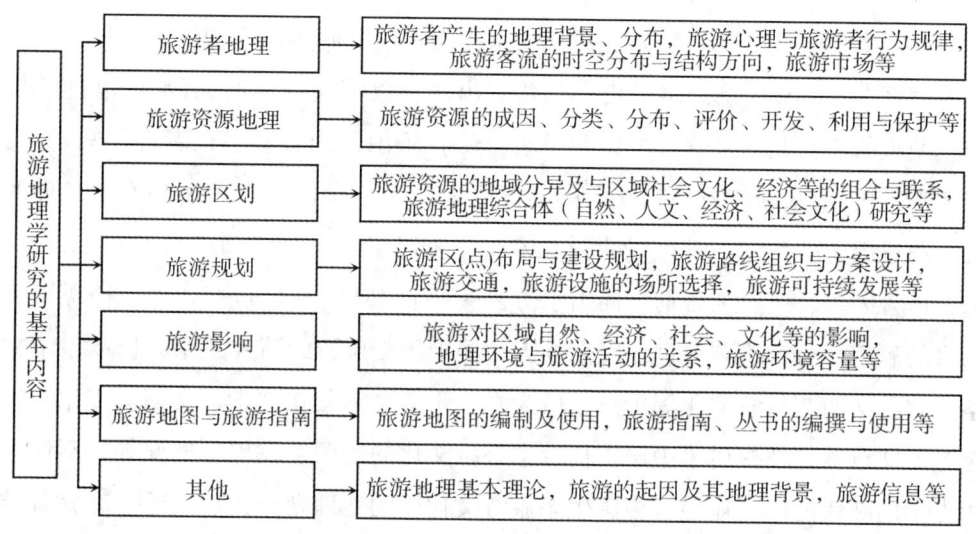

图 1.2　旅游地理学研究的基本内容

旅游地理学不仅同地理学的许多分支关系密切，还与社会学、民俗学、考古学、历史学、建筑学、园林学、经济学彼此渗透，是一门应用性很强的综合性边缘学科。本书以唐代(公元618—907年)为研究时段，探讨中国实际控制区域内的旅游地理，将从旅游系统要素的角度出发，研究唐代旅游者的产生、分布；唐代旅游资源的分类、结构、分布和变迁、利用和保护；唐代的主要旅游目的地；唐代旅游媒介(以住宿、交通等基础设施为主)的利用；唐代旅游地图的利用等方面。而不包括关于旅游资源的评价与开发论证、旅游区划、旅游区(点)布局与建设规划、旅游路线组织与方案设计、旅游可持续发展、旅游信息等的研究。

---

①　郭来喜:《人文地理学的一个新兴分支——旅游地理学》，见李旭旦等:《人文地理学论丛》，人民教育出版社1986年版，第272~286页。

二、唐代旅游地理研究概述

（一）国内研究概述

1. 历史旅游研究概述

"山川之美，古来共谈"①，我们的祖先很早就开始感悟和探讨天、地、人之间的关系。"淇水滺滺，桧楫松舟。驾言出游，以写我忧"②，山水可以排解忧闷，使人的心灵得到平静。"知者乐水，仁者乐山。知者动，仁者静。知者乐，仁者寿"③，山水的特点反映在人的禀性之中，无论是达于事理还是安于义理的人，通过山水的游览，都可以快乐长寿。晋宋以来，山水诗勃然而兴，"宋初文咏，体有因革，庄、老告退，而山水方滋……情必极貌以写物"④，这种寄情于山水的思想一直影响到后世。直至今天，关于历史旅游的研究成果，仍以旅游文学，旅游文明与旅游文化等重点领域为主。张全民等紧扣文学、文明、文化、生态等做文章，仔细探讨了中国古代生态旅游文化的起源、发展、概况等，不仅有历史学的断代考察，还做了中国生态旅游文化区的地理划分，也不乏生态旅游类型的分类探讨。⑤

较早的探讨西方旅游史的著作也将文学、文明与文化放在研究的重要位置，如王永忠的《西方旅游史》被视为"景观科学"的研究，他探讨了西方旅游与文化、文明之间的关系，涉及古希腊、古罗马以及文艺复兴时期欧洲的旅游与文明的关系，近代西方科学与理性的旅游等。⑥ 彭顺生《世界旅游发展史》尽管也涉及旅游文学，但已将重点转向旅游三要素的研究，探讨世界旅游发展的阶段及其特征，⑦ 这种转变值得关注。

对于中国古代旅游史的研究，一般认为江绍原的《中国古代旅行之研究》是

---

① 《答谢中书书》，见《梁文纪》卷9。
② 《诗总闻》卷3《卫风·竹竿》。
③ 《论语全解》卷3《雍也》。
④ 《文心雕龙》卷2《明诗第六》。
⑤ 张全明、王玉德等：《中华五千年生态文化》（下），华中师范大学出版社1999年版。
⑥ 王永忠：《西方旅游史》，东南大学出版社2004年版。
⑦ 彭顺生：《世界旅游发展史》，中国旅游出版社2006年版。

最早的著作，但严格地讲，他更注重宗教和法术，诸如行人避邪护身之物的研究等，是对人们出行时如何避免妖魔鬼怪的"旅行指南"①。实际上，编撰"旅行指南"的历史，可以追溯到唐代以前，诸如《桂林风土记》《岳阳记》等，比起近代关于旅游的附带研究，他们似乎更加专业和深入。就近代较早的专门研究而言，刘德谦20世纪末便研究证实了先秦时期旅游活动"异常丰富"②，他归纳的七种旅游类型对后来的研究有较大的影响；沈祖祥较早构想了中国旅游史研究框架，他认为旅游史的研究是通过对旅游内部三个相互联系着、运动着的结构的演变过程进行的；③ 章必功、王淑良等系统梳理中国历朝历代的旅游活动；④ 陈颖、陈峰等饶有兴致地介绍了历史旅游者及其分类；⑤ 郑焱则探讨了中国古代旅游的发生、发展机制，他还进一步思考了中国旅游史研究的问题，如中国古代旅游的发展阶段、旅游观、旅游与文化等。⑥ 他们的工作极具开创性，其意义不言而喻。

中国历史悠久、幅员辽阔，其旅游史的断代研究和区域研究十分必要，如王福鑫之宋代旅游研究、任唤麟之明代旅游地理研究、周军之清代旅游地理研究⑦等研究意义重大。区域历史旅游研究则更多，如赵全鹏之于海南，陈小芒等之于江西，黄家城之于桂林，向玉成之于乐山，陈建勤之于长三角，林聿之于杭州等，难以一一尽述。

历史旅游者的研究颇为成熟和细致，一是对李白、杜甫、许浑等名人旅游的专门研究，以徐霞客为例，吴必虎、杨载田、文明元、陶犁、王安庭、周轲岷、

---

① 江绍原：《中国古代旅行之研究》，上海文艺出版社1935年版。
② 刘德谦：《群书中先秦旅游活动绎释》，《北京联合大学学报》1995年第3期，第1~23页。
③ 沈祖祥：《旅游史学科建设的若干问题构想》，《社会科学》1990年第7期，第76~79页。沈祖祥：旅游与中国文化，旅游教育出版社1996年版。
④ 章必功：《中国旅游史》，云南人民出版社1992年版。王淑良：《中国旅游史》，旅游教育出版社1998年版。
⑤ 陈颖：《力的奔放，美的热恋——中国古代旅游说数》，旅游教育出版社1990年版。陈峰：《游旅篇——万水千山总是情》，西安三秦出版社1999年版。
⑥ 郑焱：《中国旅游发展史》，湖南教育出版社2000年版。郑焱：《中国旅游史中若干问题的思考》，《湖南师范大学社会科学学报》2000年第4期。
⑦ 王福鑫：《宋代旅游研究》，河北大学出版社2007年版。任唤麟：《明代旅游地理研究》，中国科技大学出版社2013年版。周军：《清代旅游地理研究》，华中师范大学博士学位论文2011年版。

刘明等均有探讨；二是对帝王、宦官、宗教徒等特定人群的旅游研究也有相当进展，如李世龙之于古代帝王巡游，陈宝良之于明代的宗教旅游，黄金刚等之于晚清西方传教士的旅游研究等。

关于旅游媒介的研究多集中于旅馆等领域，如郑向敏的博士论文《中国古代旅馆流变》及其发表在各种刊物上的相关论文，奚树祥关于古代旅馆建筑的考察等。

2. 唐代旅游研究现状

（1）关于唐代旅游主体的研究。一是关于唐代文人旅游活动的研究。作为最典型的旅游活动主体之一，唐代文人的壮游、隐游、宦游等昭示着唐代文人旅游风尚及其志趣爱好、生活态度、价值观念等，也彰显了唐代社会生活风貌、政治经济与制度环境、文学艺术水平、民族文化心理与特征等，更能反映唐代旅游活动兴盛程度、旅游资源的开发和利用、旅游媒介的功能作用、唐人旅游动机的产生及转化、旅游心态与观游思想的进步、旅游审美与旅游文化发展等，目前关于唐代旅游主体的研究虽对以上内容均有涉及，但研究仍多集中于旅游文化和旅游文学方面。值得注意的是，20世纪末以来，关于唐代典型地区，如终南山、长安、曲江等地文人旅游活动的研究开始增多，如梁中效对唐代文人巴蜀旅游的研究等，[①] 这对于了解各地独特的旅游资源及其功能、指导区域旅游开发、旅游文化建设等具有较大价值。

二是关于唐代宗教徒旅游活动的研究。唐代宗教政策宽松自由，多教并存，宗教信仰成为唐人重要生活方式，唐代半僧半俗、亦僧亦俗现象普遍，民众可以在各教之间任意徜徉，加之唐代宗教活动愉悦逸兴氛围浓厚，因而无论是虔诚的朝圣之旅，还是作为普通旅游者观看宗教活动与参观宗教景观，都洋溢着浓浓的旅游氛围。目前关于唐代旅游者的分类研究中，宗教徒的旅游活动都是重点研究对象之一，如黄新亚即研究了唐代历次迎送佛骨，从帝王到庶民僧俗全员参与的"奇观"，以及文士、商人、官宦与僧人结社聚会游赏等活动，[②] 均具有浓烈的旅游色彩。而对玄奘、义静、悟空、鉴真、慧超、圆仁等宗教徒宏道布法、求经释

---

① 梁中效：《唐代诗人的蜀道之旅》，《成都大学学报：社科版》1994年第3期，第54~58页。

② 黄新亚：《消逝的太阳 唐代城市生活长卷》，湖南人民出版社2006年版，第172页。

义、云游参学、朝山修行、宗教节事活动及其游记、传记等的考证与研究，旅游元素也十分丰富。这些研究对于了解唐代宗教活动与社会生活、政治、民生、大众信仰与价值追求等及其附着其上的文化与旅游心理特征的基本状况有较大的启示意义。

三是关于唐代妇女出游活动的研究。近年来，唐代妇女史的研究成果颇多，但不能就此认为唐代妇女不受封建礼教和传统束缚，其社会地位和自由度虽较其他朝代高，受压迫程度也相对其他朝代低，但即便在武周朝前后这段短暂的中国封建时代妇女地位"巅峰期"，仍无法改变唐代妇女群体依然处于社会最底层的现实。唐代妇女不可能成为社会生活的主流群体，但史籍中却频繁而普遍地记载着唐代各阶层妇女参与体育、文娱、宗教、休闲、游憩等旅游活动，甚至形成探春宴、裙幄宴等唐代特有的妇女出游品牌和景观，这虽不能代表唐代妇女整体和唐代旅游者的特性，但作为社会最底层的妇女群体，其广泛参与旅游活动本身就反映了唐代旅游活动的兴盛程度，更反映了唐代旅游者构成的广泛性、大众性，以及唐代旅游者文化和旅游心理的进步与成熟。

唐代旅游主体的构成十分广泛，其大众化程度较之前代有显著的提高，尤其是玄宗朝和德宗朝对旅游活动的大力提倡，使广大民众真正成为唐代旅游活动的主流群体，在对帝王、官宦、文人、宗教徒、妇女等群体旅游活动的研究较为成熟的基础上，进一步加强对更具普遍意义的大众化旅游群体的旅游活动、旅游心理、旅游需求和动机、旅游流及其驱动力与阻力等的研究显得尤为重要和迫切，这对了解中国古代大众旅游的兴起、兴盛、发展、转变、影响等，甚至对探讨"旅游的产生"等核心问题均具有重大意义。

（2）关于唐代旅游客体的研究。一是关于唐代旅游资源的整理工作。无论是区域性还是全国性的旅游资源整理工作，对于深层次地分析唐代旅游资源的吸引力、分布、利用及变迁等都有较大价值。如曾枣庄《杜甫在四川》叙述了唐代四川地区的景物、名胜古迹、风土人情等，① 方国瑜对唐代西南的山川名胜等也有论述，② 这对分析了解唐代剑南道和山南道的旅游资源和旅游活动具有较大价值；竞鸿等将《御定全唐诗》吟咏对象分为55大类，旅游、游艺、山、水、名城、

---

① 曾枣庄：《杜甫在四川》，四川人民出版社1983年版。
② 方国瑜：《中国西南历史地理考释》，上海中华书局1987年版。

名胜等均与旅游直接相关,① 是极好的唐代旅游资源整理工作,可以很好地以唐人的视角看待他们的旅游活动,但研究的出发点亦非旅游资源;葛晓音、黄景略等则对唐代名胜古迹、帝王陵墓等知名的人文旅游资源进行了梳理。②

二是关于特定区域,特定类型旅游资源的研究。如对唐代庐山、五台山、麦积山石窟、终南山区、三峡地区等旅游资源的研究成果较为丰富,但整体上仍限于当今知名景区景点,区域性和全国性的旅游资源梳理、考察和调查工作依然十分落后,因此唐代旅游资源的大致概况仍然不甚明朗,尤其是无法以唐人的视角审视当时全国或区域性典型旅游资源。此外,园林别业作为旅游资源的重要组成部分之一,在唐代发挥着重要的旅游功能,其分布规律、园林构景组景手法等可反映唐人选择自然环境和开发利用旅游资源的思想和技术水平、印证唐代旅游者的审美情趣与旅游偏好,其在唐人旅游生活中的重要作用则可揭示唐代旅游者的旅游动机、目的,以及旅游活动内容与园林别业的旅游功能等,李浩对唐代园林别业的梳理著录十分详尽,③ 惜其出发点并非旅游资源研究,园林的旅游功能也少有提及,但其工作和对唐代旅游资源研究的贡献仍值得肯定和赞赏。

三是中国旅游史相关研究也多涉及唐代旅游资源。章必功的研究即涉及"淮南江北海西头"的众多旅游资源,如取唐代著名的山水、温泉、花木、陵墓、楼台、园林、历史遗址、道观、佛寺、祠庙等逐一论述,以证明唐代山水田园游、边游、漫游、佛游等的火热,④ 惜多以旅游者或旅游活动为主线,虽已有对唐代旅游资源,尤其是人文旅游资源全貌进行研究的思想,但仍是以典型旅游资源为纲,对唐代旅游资源全貌、结构、分布等的探讨依然不够深入;类似的,王淑良也以旅游者或旅游活动为主线论述唐代郊游、士游及玄奘、义静、杜环等人的国际旅游活动;⑤ 郑焱则以唐代旅游资源研究为主线,介绍了唐代三个城市、三座名山、两个楼阁、两个寺庙、三座塔,以及华清池、洞庭湖、乐山大佛、五台

---

① 竞鸿、陆力:《全唐诗佳句类典》,海口南海出版公司1992年版。
② 葛晓音:《中国的名胜古迹》,上海商务印书馆1995年版;黄景略等:《中国历代帝王陵墓》,上海商务印书馆1998年版。
③ 李浩:《唐代园林别业考论》,西北大学出版社1998年版;李浩:《唐代园林别业考录》,上海古籍出版社2005年版。
④ 章必功:《中国旅游史》,云南人民出版社1992年版。
⑤ 王淑良:《中国旅游史》,旅游教育出版社1998年版。

山、昭陵的旅游功能,① 这是极有意义的尝试。

　　四是关于唐代民间习俗,如节庆、演艺、赛事、宗教活动等人文活动类旅游资源的研究。唐代是中国传统民俗"初因淡化",大众化旅游元素迅速增多的重要转折时期,民俗旅游形式多样,内容丰富。唐代众多颇具旅游色彩的民俗文化与民俗活动成为学术界研究的热点,除张弓、陈炎、罗香林等对唐代佛寺、审美等的文化史和程蔷、臧嵘、李斌成、刘士文、葛兆光、伊永文、冯尔康等对唐代习俗和社会生活史的专门研究多有涉及唐代旅游资源外,② 王永平、潘孝伟、周期政、张勃等关于唐代游艺百戏、体育、舞蹈、节日等习俗与活动研究几乎就是唐代人文旅游资源的专题研究;③ 此外,刘荫柏、张仁善、韩广泽等对中国古代杂技、民间娱乐、节日习俗等的研究也多将唐代相应人文活动类旅游资源作为研究重点。④

　　综观前贤研究,一是成果多集中于20世纪末,近年来相关研究趋冷;二是关于唐代旅游资源的专门研究较少,多为附带研究;三是唐代人文旅游资源研究多,自然旅游资源研究不足;四是多从时间发展角度进行研究,鲜有从地理和空间角度多唐代旅游资源进行研究;五是唐代著名单体旅游资源研究多,旅游资源组合研究少。虽有唐代旅游资源相关分布和著录的尝试,但旅游学角度的深层次探讨不够,且在唐代旅游资源空间分布、结构、吸引力与等级划分、可进入性、

---

① 郑焱:《中国旅游发展史》,湖南教育出版社2000年版。

② 张弓:《汉唐佛寺文化史》,中国社会科学出版社1997年版。陈炎:《中国审美文化史(唐宋卷)》,山东画报出版社2000年版。罗香林:《唐代文化史研究》(据商务印书馆1946年版影印),上海文艺出版社1992年版。程蔷、董乃斌:《唐帝国的精神文明——民俗与文学》,中国社会科学出版社1996年版。臧嵘、王宏凯:《中国全史·中国隋唐五代习俗史》,人民出版社1994年版。李斌成等:《隋唐五代社会生活史》,中国社会科学出版社1998年版。刘士文:《中国全史·中国隋唐五代艺术史》,人民出版社1994年版。葛兆光、戴燕:《晚唐风韵》,上海中华书局2004年版。伊永文:《到古代中国去旅行:古代中国风情图记》,上海中华书局2005年版。冯尔康:《去古人的庭院散步:古代社会生活图记》,上海中华书局2005年版。

③ 王永平:《唐代游艺》,西北大学出版社1995年版。潘孝伟:《唐代体育》,西北大学出版社1995年版。周期政:《唐代乐舞歌辞研究》,河北大学博士学位论文2004年。张勃:《唐代节日研究》,山东大学博士论文2007年。

④ 刘荫柏:《中国古代杂技》,上海商务印书馆1997年版。张仁善:《中国古代民间娱乐》,北京商务印书馆1996年版。韩广泽:《中国古代诗歌与节日习俗》,天津人民出版社1992年版。

开发利用状况及旅游影响等方面的研究明显不足。

（3）关于唐代旅游媒介的研究。一是关于唐代旅游交通的研究。交通与旅游交通往往不能也不必严格区分开来，绝大多数旅游活动均是借助基本的交通和基础设施，特别是在古代，不可能存在专用的旅游交通。唐代交通研究上，严耕望《唐史研究丛稿》和《唐代交通图考》无疑是集大成者，《唐代交通图考》共十卷，系统、详尽地论述了唐代的驿道、馆驿等交通情况，并附有地图，还对唐代河运与海运、交通制度作了总结，① 为唐代交通史的研究作出了卓越的贡献，也奠定了唐代旅游交通的研究基础。此外，张静芬、马楚坚、臧嵘等研究了唐代车、船、马、驴等旅游交通工具，以及驿站邮传等交通节点和交通方式，② 对探讨唐代旅游者出行交通工具和交通方式的选择具有较大价值。

二是关于唐代旅游接待系统和设施的研究。学术界关于唐代旅馆、旅店、旅舍、邮驿、寺观等发挥着重要旅游功能的接待系统与设施的研究较为成熟，梁中效、林立平、郑向敏等较早研究了唐代邸店、旅馆流变、城市旅店业等；③ 谢重光、何兹全、王栋梁、李芳民等从经济史的角度研究认为，唐代寺观房舍出租给旅游者所获得的经济收入构成唐代寺观的重要经济来源，④ 从侧面印证了寺观是唐代重要的旅游媒介，张弓《汉唐佛寺文化史》也对唐代佛寺传舍的旅游接待进行了细致考证；驿站和邮传系统在唐代交通中的地位十分突出，严耕望《唐代交通图考》作了详细考证，尽管唐代邮驿的官办和专用性限制了旅游者的使用，但

---

① 严耕望：《唐史研究丛稿》，香港新亚研究所1969年版。严耕望：《唐代交通图考：中央研究院历史语言研究所专刊之八十三》，文汇印刷厂有限公司印刷1985年版。

② 张静芬：《中国古代的造船与航海》，北京商务印书馆1997年版。马楚坚：《中国古代的邮驿》，北京商务印书馆国际有限公司1997年版。臧嵘：《中国古代驿站与邮传》，上海商务印书馆1997年版。

③ 梁中效：《唐代的邸店》，《汉中师院学报：哲学社会科学版》1989年第3期，第80~92页。林立平：《唐宋之际城市旅店业初探》，《暨南学报：哲学社会科学》1993年第4期。郑向敏：《中国古代旅馆流变》，厦门大学博士学位论文2000年。郑向敏：《中国古代旅馆名称流变——"馆"之流变》，《桂林旅游高等专科学校学报》2000年第11期。郑向敏：《中国古代旅馆名称流变——"店"之流变》，《桂林旅游高等专科学校学报》2000年第12期。

④ 谢重光：《晋唐寺院与寺院经济研究》，高雄佛光山文教基金会2001年版。何兹全：《五十年来汉唐佛教寺院经济研究》，北京师范大学出版社1986年版。王栋梁：《唐代文人寄居寺院习尚补说》，《北京大学学报：哲学社会科学版》2009年第2期，第66~73页。李芳民：《佛宫南院独游频——唐代诗人游居寺院习尚探赜》，《文学遗产》2002年第3期。

随着唐代旅游活动的兴盛，沿邮传驿路分布的众多"店、商、坊、所"等设施成为唐代旅游者重要的旅游媒介和依赖，蔡东洲等就二者关系做了相关探讨。①

三是关于唐代游记等的研究。此类研究多关于唐代游记和游记体诗文的收集、整理和分析等工作，如章沧授《历代山水名胜赋鉴赏辞典》收录了唐代近40篇旅游文章，林明珠对柳宗元永柳山水游记做了较为全面的分析，② 而关于《大唐西域记》《南海寄归内法传》《大唐西域求法高僧传》等的研究成果就更丰富，此类研究多出于文学研究和宗教考释的目的，而李小波等对唐宋三峡地区历史旅游景观的研究是不多见的借助志记、咏记、游记等探讨唐代旅游媒介的成果。③

此外，有关唐代旅游的其他研究成果也较多，如李德辉、黄正建、范家伟等研究了唐人的行旅生活，④ 对于客观评价唐代旅游者出游动力、阻碍因素及出游思想、禁忌等大有裨益；向达、汶江、何芳川、林梅村、许序雅等探讨了唐代中西交通和文化交流，⑤ 对研究唐代国际交往与国际旅游者有较大帮助。

（二）国外研究概述

与中国的生态旅游文化重视"人"不同，西方的生态旅游文化重视"物"，因此形成了与中国侧重文化不同的研究思路，他们更加偏好旅游统计的方法。从意大利人波迪奥（L. Bodio，1899）《旅意外国人之流动与消费金额》探讨外国旅游者的数量、旅游时间、消费规律等开始，这种方法风靡欧洲，但是他们的研究大多

---

① 蔡东洲等：《论中国古代驿站和邮传对旅游业的影响》，《重庆邮电大学学报：社会科学版》2007年第5期，第78~80页。
② 章沧授：历代山水名胜赋鉴赏辞典，中国旅游出版社1998年版。林明珠：《论柳宗元永柳山水游记"无中生有"的结构及其意义》，《花莲师范学报》2003年第16期，第53~74页。
③ 李小波：《唐宋时期三峡地区的志记、咏记、游记与历史旅游景观的研究》，《中国地方志》2004年第10期，第60~63页。
④ 李德辉：《唐代交通与文学》，湖南人民出版社2003年版。黄正建：《唐代衣食住行研究》，首都师范大学出版社1998年版。范家伟：《从医书看唐代行旅与疾病》，见荣新江：《唐研究：第七卷》，北京大学出版社2001年版，第205~228页。
⑤ 向达：《唐代长安与西域文明》，三联书店1957年版。汶江：《古代中国与亚非地区的海上交通》，四川省社会科学院出版社1989年版。何芳川、万明：《古代中西文化交流史话》，北京商务印书馆1998年版。林梅村：《汉唐西域与中国文明》，文物出版社1998年版。许序雅：《唐代丝绸之路与中亚历史地理研究》，西北大学出版社2000年版。

以16世纪以后的旅游活动为对象。在他们看来，这之前只有少数富人才有权利进行旅游活动，如果从统计学出发，这种非大众化旅游根本不具备研究价值。从研究对象看，他们更加侧重于度假胜地、疗养地等纯旅游接待地的研究，是落脚于休闲观光领域的经济史研究，吉尔伯特早在1939年就开始了这方面的探索。①然而，对海滨胜地这种特殊对象的研究，能在多大程度上推动旅游史的发展还很难说。直至20世纪末，唐纳才从历史地理的角度探讨了1540—1940年的西方旅游，②他认为不同的旅游者有着不同的行为规律，然而对乡村度假和矿泉疗养的共同偏好，促进了此时欧洲旅游的发展，带有鲜明的矿泉疗养发展史的印记。

国外对中国唐代旅游的专门研究非常少见。文献方面，7—9世纪，外国人多根据自身的经历记述唐代的社会生活，如日本人元开《唐大和上东征传》和圆仁《入唐求法巡礼行记》③、阿拉伯人苏烈曼及其《苏烈曼游记》（即《中国印度见闻录》）、伊本·考尔大贝的《道程及郡国志》（又译《道路与省道记》）、伊本·罗斯德《阿尔阿拉克阿尔那非撒》、新罗人崔致远的《桂苑笔耕集》都是游记体裁的著作，真实反映了外国人在唐代的生活和游历情景。

国外学者多采用社会学方法探讨唐代留学生、使者、高僧等在唐的生活及唐代的名胜风俗等，对客观了解唐代民风、民俗、心理、岁时节日、国际交往等颇有裨益，如平冈武夫、堀敏一、爱德华·谢弗等论述了唐代的国际关系、国际交往与人口流动、在唐外国人的活动等④；冈田玉山等除通过图画的形式表现唐代北京和河北的山川名胜、苑囿寺观外，还记述了相关人物故事、器物风俗等文化和生活风貌⑤；那波利贞、谢和耐等研究了唐代寺院对外接待投宿与

---

① E. W. Gilbert B. Litt., M. A. *The growth of inland and seaside health resorts in England*, Scottish Geographical Magazine, 1939, 55: 16-35.

② J. Towner: *An Historical Geography of Recreation and Tourism in the Western World* 1540-1940. Wiley, Chichester, 1996.

③ ［日］元开：《唐大和上东征传》，上海中华书局2000年版。［日］圆仁：《入唐求法巡礼行记》，上海古籍出版社1986年版。白化文等：《入唐求法巡礼行记校注》，花山文艺出版社1992年版。

④ ［日］平冈武夫：《唐代的长安与洛阳》，上海古籍出版社1991年版；［日］平冈武夫：《唐代的历》，上海古籍出版社1990年版；［日］平冈武夫：《唐代的行政地理》，上海古籍出版社1989年版。［日］堀敏一著，韩昇、刘建英译：《隋唐帝国与东亚》，云南人民出版社2002年版。［美］爱德华·谢弗著，吴玉贵译：《唐代的外来文明（撒马尔罕的金桃）》，中国社会科学出版社1995年版。

⑤ ［日］冈田玉山等：《唐土名胜图会》，北京古籍出版社1985年版。

寺院经济，① 是难得的唐代旅游媒介研究。

历史旅游地理的研究是一个全新的领域，从旅游学角度研究唐代旅游的成果多集中于旅游主体、旅游文学等领域，为本书奠定了良好基础，但这些研究多无法完整反映唐代旅游和社会生活的整体风貌，也无法概括唐代旅游活动的时空规律及其内在机理。本书力图利用前人的相关研究成果，在唐代旅游活动的时空特征、旅游资源结构、分布与开发利用、旅游交通和接待设施状况等问题上做些有益尝试。

第二节 唐代旅游地理环境

公元617年十一月初九，李渊攻破长安，次年五月二十日，李渊废黜隋朝傀儡幼帝并登基称帝，改元武德，都于长安，建立了与汉代并称为中华帝国两个黄金时代的唐王朝。至公元628年，唐先后平定金城（薛举父子）、河西五郡（李轨）、河东（刘武周）、河北、河南、山东（窦建德、王世充、刘黑闼）、江陵（萧铣）、江淮（辅公祐）、朔方（梁师都），基本统一全国。公元690年，武则天改国号"周"，迁都洛阳，史称武周。公元705年，唐中宗李显恢复大唐国号及旧制，还都长安。公元755年安史之乱后，藩镇逐渐崛起，地方得到大力开发，但唐王朝日渐衰落，至公元907年，朱全忠逼迫唐哀帝李柷禅位，改国号"梁"，改元开平，都于开封，唐亡。唐朝历22帝（含武则天、李重茂），② 享国289年。

---

① ［日］那波利贞：《唐代寺院对俗人开放为简便投宿处》，见刘俊文编，许洋主等译：《日本学者研究中国史论著选译》第七卷，北京中华书局1993年版。［法］谢和耐著，耿昇译：《中国五—十世纪的寺院经济》，甘肃人民出版社1987年版。

② 唐朝22帝依次为（括号中为在位时间，陵墓）：高祖李渊（公元618—626年，献陵），太宗李世民（公元626—649年，昭陵），高宗李治（公元649—683年，乾陵），中宗李显（公元683—684年、公元705—710年，定陵），睿宗李旦（公元684—690年、公元710—712年，桥陵），武曌（公元690—705年，乾陵），李重茂（公元710年（17天）），玄宗李隆基（公元712—756年，泰陵），肃宗李亨（公元756—762年，建陵），代宗李豫（公元762—779年，元陵），德宗李适（公元779—805年，崇陵），顺宗李诵（公元805年，丰陵），宪宗李纯（公元805—820年，景陵），穆宗李恒（公元820—824年，光陵），敬宗李湛（公元824—826年，庄陵），文宗李昂（公元826—840年，章陵），武宗李炎（公元840—846年，端陵），宣宗李怡（公元846—859年，贞陵），懿宗李漼（公元859—873年，简陵），僖宗李儇（公元873—888年，靖陵），昭宗李晔（公元888—904年，和陵），哀帝李柷（公元904—907年，温陵）。

一、唐代旅游地理空间

(一)唐王朝的政治版图

唐初因山川形便划分十道,后又作开元十五道。① 关内道依山带河,周围险要位置均设关卡,故名;河南、河东、河北因所处黄河方位不同而得名;山南、陇右和剑南分别因终南山、陇山和剑门山而得名;淮南和江南则是因淮河和长江而得名;岭南之名因处五岭之南而来。

元和以后,十五道名存实亡,但并未明令废除。李吉甫"谨上《元和郡县图志》,起京兆府,尽陇右道,凡四十七镇",且"每镇皆图在篇首"②,但依然以十道为纲论述,且各州除并省、州名变更外,州界并未作太大的调整。③ 唐代各道和疆域见表1.1和图1.3。

表1.1　　　　　　　　　唐初十道四至及其山川

道名	东	西	南	北	名山	大川	州数(次级领州数)
关内道	东拒河	西抵陇坂	南据终南之山	北达沙漠	太白、九嵕、吴山、岐山、梁山、泰、华之岳	泾、渭、灞、浐	22
河南道	东尽于海	西距函谷	南濒于淮	北薄于河	三崤、少室、砥柱、蒙山、峄山、嵩、岱二岳	伊、洛、汝、颍、沂、泗、淮、济	28

---

① 开元二十一年,设置十五道为:京畿道(治京师)、都畿道(治东都)、关内道(无治,京官遥领)、河南道(治汴州)、河东道(治蒲州)、河北道(治魏州)、陇右道(治鄯州)、山南东道(治襄州)、山南西道(治梁州)、剑南道(治益州)、淮南道(治扬州)、江南东道(治苏州)、江南西道(治洪州)、黔中道(治黔州)、岭南道(治广州)。
② 《元和郡县志》原序。
③ 据《新唐书》卷37《地理志》,贞观十三年(公元639年),全国共设358州(府),下辖1551县。开元二十一年(公元733年),全国共设328州(府),下辖1573县。据《旧唐书》卷14《宪宗本纪》,元和二年(公元807年),全国共48方镇,295府州,1453县。南方出现大量非建制的市镇和草市。

续表

道名	东	西	南	北	名山	大川	州数(次级领州数)
河东道	东距恒山	西据河	南抵首阳太行	北达匈奴	雷首、介山、霍山、崞山	汾、晋及丹、沁	19
河北道	东并于海	南迫于河	西距太行恒山	北通渝关蓟门	林虑、白鹿、封龙、井陉、碣石之山、恒岳	漳、淇、呼沱	25
山南道	东接荆楚	西抵陇蜀	南控大江	北据商华之山	嶓冢、熊耳、巫峡、铜梁、荆山、岷山	巴、汉、沮、清	33 (16+17)
陇右道	东接秦州	西逾流沙	南连蜀及吐蕃	北界朔漠	秦岭、陇坻、西倾、朱圉、积石、合黎、崆峒、三危	洮水、弱水、羌水	21 (12+9)
淮南道	东临海	西抵汉	南据江	北距淮	八公灊、大别、霍山、罗山、涂山	滁、肥之水、巢湖	14
江南道	东临海	西抵蜀	南极岭	北带江	茅山、蒋山、天目、会稽、四明、天台、括苍、缙云、金华、大庾、武夷、庐山、衡岳	浙江、湘、赣、沅、澧、洞庭、彭蠡、太湖	51 (18+33)
剑南道	东连牂牁	西界吐蕃	南接群蛮	北通剑阁	峨眉、青城、鹤鸣、岷山	涪雒及西汉之水、江渎	33
岭南道	东南际海	西极群蛮	东南际海	北据五岭	黄岭及鬱之水、灵洲	桂水、鬱水	70 (23+11+15+12+9)

说明：据《唐六典》卷3《尚书户部》，山南道33州，东、西道分别为16和17个；陇右道21州，其中陇右12个，河西9个；江南道51州，东、西道分别18和33个；岭南道70州，设广府(23)、桂府(11)、容府(15)、邕府(12)和安南(9)五府。全国共计316州。

历史上，唐代疆域保持了动态变化和相对稳定，唐前期主要表现为疆域的维持和一定程度的扩张，某些臣服的地区往往被设置成都护府，其边界北越阴山、

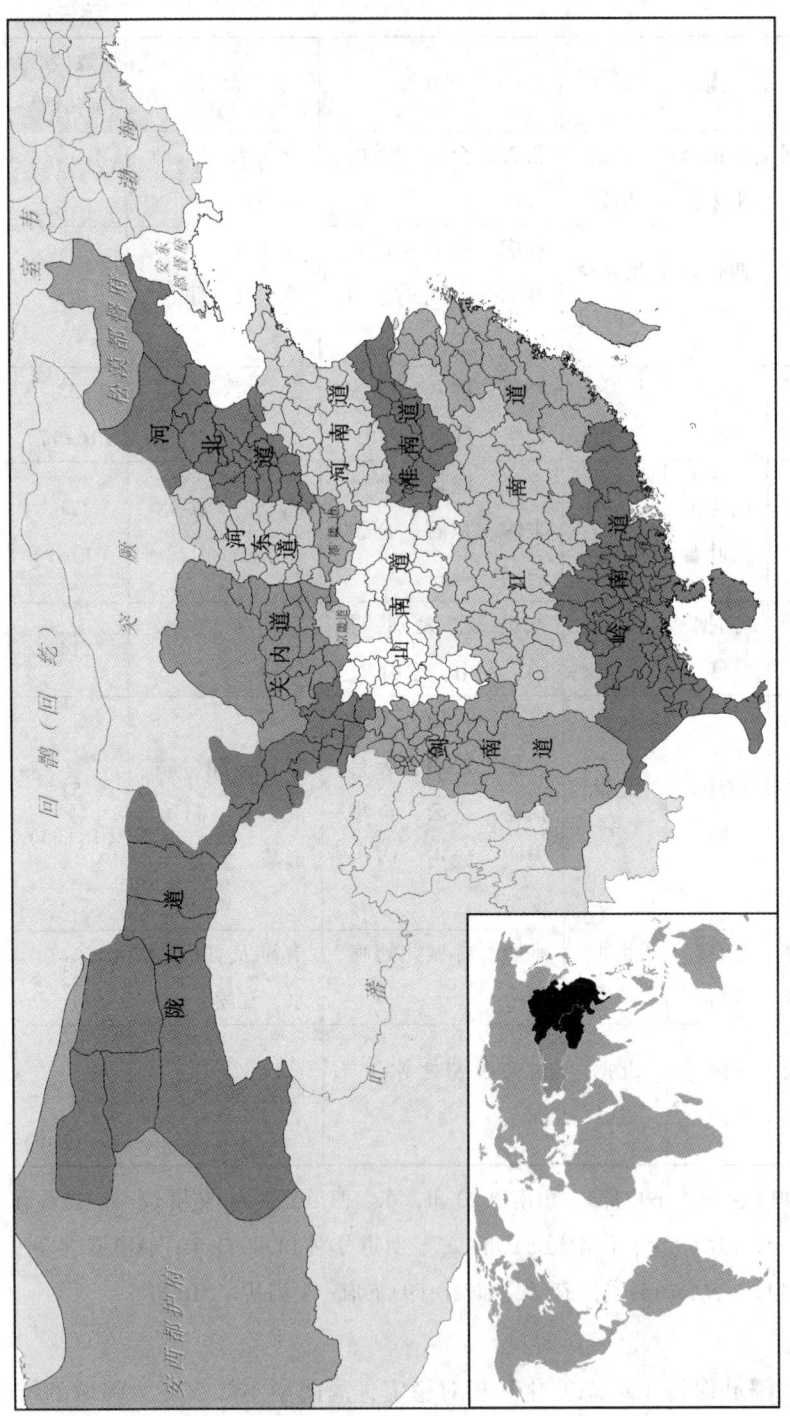

图1.3 唐代十道示意图

说明：

（1）图中都畿道原属河南道，京畿道原属关内道。另外，各分山南道和江南道为东、西两道，别置黔中道，即为开元十五十道的雏形。本书以贞观十道为纲进行论述。其总体范围与开元十五十道并无本质上的差异。

十道为本书主要研究区域，原则上各道以唐朝控制较稳定、范围较大者为准，未反映其历史变化（如陇右、剑南、河北等道）。

（2）本书所出现的唐代地图，均据：谭其骧：中国历史地图集（第五册），北京：中国地图出版社1996年版，第32~37页绘制，恕不另行注明。

燕山山脉，南至今两广、海南和越南北部，东达辽河下游及东部沿海，西抵今乌鲁木齐地区和河湟谷地、四川盆地西沿、云贵高原大部，① 其旅游记载散见于唐代地理和对外交流典籍、边塞诗文之中。安史之乱让万邦臣服的景象不复存在，内部河朔藩镇拥军自重、蠢蠢欲动，中原藩镇养兵防判、时有征伐，就连王朝赖以生存的东南地区也偶有叛乱，大半个中国动荡隐患激增，国力内耗渐大。外部吐蕃一度攻陷长安，盛时疆域达凤翔以西、邠州以北；南诏盛时疆域东至今云、贵边境，西跨亲敦江上游，北达大渡河，南至老挝北；回纥也曾占有大漠地区。② 唐后期藩镇发展使人、财更向地方汇聚，一定程度上促进了地方深度开发和经济建设与发展，也促进各地，尤其是南方地区各类旅游资源得到进一步开发和利用，旅游活动更加丰富多样，交通、住宿等旅游相关事业更加兴盛，全国范围和大众化旅游活动得到进一步发展。

本书在论述时，均以州为基本单位，其所属的道，以《元和郡县志》为准，其次以两《唐书》为准，若二者均无记载，则按照建制沿革酌情判定。

(二) 唐王朝与周边世界

自建国伊始，唐王朝就致力于恢复汉朝领土。

高丽虽被征服，唐却无法持续有效地统治，全朝鲜统一为新罗国，原高丽北部沿海的领土成了渤海的国土，两国长期派人入唐学习并有频繁贸易往来，开成五年四月新罗留学生学成归国者达 105 人，③ 登、莱等州还有专门接待新罗客商的坊、所等。唐几乎全面影响了日本，公元 630—684 年，日本派出遣唐使 19 次。8 世纪初起，遣唐使团人数从唐初不超过 200 人增至 550 人以上。④ 为了加强对契丹、奚人地区的统辖，唐曾一度对松漠、饶乐二羁縻都督府实行留宿卫、驻兵与和亲政策，"自至德后……奚、契丹亦鲜入寇，岁选酋豪数十，入长安朝会"⑤。

---

① 刘宏煊：《中国疆域史》，武汉出版社 1995 年版，第 187 页。
② 王玉德、张全明等：《中华五千年生态文化（上）》，华中师范大学出版社 1999 年版，第 333~334 页。
③ 《唐会要》卷 95《新罗》。
④ 施建中：《中国古代史：下册》，北京师范大学出版社 1996 年版，第 82 页。
⑤ 《新唐书》卷 219《北狄传》。

公元630年，唐灭东突厥，并安抚降户于"河南之地"，设顺、佑、化、长、定襄、云中等州都督府，突厥"入居长安者近万家"①。在颉利可汗之前，东突厥对唐奉行互利友好政策，唐还为始毕可汗的逝世"废朝三日，诏百官就馆吊其使者。又遣内史舍人郑德挺吊处罗可汗"②。尽管颉利"有凭陵中国之志……求请无厌"③，但突厥人常年以牲畜从唐换取丝绸，即使是在战争时期，互市也长期存在。毗伽可汗时代双方贸易和友好往来规模盛大，受降城互市"每年赍缣帛数十万匹"④。

西突厥在唐建国之时就控制了"南至疏勒，北至瀚海……东至金山（今阿尔泰山），西临西海，自玉门以西诸国皆役属之"的广大地区，在唐建国之初，西突厥也频频遣使入贡，甚至筹划与唐"并力以图北蕃"⑤。西突厥各属国都想与唐发展贸易往来，但高昌却在"丝路"征收掠夺性税收，同时还进行诸多反唐行动，它很快被灭，唐以其地置西州。⑥公元657年，唐平贺鲁叛乱，分西突厥地置蒙池、昆陵二都护府，自此西突厥无大汗，唐迁安西都护府于龟兹故地并设四镇，在天山以北和葱岭以西设置大批羁縻都督府州，对维护中西陆路交通的通畅有重要意义。

唐与回纥关系的主流也是友好相处。贞观初，回纥"依唐若父母然，请于回纥、突厥部治大涂，号'参天至尊道'，世为唐臣。乃诏碛南鸊鹈泉之阳，置过邮六十八所，具群马、湩、肉待使客"⑦，这种关系被始终保持下来。贞观末，唐置燕然都护府，"九月甲辰，铁勒诸部落俟斤颉利发等遣使相继而至灵州者数千人"⑧，回纥"还多次和亲，大搞绢马贸易"⑨，他们从唐换来的丝绢、茶叶，很大一部分销往中亚。

---

① 《资治通鉴》卷193《太宗纪》，贞观四年。
② 《资治通鉴》卷187《高祖纪》，武德二年。
③ 《册府元龟》卷997《外臣部·悖慢》。
④ 《太平寰宇记》卷196《四夷二十五·北狄八·突厥下》。
⑤ 《通典》卷199《边防十五·北狄六·突厥下》。
⑥ 刘锡淦：《突厥汗国史》，新疆大学出版社1996年版，第75~79页。
⑦ 《新唐书》卷217上《回鹘传》。
⑧ 《旧唐书》卷3《本纪第三·太宗下》。
⑨ 崔明德：《东突厥、回纥与唐朝关系再比较》，《中央民族学院学报》1993年第2期，第49~56页。

唐高宗时，吐蕃征服吐谷浑王国，直接威胁着中国通往中亚和西方的交通路线，唐王朝不仅通过这些路线出口丝织品，还依靠它从西方传入思想和技术。唐蕃关系曲折发展，但和亲、会盟、使节往还、商人互市等政治、经济交流不断，与唐互遣使者近200次，松赞干布时期还派大批贵族子弟到唐学习，聘用唐人为官等。在西南，南诏是中国文化圈的边缘部分，与唐以友好相处为主，唐还在成都办学，传授南诏贵族子弟学问。

此外，唐与亚非地区70多个国家通使交好，是当时亚非经济、文化交流的中心。唐王朝与各国使节、商人、僧侣、旅游者等往来不绝，唐王朝凭借当时全球最雄厚的物质财富，创造了最光辉灿烂的精神和文化财富，影响力和吸引力巨大，伊斯兰教创始人穆罕默德勉励其弟子"学问虽远在中国，亦当求之"，日本更是"对中国文化无限向往"，希望"过像汉人那样灿烂的文化生活"①；同时，唐王朝以华夷一家、爱之如一的民族观，怀柔远人、义在羁縻的边防观，重视屯田互市的经济观，加强交流、尊重融合的文化观等高度自信，敞开胸怀迎接各方来客，② 大大促进了国际经济、文化、旅游交流的发展。

二、唐代自然环境与旅游

(一) 唐代气候环境对旅游的影响

公元600—1000年是中国历史上的一个温暖期，唐代属于湿润气候，唐前期，气候总体特征与现代相近，年平均气温高于现代1~2℃；③ 唐后期，气候开始转寒，气候带比现代南退一个纬度。④ 这种气候为农业经济的发展创造了条件，也为旅游活动提供了物质保障和自然基础。

第一，气候的差异和变化影响旅游资源，尤其是自然旅游资源的分布，进而影响人文活动的变化。一般年均气温上升2℃，生物的分布纬度就要北移2°~4°，

---

① 施建中：《中国古代史：下册》，北京师范大学出版社1996年版，第80页。
② 刘宏煊：《中国疆域史》，武汉出版社1995年版，第188~192页。
③ 王玉德、张全明等：《中华五千年生态文化(上)》，华中师范大学出版社1999年版，第334~336页。
④ 满志敏：《唐代气候冷暖分期及各期气候冷暖特征的研究》，《历史地理：第八辑》，上海人民出版社1990年版，第1~15页。

反之亦然。① 以花木及其观赏游憩活动为例，唐后期咏梅诗明显减少，表明当时赏梅活动不似前期那般兴盛，个中原因虽多，但气候变暖并导致梅花开放地区和时间产生变化的影响不可忽略；又据《太平广记》卷140《征应六·秦城芭蕉》载，"天水之地，迩于边陲，土寒，不产芭蕉。戎师使人于兴元求之，植二本于亭台间。每至入冬，即连土掘取之，埋藏于地窟。候春暖，即再植之。庚午、辛未之间，有童谣曰：'花开来裹，花谢束裹'。而又节气变而不寒，冬节和煦，夏节暑毒，甚于南中，芭蕉于是花开，秦人不识，远近士女来看者，填咽衢路……自尔年年一来，不失芭蕉开谢之候"，天水移植芭蕉的成功，使其具备了类似兴元的芭蕉游赏活动，气候变暖是主因；类似的，白居易成功移植白莲于洛阳，作《六年秋重题白莲》叹道："本是吴州供进藕，今为伊水寄生莲……不独池中花故旧，兼乘旧日采花船"，伊水也有了赏花采莲活动。这说明气候变化对旅游活动的影响，使各地旅游活动更加多元化和丰富多彩。

第二，气候的区域差异性是旅游吸引力形成的基础，并影响旅游吸引力大小和旅游活动的开展。李绅《江南暮春寄家》记载了农历三月洛阳到绍兴沿途景物的差异，"洛阳城见梅迎雪，鱼口桥逢雪送梅。剑水寺前芳草合，镜湖亭上野花开。江鸿断续翻云去，海燕差池拂水回。"从北至南，李绅依次看到了梅花开、梅花落、草萌芽、野花开、鸿雁北回、海燕拂水的不同景观，此时，北方旅游者尚在赏梅，而南方旅游者则可以踏春了。

气候的变化性使各地旅游活动内容和形式趋于同质化，气候的差异性使各地的旅游活动内容和形式趋于地域化，前者趋同，后者趋异，气候变化缓慢，而气候差异客观存在，气候条件影响下的旅游活动体现出区域差异性主导下的旅游文化的融合发展。

第三，除传统节日旅游外，气候的差异及其变化将会导致旅游时间选择的变化。在南方，"花开花落无时节，春去春来有底凭"的长夏无冬，秋春相连的气候，旅游环境和条件优越，常年适宜旅游，形成了"每叹芳菲四时厌，不知开落有春风"的局面，即一年四季都能满足人们的游赏需求。不过"南国无霜霰"，也使得南方咏雪的旅游活动相应较少。在北方，"五原春色旧来迟，二月垂杨未挂

---

① 郑学檬、陈衍德：《略论唐宋时期自然环境的变化对经济重心南移的影响》，《厦门大学学报：哲学社会科学版》1991年第4期，第67~72页。

丝。即今河畔冰开日，正是长安花落时"，五原花开和冰开都异于长安，甚至"莫言塞北无春到，总有春来何处知"，相应的游春活动比长安少得多，但"积雪浮云端"的雪域风光及其游赏活动却令南方旅游者颇为羡慕。总体上，南方适宜旅游的时间比北方长，就相同的旅游形式来说（如赏花、泛舟等），北方多数时候比南方开始得晚，而结束得早，但寒冷和冰雪性质的旅游活动（如赏雪），北方的旅游时间明显长于南方。类似的，东部沿海地区和西部内陆地区气候差异也会形成不同的旅游景观和旅游活动。

(二) 唐代生物环境对旅游的影响

1. 唐代植物与旅游

第一，植被本身就是极好的旅游资源并创造了极佳旅游环境。天然植被的变化更多地被归因于人为因素，在开发历史较悠久的黄河中下游地区，唐代天然植被已很罕见，[1] 不过终南、嵩山、熊耳、太行、王屋、析城、中条、五台等山依然因为一些植被的存在，成为唐代引人入胜的一方名胜。终南山"万株果树，色杂云霞，千亩竹林，气含烟雾""沃野长林"[2]与樊川碧波相映成趣，山上百木争秀，曲江池畔也能看到其倒影；华山绿竹间的人家，松柏中之古祠，林间山路，林梢的瀑布等景观让众多旅游者流连忘返；嵩山南坡得封禅之益，游山者麇集，其森林也成为旅游者观赏的对象，岳寺周围万木耸秀，遂成胜赏；类似的还有中条山王官谷、王屋山天坛附近和太行山盘谷，而岐山东的天台山因林木繁茂，还曾设置避暑的离宫；[3] 至元代天山北坡依然"万顷松风落松子，郁郁苍苍映流水"[4]，伊犁山地"松桦阴森……何啻万株"，阿尔金山"松桧参天，花草弥谷"[5]，可以想见其壮美景色；河西走廊附近的焉支"水草茂美"，祁连"美水草、冬温夏凉"[6]，呈现一幅牧场景象；江淮地区虽开发程度较高，森林资源依然丰

---

[1] 史念海：《河山集：二集》，三联书店1981年版，第261~280页。
[2] （唐）宋之问：《春游宴兵部韦员外韦曲庄序》，见（清）董诰等编：《全唐文》卷241，北京中华书局1983年版，第2437页。
[3] 史念海：《河山集：二集》，三联书店1981年版，第266~269页。
[4] 《湛然居士集》卷2《过阴山和人韵》。
[5] 林鸿荣：《隋唐五代森林述略》，《农业考古》1995年第1期，第218~225页。
[6] （清）张澍编：《张氏丛书二十六种：凉州记、西河旧事》，二西堂藏版，道光元年（1821年）辛巳新镌。

富,"幽岩之巨木斯出"①;长江上游、珠江流域的森林均得到了较好的保存,开发程度最大的成都平原森林覆盖率也在20%左右,其他均在35%以上,有的地方甚至高达80%②。

第二,植被景观的原始性经过人工雕饰促进了唐代旅游活动的开展。林木繁茂不一定会为旅游活动创造便利,如"湘江西峰直平阳江口,有寒泉出于石穴峰,上有老木寿藤,垂荫泉上,近泉堪戚维大舟,惜其蒙蔽,不可得见"③,元结此次探险之旅因而不果。唐代对植被环境的人工改造和开发,使它们更具旅游吸引力,直接促进了旅游活动的兴盛,如柳宗元在永州砍掉法华寺前蒙杂拥蔽的薪蒸筱荡,建西亭以观景④;高元裕"瞻望山东丛林之上,见有异气披榛……乃翦薙芜翳,创为斋宫,立碑以纪其事,于悬泉之下堰为方塘,引水注为流杯小池,植花木松竹,遽成胜赏"⑤;杜甫入蜀时,遍赏秦州和铁堂峡之竹,法镜寺之松,青阳峡之林,木皮岭之冬青,飞仙阁之疏林等,这些交通道路附近的植被,也得益于区域开发才成为旅游景观。

第三,观赏植物及其蕴含的意象极受唐代旅游者推崇,并促进了花卉栽培技术的提高。唐人尚牡丹,"贵贱无常价,酬值看花数……一丛深色花,十户中人赋"⑥,旅游者需求与偏好带来的经济利益,正是唐代催花技术进步的重要原因之一,"常有不时之花,然皆藏土窑中,四周以火逼之,故隆冬时即有牡丹花"⑦。柳宗元《龙城录》载:"洛人宋单父,字仲孺,善吟诗,亦能种艺术。凡牡丹变异千种,红白两色,人不能知其术。上皇召至骊山,植花万本,色样各不同,赐金千馀两,内人皆呼为花师,亦幻世之绝艺也。"在这些绝艺的辅助下,唐人不仅能使牡丹错开花期、培育出不同花色品种,还能让杜鹃在重阳开放,鹤林寺杜鹃"每春末花烂漫……一城士庶,四方之人,无不酒乐游从。连春入夏,自

---

① (唐)李直方:《白苹亭记》,见(清)董诰等编:《全唐文》卷618,北京中华书局1983年版,第6244页。
② 蓝勇:《中国历史地理学》,高等教育出版社2002年版,第64~65页。
③ (唐)元结撰、杨家骆编:《新校元次山集》卷10《寒泉铭并序》,台北世界书局1984年版,第159页。
④ 《柳河东集》卷28《记祠庙·永州法华寺新作西亭记》。
⑤ 《云笈七签》卷118《道教灵验记·自然石文老君降雨验》。
⑥ (唐)白居易:《秦中吟十首·买花》,见《御定全唐诗》卷425。
⑦ 《御定佩文斋广群芳谱》卷32《花谱·牡丹一》。

旦及昏，间里之间，殆于废业……及九日（注：指重阳），烂漫如春，乃以闻宝，一城士庶惊异之，游赏复如春夏间"①。可以说，旅游需求旺盛与花卉栽培技术发展起到了相互促进的作用。

第四，唐人好托物言志，植被和花卉是重要的载体。如梅花的坚贞、菊花的高洁、杨花的惜别、海棠的诚恳、杜鹃的怀乡、蔷薇的艳丽、竹子的虚心等固定意向多形成于唐代，并强烈激发着旅游者的游览兴趣，它们与荷花、桃、李、梨、杏、石榴等常被栽种或移植于房前屋后、亭台园池，在发挥经济价值的同时，也起到点缀装饰和观赏游览的作用，甚至成为独特的揽客招牌、建筑标签、代表性旅游景观、地域个性与意向代表等，如慈恩寺牡丹、唐昌观玉蕊、玄都观桃花、鹤林寺杜鹃、禅智寺芍药圃、灞桥柳树、兴元芭蕉、蜀中海棠等，在蜀三年的崔涂因不见海棠而惭愧"虚到蜀城来"的事例屡见不鲜，附着着唐代科举文化的"槐衙""柳衙"即赋予长安天街和曲江池畔独特的科举意向和象征意义，灞桥更借助柳树并可以完全脱离柳树成为唐代送别的代名词。

总之，植物不仅能为旅游者创造良好的旅游环境，成为重要的旅游资源，还能以其特有的意蕴给旅游者特殊的旅游感受，并塑造特定的旅游文化。尽管不一定会为旅游活动创造便利，但以植物为主，经过砍伐开路结合移植造景等改造开发的旅游景观更容易成为一方胜赏。

2. 唐代动物与旅游

第一，动物是唐代旅游者嬉游的载体和对象。唐代具有旅游性质的狩猎活动较为流行，捕猎的对象大致有狐、兔、野鸭、雁、雕、鹿等。各地羽猎出狩之风浓郁，《御定全唐诗》收录淮南、邯郸、幽州、营州、徐州、连州、太原、浙西、边城等地游猎诗数十首，唐代观猎也成为一种时尚，常有"地形渐窄观者多""万人齐指"②的情形，唐后期众多藩镇头目和节度使对此更"悦而不息"。唐代鸟类、蝉虫、水族、兽类等动物也能引起旅游者的关注，《观鸟捕蝉图》即反映唐人旅游时小动物带来的乐趣。鹤、鹅、果下马、鹦鹉、拂菻狗等动物或宠物也能成为

---

① 《续仙传》卷下《殷文祥》。
② （唐）韩愈：《雉带箭》、（唐）张祜：《观徐州李司空猎》，见《御定全唐诗》卷338、卷510。

唐人游玩唱和、增进感情的纽带,如裴度游玩白居易洛阳园池,见双鹤体态优美,遂有求赠唱和;裴度与张籍闲行古寺,遂有赠马代步和答谢之作等。唐代也有用于旅游娱乐和表演的驯兽,舞马、犀、象等最著名,中宗曾在洛阳观看斗象,"诞节舞马,赐酺纵观"①成为帝王生日的标志性庆祝活动,"戏马、斗鸡……又引大象、犀牛入场,或拜舞,动中音律"②,但毕竟这种贵族娱乐一般旅游者很难看到,民间则以斗鸡、斗鹅、斗蟋蟀等最为流行。

第二,动物常成为唐人出游的骑乘对象,发挥着旅游交通工具的作用。唐代绞釉骑马狩猎俑、唐代蜡缬绢骑马猎狮纹、唐织锦骑马猎狮纹(藏于日本奈良法隆寺)、唐代蜡缬纱骑马狩猎纹、唐代铜镜上的骑马狩猎纹等均反映了马在唐代畋猎活动中的作用,不仅如此,唐人在郊游和体育活动中也常骑马,如《虢国夫人游春图》展现了杨贵妃姐妹及其侍从骑马郊游的情形(见图1.4),《仕女骑马彩绘陶塑像》《仕女骑马三彩塑像》等反映了盛唐妇女骑马出行的情景,章怀太子墓中的《打马球图》绘有20多个骑马人物,再现了唐代马球比赛紧张惊险的夺球场面。

图1.4 虢国夫人游春图

(唐)张萱(宋摹本),绢本设色,纵52厘米,横148厘米,辽宁省博物馆藏。
采自:新华网书画频道,http://www.hubei.xinhua.org/art/2007-01/14/countent_9126583.htm。

---

① 《唐音癸签》卷27《谈丛三》。
② 《明皇杂录》卷下。

不过唐代"工商、庶人、师僧道士、未仕、举人等并不得乘马"①，因而出游时多以驴、牛、骆驼、象、骡等取代(见图1.5)。驴是唐代旅游者最为常用的骑乘工具之一，官私乘驴普遍，所谓"郡将虽乘马，群官总是驴"②，且民间"租驴业"非常兴盛，"两京之间，多有百姓僦(指租赁、雇佣)驴""每店皆有驴赁客乘"③，唐人陈季卿"至于渭滨，乃赁乘复游青龙寺"④，日僧圆仁"从煦眙(盱眙)县至扬州九驿……每驿赁驴之"⑤，李林甫"在东都，好游猎打球，驰逐鹰狗，每于城下槐坛下，骑驴击，略无休日"，郭英乂"聚女人骑驴击球……以为笑乐"，敬宗"观两军教坊内园分朋驴鞠、角抵"⑥。唐代牛车十分风行，达官贵人均以乘坐牛车为贵为荣，敦煌莫高窟第329窟《栈车壁画》反映了唐代贵妇、仕女乘坐的牛车的豪华气派，323窟《母子骑牛图》《老者骑牛图》形象反映了唐人出行时，牛的作用非常大。《胡人骑驼陶塑像》《牵驼三彩塑像》《携丝经商骆驼三彩塑像》《骆驼载乐师三彩塑像》《骆驼载乐伎三彩塑像》等反映了唐代骆驼是重要交通工具和流动卖艺的驮具。《骑象玉雕像》则是唐人骑象游历归来，悠闲地拍打着身上尘土的写照。⑦

(三)唐代地质环境对旅游的影响

旅游地质资源指具有旅游价值的地质遗迹和与地质体直接有关的人类活动遗迹，包括自然遗迹、人类文化遗址和人类开发利用地质环境及地质资源的遗迹，以及地质灾害遗迹等。⑧唐代旅游地质资源丰富，峡谷、岩性、地质作用、遗址遗迹等旅游资源深受旅游者青睐，旅游活动形式多样。

---

① 《唐会要》卷31《舆服上·杂录》。
② 《封氏闻见记》卷10《狂谲》。
③ 分别见《册府元龟》卷159《革弊》《通典》卷7《历代盛衰户口》。
④ (明)王世贞：《艳异编续集》卷7《陈季卿》，明天启年间刻本。
⑤ [日]圆仁著：《白化文等校注：入唐求法巡礼行记校注》，花山文艺出版社1992年版，第477页。
⑥ 分别见《太平广记》卷19《神仙十九·李林甫》，《旧唐书》卷117《郭英乂传》、卷17《敬宗纪》。
⑦ 周成：《中国古代交通图典》，中国世界语出版社1995年版，第89、109、115、119~123、128页。
⑧ 中国旅游地质资源图说明书[EB/OL]. http://www.winetour.cn/news.asp?id=5708, 2010年2月11日。

第一章　绪　论

图1.5　唐代常见的骑乘动物

从左至右依次为：仕女骑马彩绘陶塑像，母子骑牛图，老者骑牛图，卧骑骆驼陶塑像，骑象玉雕像

资料来源：周成：中国古代交通图典，中国世界语出版社1995年版，第109，115，119，128页。

新构造运动抬升、流水冰川下切下刻形成峡谷，抬升越强、下切越大，峡谷越幽深险峻，景观内涵越丰富。① 唐代峡谷往往能形成重要关隘和交通线路，如长江三峡、浈阳峡、雀鼠谷、褒斜谷等，不仅是旅游交通和媒介的重要依托，其周边"重林间五色，对壁耸千寻""烟壑争晦深，云山共重复"等独特的旅游景观往往能吸引游客驻足赏玩。变质岩山地景观往往具有多种风格，如泰山"北眺崿嶂奇，倾崖向东摧……凭崖揽八极，目尽长空闲……千峰争攒聚，万壑绝凌历"②的奇观，正是掀斜断块山地的特征，③ 通天拔地、气势磅礴，奇、险、幽、秀、旷，成为唐代封禅首选，政治、宗教和旅游活动频繁；此外，唐代嵩山、庐山、五台山等也是变质岩宗教和旅游名山，《御定全唐诗》收录嵩山诗近80首，庐山诗130余首，五台诗也有十余首之多。唐代华山、黄山、九华山、衡山、天台山、九嶷山、罗浮山等均属花岗岩宗教和旅游名山，垂直节理发育，挺拔险峻、峭壁耸立、孤峰擎天、石柱林立，形成"三峰高际天。夏云亘百里，合沓遥相连。雷雨飞半腹，太阳在其巅。翠微关上近，瀑布林梢悬"的奇观。《御定全唐诗》中华山诗百余首、黄山诗近40首、九华山和衡山诗各近30首，足见唐代旅游者对这些不同岩性名山景观的喜好。

---

①　陆景冈：《旅游地质学》，中国环境科学出版社2003年版，第102~105页。
②　(唐)李白：《游泰山六首》，见《御定全唐诗》卷179。
③　冯天驷：《中国地质旅游资源》，地质出版社1998年版，第28页。

地质作用对唐代旅游资源基础的形成具有较大影响，六盘山、川西、太行山东麓、燕山南麓等是我国地震活动频繁的地区。① 唐代这些地区拥有丰富的温泉资源，其中大多数得到大力开发利用，"海内温汤甚众，有新丰骊山汤、蓝田石门汤、岐州凤泉汤、同州北山汤、河南陆浑汤、汝州广成汤、兖州乾封汤、邢州沙河汤。"② 这些温泉资源有三种主要用途：旅游、灌溉和治疗疾病，其中又以旅游为最。"（华清宫）治汤井为池，环山列宫室，委房琯经理疏岩剔薮，以广游览焉"③，形成了甫迩京邑的皇家温泉旅游地，帝王时所游幸，陪驾的群臣有时也能"赐浴汤池"。有些馆室还可能对外开放，虽玄宗"思与兆人共之"，但不得不颁令"凡王公以下至于庶人，汤泉馆室有差，别其贵贱而禁其逾越"④，并因此带动旅游相关行业发展。"百官羽卫，并诸方朝集，商贾繁会，里闾阗咽焉"⑤，温泉景点附近热闹非凡；此外，唐代新丰温汤、郿县凤泉汤、弘农蒙泉汤、石门汤、黄山汤、庐山黄龙峰汤泉、安州应城玉女汤等也得到充分开发并被民间广泛使用，石门汤便被开发来治疗疾病，"凡有病者，浴多痊嗣"⑥，李敬方为治头风多次光顾黄山汤院，盛赞其"疗病夺医门"。

此外，人类文化遗址、地质资源遗迹，地质灾害遗迹等也能吸引唐代旅游者的关注，所谓"之罘思汉帝，碣石想秦皇"，鹦鹉洲因黄祖杀祢衡于此，成为唐代文人墨客争相咏叹的对象，此类旅游遗址遗迹也成为唐代怀古诗文最好的载体，吸引着众多旅游者前来参观。

（四）唐代地貌环境对旅游的影响

唐代旅游者对岩溶景观的思考、观察已较为科学、细致，并多有对岩溶景观的旅游开发和利用。李渤记述游览南溪溶洞曰："其洞室并乳溜凝化，诡势奇状。俯而察之，如伞如羣，如栾栌支撑，如莲蔓藻井。左睨右瞰，似帘似帏，似松偃竹裹，似海荡云惊。其玉池井岚飙，回沓交错，迷不可纪……遂命发潜敞深，磴

---

① 任美锷：《中国自然地理纲要》，商务印书馆1992年版，第15页。
② 《封氏闻见记》卷7《温汤》。
③ 《新唐书》卷37《地理志》。
④ 《唐六典》卷19《司农寺》。
⑤ 《南部新书》卷8。
⑥ 《长安志》卷16《县六·蓝田》。

危宅,既翼之以亭榭,又韵之以松竹,似燕方丈,似升瑶台,丽如也,畅如也。以溪在郡之南,因目为'南溪'。"①

岩溶发育初期形成溶沟和石芽,太湖石即属于此类,"石面鳞鳞作靥……石性温润奇巧,叩之铿然如钟磬。自唐以来贵之,其在山者名旱石"②,小规模的是重要的旅游商品,还能作为旅游纪念品刻字送人,姚合、白居易、刘禹锡、牛僧孺等极为推崇,常有寄送买卖和观赏唱酬;大规模的则形成石林、坡立谷、峰丛、峰林和孤峰等景观,如桂林山水,独秀山"孤峰不与众山俦,直入青云势未休",东观山"乱山青翠郡城东,爽节凭高一望通"③,引来无数游客;由于地下水的溶蚀作用,还可形成天坑、洞穴、地下湖和暗河等,唐代旅游者对此有精辟的游览记述,"瑰奇恣搜讨,贝阙青瑶房。才隘疑永巷,俄敞如华堂。玉梁窈浮溪,琼户正当窗。仙佛肖仿佛,钟鼓铿击撞。嵲嵲左顾龟,狺狺欲吠龙。丹灶俨亡恙,芝田霭生香。搏噬千怪聚,绚烂五色光。更无一尘浼,但觉六月凉。玲珑穿屡折,诘曲通三湘。神鬼若剜刻,乾坤真混茫。入如深夜暗,出喜瞰日光。隔世惊瞬息,异境难揣量"④;随着溶蚀的加剧,还能形成天生桥和拱门,"石梁横青天,侧足履半月"的景观颇具旅游吸引力;岩溶作用的沉淀物还能形成钟乳石、石笋和石柱,"《李白集》曰:'荆州玉泉寺近青溪诸山,山洞往往有乳窟,中多玉泉交流,有白蝙蝠如鸦,千岁之后,体如白雪,盖饮乳水而长生也',《刘禹锡集》曰:'薛景晦为道州刺史,得异境于近郊,有石穹然如夏屋'……《酉阳杂俎》曰:'有人游南山乳洞,深数里,乳泉滴沥成飞仙状,洞中已有数十,眉目衣服形制精巧,一处滴至腰以上,其人因手承漱之,经年再往,见所承滴像已成矣,乳不复滴,当手承处,衣缺二寸不就。'"⑤

唐代对丹霞地貌的旅游开发也颇有建树,张九龄凿通梅关古道后,韶石山"丹崖碧水"胜景逐渐被世人熟知,张九龄又作《韶石三十六石图》,遍数三十六石,谓其美景之多,山上建有韶亭、望韶亭、尽善亭等,韶石山于是成为唐代名

---

① (唐)李渤:《南溪诗并序》,见《御定全唐诗》卷473。
② 《吴郡志》卷29。
③ (唐)张固:《独秀山》《重阳宴东观山亭和从事卢顺之》,见《御定全唐诗》卷563。
④ (唐)无名氏:《纪游东观山》,见《御定全唐诗》卷786。
⑤ 《御定渊鉴类函》卷25《地理部三·洞一》。

闻遐迩的旅游胜地，每天有成千上万人经过梅岭①，韩愈《将至韶州先寄张端公使君借图经》云："曲江山水闻来久，恐不知名访倍难。愿借图经将入界，每逢佳处便开看"，足证张九龄对韶石山旅游开发与宣传的功绩。

唐代武夷山也是极具旅游吸引力的丹霞地貌旅游景观，早在南朝便是"碧水丹山"的优质旅游资源②，张绍云："惟彼武夷，实曰洞天。峰峦黛染，岩岫霞鲜。金房玉室，羽盖云軿"③，贯休云："乳香诸洞滴，地秀众峰朝。曾见奇人说，烟霞恨太遥。"④如今看来，丹霞山名气盛于韶石山，与武夷山相当，⑤ 但唐代游览韶石山和武夷山的旅游者明显多于丹霞山，直至清代，依然是"粤之山，罗浮最名。粤之石，韶石最名"⑥，交通因素、旅游开发与宣传是主要原因，韶石山的交通条件、旅游开发宣传自不必说，武夷山是汉闽越王城所在地，唐代为佛教"华胄八小名山"之一和道教第十六洞天，交通条件、旅游开发宣传也不差。

唐代旅游者对地貌变化的观察和思考同样细致入微，如由于流水侵蚀、切割作用，才有"两岸青山相对出，孤帆一片日边来""古时应是山头水，自古流来江路深"的景象；"宿鹭眠洲非旧浦，去年沙嘴是江心"则说明了沉积地貌的形成。既有地貌形态则深刻影响着唐代旅游资源形成与旅游可进入性。

从旅游资源形成角度看：一是不同地貌有不同景观，特殊地貌环境形成独特旅游资源，如忠州、通州在大巴山、巫山和长江等地理环境综合影响下，桐花和红荆在十月开花的独特气候条件和旅游景观；⑦ 二是坡向影响下，南北坡、迎风坡等均有不同景观，"雪尽南坡雁北飞，草根春意胜春晖"⑧描写的是终南山南坡的积雪首先消融，草根也先萌动。大中年间，李频在巴蜀游玩到了漏天边，《辞

---

① 杨志坚：《韶石山风景区岩石中的名胜古迹》，《资源调查与环境》2004年第25卷第1期，第72~78页。
② 《江文通集》卷10《自传序》。
③ （唐）张绍：《冲佑观》，见《御定全唐诗》卷887。
④ （唐）贯休：《怀武夷红石子二首》，见《御定全唐诗》卷829。
⑤ 2010年8月5日，丹霞山与崀山、福建泰宁、龙虎山、贵州赤水、江郎山一起被联合国世界遗产委员会列入《世界遗产名录》，在中国最美七大丹霞地貌评选中，丹霞山超过武夷山位居第一。曾昭璇认为丹霞山"无论在规模上、景色上"，皆为中国第一、世界第一。韶石山则是丹霞山世界地质公园的一部分。
⑥ （清）屈大均：《广东新语》卷5《石语·韶石》，北京中华书局1985年版，第176页。
⑦ （唐）白居易：《桐花》、（唐）元稹：《红荆》，见《御定全唐诗》卷434、卷416。
⑧ （唐）裴夷直：《穷冬曲江闲步》，见《御定全唐诗》卷513。

源》释此为蒙顶,与今蒙顶山迎风坡年均降水日数达260余天的"西蜀漏天"称谓符合;三是有别于"人间"的山中小气候,白居易《游大林寺序》:"山高地深,时节绝晚,于时孟夏月,如正、二月天。梨桃始华,涧草犹短,人物风候,与平地聚落不同。初到,恍然若别造一世界者。因口号绝句云:'人间四月芳菲尽,山寺桃花始盛开'"①;四是垂直自然带形成的景观,李白"五月天山雪,无花只有寒",天山大多山峰海拔都在4000米以上,五月也能下雪,春色未曾看也就不足为奇了。

高山大川的阻隔以及地表起伏对于旅游可进入性的影响显而易见,九华山"北截吴门疑地尽,南连楚界觉天低",给人一种"翠屏横截万里天"②的感觉;鬼门关"马危千仞谷,舟险万重湾",以致"十人去,九不还"③等,但正是这些阻隔保存了原始的景观,也激发着人们探险和认识、征服自然以使"行旅无山水之患"的欲望,成就了中国古代交通和旅游事业发展的第一个巅峰。

(五)唐代水文环境对旅游的影响

唐代河流、湖泊、湿地等水文环境对旅游活动的影响主要体现在:①某些水文特征本身就是较好的旅游资源;②可以提供旅游活动必要的辅助功能;③可以成为实现旅游活动的媒介工具等。唐代旅游者对于江河的依赖主要体现在交通方面,而对于湖泊、潭池、瀑泉、溪涧等的利用多见于游赏。

唐代黄河流域雨量充沛,径流量比现在大,处于安流期,其下游河道处今之河道以北,"萑莽巨泽,茫茫千里"④。唐代黄河从来不乏旅游者的踪迹,李白《西岳云台歌送丹丘子》叹道:"西岳峥嵘何壮哉,黄河如丝天际来。黄河万里触山动,盘涡毂转秦地雷……巨灵咆哮擘两山,洪波喷箭射东海。三峰却立如欲摧,翠崖丹谷高掌开",何其壮观;侯君集等还对"黄河源头"——星宿海进行了探索,"次星宿川,达柏海上,望积石山,览观河源"⑤;黄河"清渭浊泾"现象

---

① 《白氏长庆集》卷43《记序·游大林寺》。
② (唐)柴夔:《望九华山》、(唐)王季文:《九华山谣》,分别见《御定全唐诗》卷516、卷600。
③ (唐)沈佺期:《入鬼门关》《鬼门关谚》,见《御定全唐诗》卷97、卷877。
④ 《贞观政要·纳谏第五·直谏》。
⑤ 唐人认为星宿海就是黄河源头。见《新唐书》卷221上《西域传上·吐谷浑》。

也引起了旅游者强烈兴趣,杜甫"旅泊穷清渭,长吟望浊泾"①;黄河浓郁的"上巳祓禊"活动旅游色彩也十分浓郁。

历史时期长江上游河段河床较为稳定,但三峡以西畲田日增,加之江水冲刷,险情渐多②。杜甫描述瞿塘峡"众水会涪万,瞿塘争一门",以致"难于寻鸟路,险过上龙门……山回若鳌转,舟入似鲸吞。岸合愁天断,波跳恐地翻"③。尽管如此,也没有阻止唐代游客的脚步,尤其是峡内及白帝城周边游人如织,"瞿塘峡口冷烟低,白帝城头月向西。唱到竹枝声咽处,寒猿晴鸟一时啼"④,吟咏白帝城、赤甲白盐、山桃红花、蜀江春水的诗文众多。

唐代巫峡基本保持了原始风貌,险滩仅有新崩滩和石门滩,⑤ "自三峡七百里中,两岸连山,略无阙处……或王命急宣,有时朝发白帝,暮到江陵,其间千二百里,虽乘奔御风,不以疾也。春冬之时,则素湍绿潭,回清倒影,绝巘多生怪柏,悬泉瀑布,飞漱其间,清荣峻茂,良多趣味。每至晴初霜旦,林寒涧肃,常有高猿长啸,属引凄异,空谷传响,哀转久绝"⑥,便利的交通、绝佳的景观引人入胜。西陵峡险滩则较多,如白狗、空舲、使君、鹿角、狼头、狼尾、黄牛等,但其景色依然优美,"其叠崿秀峰,奇构异形,固难以辞叙。林木萧森,离离蔚蔚,乃在霞气之表。仰瞩俯映,弥习弥佳,流连信宿,不觉忘返。目所履历,未尝有也。既自欣得此奇观,山水有灵,亦当惊知己于千古矣"⑦,难怪杜甫、白居易、元稹等流连忘返、吟咏不断,《御定全唐诗》中仅带"巫峡"的诗文就近120首,带"三峡"的也不下80首。

唐代长江下游的江心洲颇受旅游者关注,著名的有白鹭洲、瓜洲等。李白《登金陵凤凰台》云"三山半落青天外,二水中分白鹭洲"⑧;瓜洲在入唐后,逐渐与北岸相靠,大历后相连,潮汛不通,成为唐人游憩和兴建别业的佳处,许浑

---

① (唐)杜甫:《秦州见敕目薛三璩授司议郎……凡三十韵》,见《御定全唐诗》卷225。
② 陈可畏:《长江三峡地区历史地理之研究》,北京大学出版社2002年版,第7页。
③ (唐)杜甫:《长江二首》、(唐)白居易:《送友人上峡赴东川辟命》,见《御定全唐诗》卷229、卷440。
④ (唐)白居易:《杂曲歌辞·竹枝》,见《御定全唐诗》卷28。
⑤ 陈可畏:《长江三峡地区历史地理之研究》,北京大学出版社2002年版,第3~7页。
⑥ 《水经注》卷34《江水》。
⑦ 《水经注》卷34《江水》。
⑧ (唐)李白:《登金陵凤凰台》,见《御定全唐诗》卷180。

有《和淮南王相公与宾僚同游瓜洲别业题旧书斋》诗。唐中叶以后，娄江和东江的先后淤塞，使太湖排泄不畅，太湖面积更大了，随着农业围垦的发展，太湖周围形成历史少见的水网。① 众多的湖泊(如洮湖、淀山湖、阳城湖、芙蓉湖)及湖中岛屿(如洞庭东山、洞庭西山等)，结合独特的人文景观以及江南运河的交通串联作用，吸引着众多旅游者。

就唐代内河交通而言，黄河是漕运的必由之路，"若渭、洛、汾、济、漳、淇、淮、汉，皆互达方域，通济舳舻"②；长江和钱塘江航运也十分发达，嘉陵江、汉江、湘江、赣江等长江支流都是重要航线，"凡东南郡邑无不通水，故天下货利，舟楫居多……故曰'朝发白帝，暮彻江陵'……扬子、钱塘二江者，则乘两潮发棹，舟船之盛，尽于江西"③；岭南的西江、北江、东江、韩江和珠江也都有舟楫之利；④ 唐代重修和新修的灵渠、大庾岭等众多水利和交通工程，开创了南北交流崭新的局面，尤其是大运河沟通了全国主要区域，"自扬、益、湘南，至交、广、闽中等州，公家运漕，私行商旅，舳舻相继"⑤，"且如天下诸津，舟航所聚，旁通巴汉，前指闽越，七泽十薮，三江五湖，控引河洛，兼包淮海。弘舸巨舰，千轴万艘，交贸往还，昧旦永日"⑥。便利的内河运输，让唐代众多旅人不计远近，绕道旅行，⑦ 李翱《来南录》所记其绕道扬州去往广州，就是很好的例子；长庆年间白居易出刺杭州，对无法选择汴河前往而"耿耿于怀"⑧；即使是长安入蜀，也不乏利用水路绕道者，韦庄入蜀即是如此，其叙事长诗《秦妇吟》描写的颠沛流离，却依然没有中途改道的秦妇，又岂不是其自身真实写照。

从《御定全唐诗》收录诗文看，唐代人工园池与自然湖池游憩功能突出，洞庭湖、玄武湖、滆湖(灘湖)、鄱阳湖、海阳湖、丹阳湖、芙蓉湖、钱塘湖、汧

---

① 郑学檬、陈衍德：《略论唐宋时期自然环境的变化对经济重心南移的影响》，《厦门大学学报：哲学社会科学版》1991年第4期，第67~72页。
② 《旧唐书》卷47《志第二十三·职官二》。
③ 《唐国史补》卷下。
④ 马正林：《中国历史地理简论》，陕西人民出版社1987年版，第439页。
⑤ 《元和郡县志》卷5《关内道五》。
⑥ 《旧唐书》卷94《崔融传》。
⑦ 史念海：《隋唐时期运河和长江的水上交通及其沿岸的都会》，《中国历史地理论丛》1994年第4期，第1~33页。
⑧ (唐)白居易：《长庆二年七月自中书舍人出守杭州路自蓝溪作》《杭州刺史谢上表》，见《白氏长庆集》卷8、卷61。

湖、太湖等均是唐人重要的游览对象，这些湖泊与交通，尤其是水路交通联系紧密。此外，瀑泉、溪涧等的独特魅力也深受唐代旅游者喜爱，庐山瀑布、天台瀑布、仙岩瀑布等最负盛名，而贞女峡瀑布、同冠峡悬流、界围岩水帘、东山瀑布、太平谷落水、石门瀑布、张超谷瀑布等也有不少游客。另外，玄都观、隆唐观、嵩山、天竺寺、华山、王屋山、舒州司空山、简寂观、灵台寺、仙游寺、青城山、处州、双峰山、慈恩寺、泉山、醴陵玉仙观、袁州阳岐山等地的瀑布也有颇多唐人游踪，总体上，其分布东南部明显占据多数，而且与宗教名山名寺有一定的联系。

三、唐代人文环境与旅游

（一）唐代的园林与旅游

我国最早用于游息生活境域的是殷商时代的囿（萌生阶段），它是繁殖和放养禽兽以供畋猎和游乐的场所，秦汉南北朝发展为苑和园池（发展阶段），唐代常用园池、山池、园圃等概念（辉煌阶段），是现代园林的早期形式。① 唐代公署园池、寺观园林和私家别业繁盛，贞观、开元间，"公卿贵戚开馆列第于东都者，号千余邸"②，"沣、镐、鄠、杜之地，贵游之士争买"③，连皇家园林的建筑风格与手法等也要取法私家园林，④ 此外，众多公共园林和庶民园林的出现，进一步反映了唐代园林观赏、游憩、聚会等旅游活动的兴盛。

园林的观赏功能主要表现在其美学价值上。唐人构园非常注重叠山垒石、凿池引水、亭榭楼阁、花鸟虫鱼的搭配，以达到"身并于云，耳属于泉，目光于林，手缁于碑，足跻于坪，鼻慧于空音，而思虑冲于高深"⑤的效果，王维的辋川别业即是如此，"飞鸟去不穷，连山复秋色""明流纡且直，绿筱密复深""苍苍落日时，鸟声乱溪水""南岭与北湖，前看复回顾""湖上一回首，青山卷白云""分行

---

① 汪菊渊：《中国古代园林史（上卷）》，中国建筑工业出版社2006年版，第12页。
② 《洛阳名园记》。
③ 《柳河东集》卷29《永州八记·钴鉧潭西小丘记》。
④ 李浩：《唐代园林别业考论》，西北大学出版社1996年版，第11~13页。
⑤ 李浩：《唐代园林别业考论》（修订版），西北大学出版社1998年版，第53页。

接绮树，倒影入清绮""映池同一色，逐吹散如丝"①。此外，唐代园林技术十分先进，其美学价值在独特的建筑艺术中得到极大提升，王鉷自雨亭子"檐上飞流四注，当夏处之，凛若高秋"②，玄宗凉殿也采用了相同的开发技巧，但更为先进，"座后水激扇车……仰不见日，四隅积水成帘飞洒，座内含冻"③。唐代园林构筑思想及技术的进步，使园林成为唐人游赏和休憩的绝佳场所。

园林最基本的功能是游憩功能，④ 主要包括：①燕集聚会。唐代著名的园池燕集有杨师道安德山池宴，高正臣高氏林亭宴，崔知贤王明府林亭宴，白居易尚齿会、九老会、兴化林亭会，裴度绿野堂宴，韦嗣立韦氏逍遥谷宴等，如"恕私第有佳林园，自贞元初李纾、包佶辈迄于元和末，仅四十年，朝之名卿，咸从之游，高歌纵酒，不屑外虑"⑤；②避暑纳凉。唐代著名的避暑活动有张兵曹东堂夏宴、摩诃池避暑、岐王九成宫避暑、府西亭纳凉、崔驸马林亭、裴录事北亭避暑、明进士北斋避暑等，"每至暑伏中，各于林亭内植画柱，以锦绮结为凉棚，设坐具，召长安名妓闲坐，递相延请为避暑之会"⑥；③疗养休憩。前文温汤部分已有述及。

园林最初的功能是提供园主休憩的场所，但随着社会的发展，唐代园林已成为众多旅游活动的佳选，这里不仅有优美和谐的自然和人文环境，还有便利齐全的生活休养设施，同时，一定的私密性，为唐代众多社交活动提供了极好的去处。

(二) 唐代的宗教与旅游

宗教旅游(religion tourism)是宗教徒的专门朝圣和人们在宗教景区、景点的观光、修学、游憩等旅游行为⑦，"凡在与信仰有关的宗教旅游胜地所辖范围内，

---

① (唐)王维：《辋川集》，见《御定全唐诗》卷128。
② 《封氏闻见记》卷5《第宅》。
③ 《唐语林》卷4《豪爽》。
④ 吴宜进：《旅游地理学》，科学出版社2005年版，第68页。
⑤ 《旧唐书》卷121《路嗣恭传》。
⑥ 《开元天宝遗事》卷3《结棚避暑》。
⑦ 方百寿：《论宗教旅游的生态化趋向》，《社会科学家》2001年第16卷第1期，第68~71页。

无论规模大小,其提供的服务与宗教性或非宗教性访客相关者,皆属宗教旅游的范畴"①。

宗教旅游是最古老的旅游方式之一,在上、中古时代,即非常普遍,但宗教因素几乎是全部的旅游动机。宗教的旅游吸引力来源于宗教信仰的吸引力、宗教文化与活动的吸引力,因前者而产生的旅游活动,多为虔诚的宗教徒的自发行为,昔有八十行脚,九上洞天,一钵千家,孤身万里,总为访道明心求解脱而已。至若周游名胜,遍涉大川,礼圣化之道场,览奇丽之名迹,亦为开拓心胸,裨益识智也;② 因后者而产生的旅游活动,其旅游者构成更加广泛,其行为也不一定是自发的,特别是重大的宗教文化和节事活动。因而,唐代"佛宇、道观多游览者"③,"至于佛宇道观,游览者罕不经历"④。

图1.6是据唐代流传底稿绘制的从太原经五台到镇州的五台山鸟瞰图,是较早的佛教圣境专题地图,方位基本符合今实际环境,是反映中国唐代建筑、社会、宗教、历史和地图绘制的珍贵史料,图中绘有山河地形、道路、寺庙、城垣、村镇、树木、名称注记等,图的下方还绘制了络绎不绝的香客和旅游者,所谓"台台供养,累道来巡。他国远方,皆来奔凑……每年礼谒,诸台道俗,强过一万。"⑤圆仁记述曰:"巡礼五台山送供人僧尼、女人共一百余人,同在院宿"⑥,借此亦可略知唐代宗教与旅游的关系。

唐代宗教之于旅游的影响与推动,主要有:(1)不仅宗教景观及艺术可以成为旅游资源,许多宗教景观本身就是建筑在优美的自然环境之中,两者相映成趣,颇具旅游吸引力。饶州开元观"枕湖有水阁,松径有虚亭。松竹森疏,花木秀茂。郡人避暑寻春,为一州胜赏之所",嘉州开元观"二水萦回,众峰环抱,

---

① 黄宗成等:《宗教观光之发展与研究》,《旅游管理研究》2001年第1卷第1期,第125~142页。
② 高鹤年著,吴秋香点校:《名山游访记》,宗教文化出版社2000年版,第4页。
③ 《唐语林》卷7《补遗》。
④ 《剧谈录》卷下《慈恩寺牡丹》。
⑤ (唐)张处贞:《五台山及灯台颂》,见傅淑敏:《五台山石灯台考》,《五台山研究》1987年第1期,第25~27页。
⑥ [日]圆仁著:《白化文等校注:入唐求法巡礼行记校注》,花山文艺出版社1992年版,第266页。

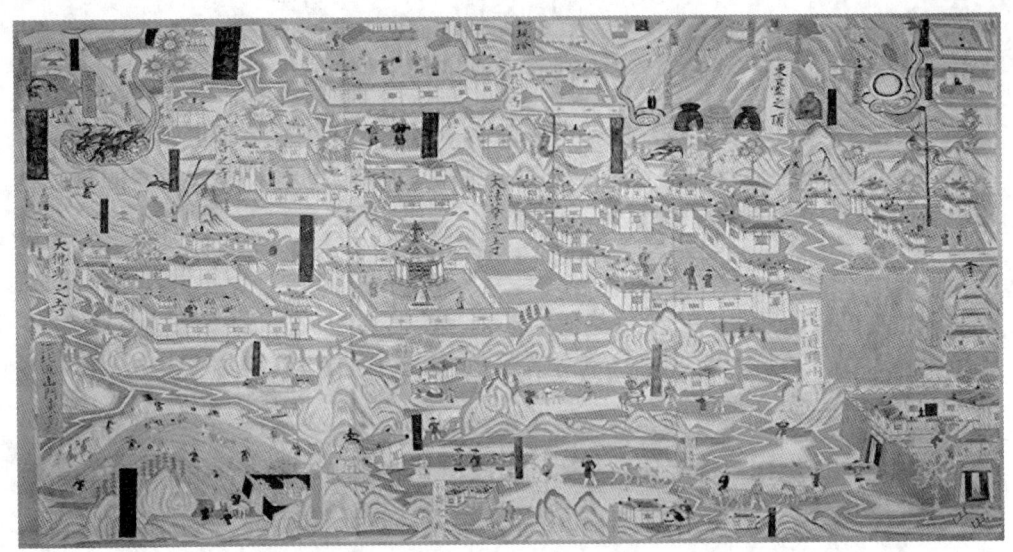

图 1.6　五台山图(东台部分,莫高窟第 61 窟西壁北侧,临摹者:李振甫)

颇为郡中之胜……远近称之"①;同时,唐政府不仅鼓励寺院建筑在有名胜古迹之地,"如有胜地名山,灵踪古迹,实可留情,为众所知者,即任量事修建"②,更对这些胜地名山有专门的保护措施,"凡五岳及名山能蕴灵产异,兴云致雨,有利于人者,皆禁其樵采"③,衡岳观即"辟方四十里……禁樵采,断畋猎,罢献琛,以为常典"④;再加之宗教教义本身具备的尊重自然、敬畏自然、融入自然和天人合一等思想,形成了宗教景观审美价值提升与环境保护相互促进的良性循环,旅游吸引力更大。

(2)宗教场所和建筑发挥重要旅游功能。第一,避暑。高适常"驾车出人境,避暑投僧家",李远"不觉清凉晚,归人满柳阴"更说明寺院避暑之人众多。第二,聚会。唐代佛寺宿会之风极盛,后文将有述及。第三,登高。唐代登高习俗盛行,对象以高山和寺塔为主,如登大雁塔的旅游者络绎不绝,《御定全唐诗》

---

① (宋)张君房:《饶州开元观神运殿阁过湖验》《嘉州开元观门扉为马栈验》,见《云笈七签》卷 117、卷 119。
② 《唐会要》卷 48《议释教下》。
③ 《唐六典》卷 7《尚书工部》。
④ 《南岳小录·衡岳观》。

中明言九月九日登慈恩寺的诗文有 30 余首。第四，题名或题诗。"长安慈恩寺浮图起开元，至太和之岁，举子前名登游题纪者众矣。文宗朝，元稹、白居易、刘禹锡唱和千百首，传于京师，诵者称美。凡所至寺观、台阁、林亭或歌或咏之处，向来名公诗板潜自撤之，盖有愧于数公之诗也"①，《唐摭言》卷 3 载："神龙已来，杏园宴后，皆于慈恩塔下题名，及第后知闻，或遇未及第时题名处，则为添前字"，造成了"慈恩雁塔参差榜，杏苑莺花次第游""题名尽是台衡迹，满壁堪为宰辅图"②的盛况。

（3）宗教寺观的旅游接待功能，唐代寺院在"立外屋，居游民，取佣给"③的功利现状下，"众僧房堂，诸俗受用"④，以致"佛寺宿会"成为一种普遍的社会现象，仅《御定全唐诗》中就有数百篇"宿寺诗"⑤。白居易"山寺每游多寄宿""僧房寄宿多"，雍陶"身闲多宿寺"，李端"宿寺不虚年"，王建"喜欢得伴山僧宿"，黄滔"寻幽频宿寺"，颜真卿"予不信佛法而好居佛寺"，杜甫"随意宿僧房"等，"州县公私，多借寺观居止"⑥。圆仁云："（牟平县庐山寺）僧房皆安置俗人，变为俗家""（登州开元寺）尽安置官客，无闲房"，又"（普通院）长有饭粥。不论僧俗，来集便宿，有饭即与"⑦，常州惠山寺也辟曲水亭"以备士庶投息之所"⑧。唐代寺院作为旅游接待设施是有政策基础的，"其诸县有户口繁盛，商旅辐辏，愿依香火，以济津梁，亦任量事，各置院一所……其有山谷险难，道途危苦，羸车重负，须暂憩留，亦任因依旧基，却置兰若"⑨，法琳因此"宅寺关口，用接远

---

① 《鉴诫录》卷 7。
② （唐）徐夤：《依韵答黄校书》《塔院小屋四壁皆是卿相题名因成四韵》，见《御定全唐诗》卷 711、卷 709。
③ 《太平广记》卷 485。
④ （唐）道宣：《四分律删繁补阙行事钞》卷下《僧像致敬篇第二十》，大藏经在线阅读网（http：//www3.fosss.org/DZZJian/ShowArticle.asp?ArticleID=588&Page=11），2010 年 12 月 11 日。
⑤ 张弓：《汉唐佛寺文化史（下）》，中国社会科学出版社 1997 年版，第 1019~1021 页。
⑥ （唐）李豫：《禁断公私借寺观居止诏》，见（清）董诰等编：《全唐文》卷 46，北京中华书局 1983 年版，第 508 页。
⑦ ［日］圆仁著：《白化文等校注：入唐求法巡礼行记校注》，花山文艺出版社 1992 年版，第 218~264 页。
⑧ （唐）陆羽：《游慧山寺记》，见（清）董诰等编：《全唐文》卷 433，北京中华书局 1983 年版，第 4419 页。
⑨ 《唐会要》卷 48。

宾。故行侣赖之，咏歌盈耳"①。

（4）寺观内的游娱活动。这似与清修矛盾，但史书中多有其鼓乐吹笙和招妓饮酒的记载，如"姜楚公皎，常游禅定寺，京兆办局甚盛。及饮酒，座上一妓绝色，献杯整鬟……"②

另外，唐代有很多宗教器物、铸像等在蚕市出售，是旅游商品的重要组分之一，宗教节日也是集市交易日，寺院的邸店和铺店，既可供行人歇息，又有货物出售③，"佛教寺院已能随时满足人们食、住、行、游、购、娱等各方面的需求"④。

(三) 唐代的民俗与旅游

唐代旅游之风盛行，"长安风俗，自贞元侈于游宴"⑤，润州"一城士庶，四方之人，无不酒乐游从，连春入夏，自旦及昏，闾里之间，殆于废业"⑥，成都自古"俗尚嬉游，家多宴乐"⑦，"江山之秀，罗锦之丽，管弦歌舞之多……扬不足以侔其半"⑧。从旅游者构成看，上至帝王，下至庶民均有参与；从民俗形式上说，生产民俗、社会民俗、游乐民俗、边塞民俗等都能与旅游活动紧密联系。

1. 生产民俗与旅游

农业民俗。唐代政府重视农业生产，皇帝和地方官员都有巡农、检田的做法，许多地方的观农楼成为观看农业生产的重要场所，颇具旅游色彩，所谓"观农巡井邑，长望历山川"⑨。唐代的农业生产习俗对旅游者具有较大的吸引力，

---

① （唐）道宣：《续高僧传》卷24《法琳传》，http：//www.foxue.org/article/200706/article_95274.html，2010年11月24日。

② 《酉阳杂俎》卷4《境异》。

③ 何蓉：《佛教寺院经济及其影响初探》，《社会学研究》2007年第4期，第75~92页。

④ 席建超、葛全胜等：《古代佛教旅游发展及其启示》，《人文地理》2006年第4期，第68~73页。

⑤ 《唐国史补》卷下。

⑥ 《续仙传》卷下《殷文祥》。

⑦ 《全蜀艺文志》卷45《至道圣德颂》。

⑧ （唐）卢求：《成都记序》，见(清)董诰等编：《全唐文》卷744，北京中华书局1983年版，第7702页。

⑨ （唐）薛光谦：《任阆中下乡检田登艾萧山北望》，见《御定全唐诗》卷887。

春耕前有赛神、卜卦和烧荒的习俗,"处处赛神声"说明赛神的热烈景象;南方各地插秧有对歌的习俗,刘禹锡《插田歌》即写连州人民对歌的欢快场面;丰收后亦有祭神的风俗,如李建勋《田家三首》,"瓦鼓送神钱"说明祭神还伴有音乐、舞蹈、杂戏等娱乐活动,孟浩然《过故人庄》也说明了秋收后走亲访友的习俗,李世民《采芙蓉》则说明宫廷采莲的娱乐性,李白《观猎》、贯休《村行遇猎》、韩愈《雉带箭》等反映了烧山围猎的情景,狩猎时还有很多"观众"。

手工业民俗。唐代部分手工业生产也有对歌的习俗,如李白《秋浦歌》反映了冶炼伴歌的壮观情景,李群玉《石潴》描写了湘江一带的制陶场景,特别是对森林破坏、环境污染的反思,其教育意义颇似如今的工业旅游。

商业民俗。商业旅游最典型的影响是各种文化的交流和融合,这种交流和融合的程度反映了商业旅游的频繁程度,如胡商将其本土文化习俗带到唐土,使唐代胡风甚浓,《安禄山事迹》卷下载:"贵游士庶好衣胡服为豹幅,妇人则簪步摇",元稹曰:"自从胡骑起烟尘,毛毳腥膻满咸洛。女为胡妇学胡妆,伎进胡音务胡乐。火凤声沈多咽绝,春莺啭罢长萧索。胡音胡骑与胡妆,五十年来竞纷泊"①;另外,商业占卜、祈福也是重要的商业习俗,"船头祭神各浇酒""邀福祷波神,施财游化城""商人酒滴庙前草,萧飒风生斑竹林"②即是说商人去寺庙祈福的旅游活动。

这些农业、手工业、商业生产的活动与场景,有的本身就带有一定的旅游性质,有的则成为旅游者观赏和体验的旅游活动和形式。

2. 社会民俗与旅游

生子之俗,汉人生子,亲友纷纷前来祝贺,谓之"汤饼会",满月时,又泛邀宾朋,谓之"庆满月"。寿庆之俗,唐代祝寿时,血缘亲属必须参加,做官的还有"觐省"假,全家欢聚一堂,有的人家还有乐舞侑酒,③ 罗隐《简令生日》描写了寿宴的盛大和奢华,除亲属外,还有众多僚属、干谒者,孟浩然《夕次蔡阳馆》则说明唐代"斑衣戏彩"(以种种娱乐形式使父母欢悦)的习俗。送别之俗,唐

---

① 《元氏长庆集》卷24《法曲》。
② (唐)张籍:《贾客乐》、(唐)刘禹锡:《贾客词》、(唐)陈羽:《湘妃怨》,见《御定全唐诗》卷382、卷354、卷23。
③ 何立智等:《唐代民俗和民俗诗》,语文出版社1993年版,第274~275页。

人送别风俗与前朝大致相当,"江南饯送,下泣言离。北间风俗……欢笑分手"①,而写诗赠别非常流行,"无诗祖饯,时论鄙之"②,关口、郊外、渡口、有歌妓侑酒助兴的茶楼酒肆也成为重要的送别地点,元稹的送别诗就有十多首被入曲。唐代社会民俗众多,区域差异也十分明显,有些本身就具有旅游色彩,有些则具有较强的旅游吸引力。

3. 游乐民俗与旅游

竞技之俗。"打球,古之蹴鞠也……景龙中,吐蕃遣使迎金城公主,中宗于梨园亭子赐观打球……开元、天宝中,玄宗数御楼观打球为事。能者左萦右拂,盘旋宛转,殊可观。然马或奔逸,时致伤毙……然打球乃军中常戏,虽不能废,时复为耳。今乐人又有蹋球之戏,作彩画木球,高一二尺,妓女登蹋,球转而行,萦回去来,无不如意,盖古之蹴鞠遗事也。"③唐代马球运动非常普及,连文人、妇女都能参与,而且观众不少,"覃因跨马执杖,跃而揖之曰:'新进士刘覃拟陪奉,可乎?'诸辈皆喜,覃骤驰击拂,风驱雷逝。彼皆愕视,俄策得球子,向空磔之,莫知所在。数辈惭沮,俛俛而去,时阁下数千人,因之大呼笑,久而方止"④。"拔河古谓之牵钩,襄汉风俗,常以正月望日为之……中宗曾以清明日御梨园球场,命侍臣为拔河之戏……玄宗数御楼设此戏,挽者至千余人,喧呼动地。蕃客士庶观者,莫不震骇。进士河东薛胜为《拔河赋》,其辞甚美,时人竞传之"⑤竞渡也是唐代重要的竞技活动,深受大众喜爱,李肇曾在江宁兴高采烈地登上驿楼观看竞渡,并写下《竞渡诗》。水秋千是将秋千架在船上的一种竞技活动,在鼓声和笛声伴随中,人荡到最高点,忽然一个筋斗翻身跳入水中⑥,花蕊夫人《宫词》所写即此。

伎艺之俗。傀儡戏极受唐人欢迎,遍于天下四方,梁锽《咏木老人》即指此戏,杜佑说,退休后要能经常去集市看傀儡戏,就心满意足了。⑦ 唐代戴竿即古

---

① 《颜氏家训·风操》。
② 《中兴间气集》卷下。
③ 《封氏闻见记》卷6《打球》。
④ 《唐摭言》卷3《慈恩寺题名游赏赋咏杂纪》。
⑤ 《封氏闻见记》卷6《拔河》。
⑥ 何立智等:《唐代民俗和民俗诗》,语文出版社1993年版,第485页。
⑦ 《刘宾客嘉话录》。

代"寻橦",王建有《寻橦歌》,刘晏《咏王大娘戴竿》即是其十岁时,在勤政楼前看到精彩的戴竿表演所作。绳伎俗称走索,唐代较为流行,"玄宗开元二十四年八月五日,御楼设绳妓……然后妓女自绳端蹑足而上,往来倏忽之间,望之如仙。有中路相遇,侧身而过者,有着屐而行,从容俯仰者;或以画竿接胫,高五六尺;或蹋肩蹈顶至三四重,既而翻身掷倒,至绳还住,曾无蹉跌。皆应严鼓之节,真奇观者……自胡寇覆荡,伶伦分散,外方始有此妓,军州宴会,时或为之。"①唐代踏歌也非常流行,类似今集体舞,刘禹锡、崔液均有诗,李白《赠汪伦》也写了人们踏歌为其送行的场景。唐代参军戏的普及程度也很高,李商隐《娇儿诗》说他的幼子能熟练模仿参军戏的一些说白和动作。唐代寒食节流行放纸鸢,元稹《有鸟二十章》、罗隐《寒食日早出城东》均提及此。唐代胡旋舞、西凉伎、猛兽舞等也颇为流行。这些民俗本身就具有旅游元素,加之其艺术性和表演性,催生了专业的表演团队,成为唐代旅游者旅游娱乐生活中重要的项目之一。

4. 边塞民俗与旅游

我国自古以来就是多民族的国家,各民族的殊风异俗对旅游者有着很大的吸引力,上文提到的百戏中就有很多民族风俗的体现。

凉州"葡萄美酒夜光杯""黄河远上白云间,一片孤城万仞山",酒泉"琵琶长笛曲相和,羌儿胡雏齐唱歌。浑炙犁牛烹野驼,交河美酒归叵罗""营州少年厌原野,狐裘蒙茸猎城下。虏酒千钟不醉人,胡儿十岁能骑马"等极富边地特色的民族风情和自然景观,使它们成为唐代有志之士报效国家的主要地区之一,而民族融合的结果是蕃人学习农耕、养蚕、织绢,汉人对胡曲及其游艺情有独钟。比如,幽州"燕赵古称多感慨悲歌之士""击球饮酒,射马走兔""双双掉鞭行,游猎向楼兰……妇女马上笑,颜如赪玉盘。翻飞射鸟兽,花月醉雕鞍",鸊鹈泉一带则是"牧马千群逐暖川",雁门一带"男不务耕,女不务织",过着"解放胡鹰逐塞鸟,能将代马猎秋田"的狩猎生活。朔州一带居住着铁勒族,他们的"穹庐"类似今蒙古包,冬暖夏凉,极富民族特色。"敕勒金隤壁,阴山无岁华。帐外风飘雪,营前月照沙。羌儿吹玉管,胡姬踏锦花"②。

---

① 《封氏闻见记》卷6《绳妓》。
② 分别见岑参:《酒泉太守席上醉后作》,高适:《营州歌》,韩愈:《送董邵南游河北序》,杜牧:《范阳卢秀才墓志》,李白:《幽州胡马客歌》,李益:《暖川》,崔颢:《雁门胡人歌》,温庭筠:《敕勒歌塞北》。

其他少数民族之俗。刘禹锡《蛮子歌》记述了南方少数民族的风俗——达努节,又称盘古王节,每逢过节,各村大摆歌台,载歌载舞,有的地方还燃放鞭炮,对唱山歌、吹奏唢呐等,人们尽醉方休,尽欢而散。施肩吾"腥臊海边多鬼市,岛夷居处无乡里。黑皮年少学采珠,手把生犀照咸水",反映的是东南沿海的鬼市和采珠民俗。项斯《蛮家》描写了廉州少数民族的游艺民俗,"看儿调小象,打鼓试新船"①,铜鼓既是炊具,也是乐器。②

(四) 唐代的史迹与旅游

对于旅游者,历史给予他们沧桑感、沉重感和自豪感等审美感受,同时也带给他们尚古传统、历史观念和知识。对于旅游资源,历史传承的时间差异是其吸引力产生的两大根本动因之一(另一动因是地理分布的空间差异)。唐代的一些历史遗址遗迹往往成为旅游者吊古思今的凭据,正如太宗所言,"之罘思汉帝,碣石想秦皇"③,这些遗址遗迹是特定历史时期的思想、艺术和社会现实等的见证。

表1.2　　　　　　　　唐代咏史旅游诗统计表

	山	水	陵墓	祠庙	寺观	关隘	古国	古城	宫殿	遗迹	合计
(1)先秦	8	13	9	12	1	3	6	6	10	16	84
(2)两汉	2	5	5	7	\	\	\	6	5	16	46
(3)三国	1	4	1	4	\	\	\	7	\	9	26
(4)魏晋南北朝	1	7	4	\	2	\	\	16	\	16	52
(5)隋唐	3	5	1	1	3	\	\	3	15	15	46
(6)其他	5	5	2	1	1	1	1	9	4	11	40
合计	20	39	22	25	7	4	7	47	40	83	294

本表据:竞鸿、陆力:《全唐诗佳句类典》,海口南海出版公司1992年版,第1073~1137页统计整理。

---

① (唐)施肩吾:《岛夷行》、(唐)项斯:《蛮家》,见《御定全唐诗》卷494、卷554。
② 本节所写"民俗与旅游"主要参考何立智等:《唐代民俗和民俗诗》,语文出版社1993年版。
③ (唐)李世民:《春日望海》,见《御定全唐诗》卷1。

表 1.2 是依据历史时间顺序对唐代咏史旅游诗作的统计,可以看出,唐代历史遗址遗迹非常丰富,山川、陵墓、祠庙、寺观、古城、宫殿等人类活动相关的遗址遗迹,都可为唐代旅游者利用。每个朝代都有一些重要的因素备受唐代旅游者关注,如先秦的西施、秦始皇墓,汉代的贾谊、相如琴台,三国的诸葛亮、铜雀台,魏晋南北朝的金谷园、金陵,隋唐的隋宫、马嵬驿和华清宫等。同时,一些历史遗址遗迹也因人们的游赏及诗文赞美而名流千古,甚至是已经毁废不存的事物,也具备一定的旅游吸引力,如杜甫:"江山故宅空文藻,云雨荒台岂梦思。最是楚宫俱泯灭,舟人指点到今疑。"①描写的即是只留下诗文记载的江山故宅,只有神话传说的巫山云雨,也依然颇具旅游吸引力。元人王恽对此做了总结,"山以贤称,境缘人胜。赤壁断岸也,苏子再赋而秀发江山。岘首瘴岭也,羊公一登而名垂宇宙"②。

(五)唐代的节日与旅游

作为社会进步的晴雨表和传统民俗的舞台,唐代节日的文化内涵和外在形式随时代发展而表现出强烈的嬗变特征。初唐中叶以来,节日游憩活动逐渐丰富,愉悦逸兴氛围愈加浓郁。对其进行研究对增进了解唐代社会生活风貌、加强当今传统节日文化宣传教育、继承和弘扬中华优良传统、指导节日休闲等有较大价值。

1. 唐代节日游憩活动的发展

(1)唐代节日游憩活动发展的时空特征。从游憩活动开展的原因和动力,以及时间、金钱等保障条件看,节日节事是推动唐代游憩活动发生发展最为重要的因素,其发展状况与唐代游憩活动的阶段性和区域性特征有较强的同步性。

从唐开国至高宗朝的勤俭建国时期,太宗、高宗亲作表率,"斥远游""每事俭约",节日游憩活动发展规模和速度、形式和内涵基本承袭六朝以来的状态;中宗即位后,君民"锡兹宴赏,得同欢洽"的游憩宴乐思想迅速抬头,节日游憩在全国范围和普通大众中逐渐发展起来;穆、敬之际,唐代节日游憩活动达到历

---

① (唐)杜甫:《咏怀古迹五首》,见《御定全唐诗》卷 230。
② (元)王恽:《游东山记》,见《秋涧先生大全文集:一一》卷 40,上海酒芬楼借江南图书馆藏明弘治翻元本景印原书版,第 13 页。

史最高峰,其中,玄宗深知"民间爱重节序",于公元 730 年开"节日游憩补贴"之滥觞,下诏赐钱给百官及诸州父老"选胜行乐",并形成惯例。① 公元 788 年,德宗更将其制度化,"每节前五日支付,永为例程"②,形成节日游憩"比肩击毂,亹亹不绝""以不耽玩为耻"的浩荡游风,前后延续近 200 年;晚唐政局动荡,道路阻隔,"乐之将终"的隐逸思潮涌动,唐代节日游憩活动持续低迷。

随着唐代政治、经济、文化中心和基本经济区向东南地区转移,唐代节日游憩活动的重心逐渐东移南迁。安史之乱并没有打乱唐代节日游憩活动发展节奏,两京地区仍是节日游憩活动密集区,藩镇的崛起促使节日游憩活动迅速全国化和地方化,特别是南方地区得到更大的开发,节日文化进一步融合创新,浙西地区、成都府地区、长江中游地区、永桂地区等节日游憩活动得到长足发展和丰富。

(2)唐代节日游憩活动主体的大众化趋势。唐初,节日游憩活动主体还以王孙官吏为主,中宗以降,节日休假制度逐步完备,官员和庶民都有休假的权利,③"凡曹司休假,例得寻胜地燕乐",而普通人"每遇休假,诸生多出游",节日游憩活动大众化程度逐年加强,成为唐人重要的社会生活方式。约自玄宗朝始,平民百姓成为节日游憩的主体,他们既是上巳祓禊、重阳登高等节日游憩活动的主要参与者,"一城士庶,四方之人,无不酒乐游从,连春入夏,自旦及昏,闾里之间,殆于废业"④,即使是宫廷下层妇女,也常参与进来,府库赐其寒食白打(注:似花式足球)钱也成惯例,姜皎、杨璹之流更凭蹴鞠加官晋爵;平民大众也是端午竞渡、中和丝竹百戏等节日游憩活动的热情观众,达到"都人同盛观"的程度。一些节日游憩资源和场所,不得不颁令限制使用,如玄宗"思与兆人共之"的温泉,实际上是"凡王公以下至于庶人,汤泉馆室有差,别其贵贱而禁其逾越"⑤。

(3)唐代节日游憩活动内涵的欢愉化倾向。节日风俗和游憩活动的产生往往

---

① 《资治通鉴》卷 213。
② 《旧唐书》卷 13。
③ [日]圆仁著:《白化文等校注:入唐求法巡礼行记校注》,花山文艺出版社 1992 年版,第 457 页。
④ 《续仙传》卷下。
⑤ 《唐六典》卷 19《司农寺》。

源于人类同自然斗争的经验积累、迷信活动、原始崇拜等，汉代是中国传统节日活动形成的重要时期，唐代则是节日活动"初因淡化"，并从祭拜礼仪型转化为娱乐逸兴型的集中期。一个个华夏盛节，均营造着欢乐愉悦的情景与氛围，连释门岁节都鲜明地展示着愉悦逸兴的色彩，如以沉郁悲苦为主基调的盂兰盆节，六朝时还弥漫着凝重凄清氛围，在唐代"幡花、鼓舞、迎呼道路，岁以为常"，倾城巡寺随喜，已"洋溢着喧腾欢悦的气氛，两宋时终演化为欢悦性的中元节"①。唐代节日游憩活动的欢愉化倾向，奠定了后世节日游憩活动的基调，真正与中华民族勤劳勇敢、乐观向上、淳朴稳重的民族性格、价值观念、心理特征等融合在一起，激发出唐代节日游憩活动的欢愉内涵和强大的生命力。

2. 唐代节日游憩活动的分类

从节日产生的内因和外在形式看，唐代节日游憩活动可分为因攘除辟邪而产生的登高临水游、因祈福避世而衍生的宗教祈福游、因庆贺传教而形成的游艺百戏、因向往美满而产生的宴聚观灯游等类型。

（1）登高临水。从节日传统上说，登高临水本为攘除辟邪，唐时多有庆事，成为游目赋诗，会友宴乐的游憩节日。主要涉及人日、重阳、正月晦日、上巳、端午等节，游憩活动包括登山、登塔、远眺、踏青、扑蝶、赏菊、宴饮、泛舟、竞渡、采莲、龙舟、锦缆、绣帆之戏等。唐俗，登高游玩是人日和重阳的重要游憩活动，"春日登临自古为通，极目千里南北同耳""必以糕酒登高眺迥，为时宴之游赏"②。节日里，常常是遍插茱萸，举家登山游憩，普通人家"大家拍手高声唱，日未沈山且莫回"，富贵人家则是"清秋多宴会，终日困香醪"，全国一片"嘉晨令节共陶陶"的景象。唐代临水攘除形式犹存，但内涵和形式多被游憩嬉乐取代。临水游憩的高峰期在正月晦日、上巳、端午诸节。正月晦日，人们"衣冠杂沓，出城阙而盘游。车马骈阗，俯河滨而帐饮"。"三月初三日，千家与万家……鞍马皆争丽，笙歌尽斗奢"，长安一片"倾都禊饮踏青""草草踏青人"的热闹景象，洛阳也是"奕奕车骑，粲粲都人。连帷竞野，袚服缛津"。唐代端午节是登高临水、游憩宴乐的大节，尤以竞渡最为流行，刘禹锡曰"风俗如狂重此时，纵观云委江之湄"，仅《御定全唐诗》就收录长安及扬、杭、襄、岳、绵、朗、

---

① 张弓：《汉唐佛寺文化史（下）》，中国社会科学出版社1997年版，第960~962页。
② 《太平御览》卷32。

徐、忠等数州端午竞渡诗近 30 首。

承袭旧制和传统是唐代节日登高临水游憩活动的主要成因，如二月二、三月三、五月五、九月九等月日复数的阴阳组合、龙舟竞赛的龙图腾崇拜等，不过唐代节日登高临水游憩活动的内涵却发生了质变，这与唐代经济、科技、社会、医疗技术等的大发展和生活观念的革新密切相关。唐代节日游憩的鼎盛时期也是经济高度繁荣的时期，"小邑犹藏万家室，稻米流脂粟米白，公私仓廪俱丰实……齐纨鲁缟车班班，男耕女桑不相失……百馀年间未灾变，叔孙礼乐萧何律"，大多数人丰衣足食，粮仓盈满，社会财富集中，商业繁荣，有钱、有闲阶级进一步壮大，人们在沿袭前代春祈秋报、临水禊祭等节日活动祝颂祈福、消灾除恶等的形式与仪式感的同时，更多的是对富足生活的喜悦之情，加上对自然、疾病等科学认识的提升和政治开明、社会开放、医疗技术发展等因素影响，节日游憩活动的内涵和功能逐步向享乐庆祝、答谢神明和感恩国家等过渡，节日神话传说不再狰狞可怖，而变得生动滑稽、富有诗情画意，如织女在唐代才变成真善美的化身，捉鬼门神也在唐代变得可亲可敬，节日游憩获得了新的生命①，所谓"福虽始于邦家，庆宜均于士庶……宜以酒食，用申庆乐"，于是四乡之人，敲打瓮缶外出，相和而歌，祭祀神明之后分食酒肉，常常"家家扶得醉人归"，一幅幅"村村庆有年"的欢乐景象。不仅是登高临水游憩的节日，其他节日游憩活动同样充满欢乐，唐人正是在这欢乐的气氛中，逐渐培养起国家和民族传统文化的认同感和自豪感。

(2)宗教祈福。唐代诸教自由发展，宗教节日游憩风貌独特，一是节日和节事活动多、祈福游憩频繁；二是宗教景观游憩价值高、信众招徕形式多，休闲游憩盛行；三是寺观游憩媒介作用突出。因而"佛宇道观多游览者"②。

唐代全年道教节日 96 个，佛教节日 99 个，节事活动众多，加之佛、道大节与传统节日往往重合，因而但凡元日寒食、浴佛腊八、三清三元等大节，总能聚集众多僧俗和游憩活动，并促使唐代节日庙会和戏场迅速发展、成熟，以致异常兴盛和发达。③ 二月八日行像日，全国"巡城"活动盛大，蜀土"四方大集，驰骋

---

① 何立智等：《唐代民俗和民俗诗》，语文出版社 1993 年版，第 393 页。
② 《唐语林》卷 7《补遗》。
③ 王永平：《唐代长安的庙会与戏场》，《河北学刊》2008 年第 6 期，第 72~78 页。

游遨",荆州"众聚如山,歌赞云会",敦煌僧俗齐集道场,百姓临街瞻仰,还有"踏歌""赛天王"等活动助兴;① 四月八日佛诞节,僧俗齐集寺院瞻仰赕佛,参加斋会、放船、结缘等祈福游憩活动,"名僧德众,信徒法侣,车骑填咽,繁衍相倾。士庶瞻仰,市井皆空。飞天伎乐,望之云表"。道教的节日祈福游憩活动也很频繁,中元节"僧尼道俗,悉营盆供诸寺,游嬉歌舞,士女阗咽",有的寺观还大陈珍异百戏,供人赏玩。② 此外,唐代宗教场所也发挥着节日公共游憩地和游憩媒介的功能。一是宗教景观皆云构藻饰,其壁画书法、雕塑造像等表演性、艺术性、观赏性和游憩价值极高。如吴道玄作画时,"坊市老幼,观者如堵,宣呼之声,惊动坊邑",周昉的壁画也是"都人观览,贤愚必至";二是各教因信众和地位之争,纷纷主动招徕俗人游观,竞相培植花卉、雕饰景观,组织结社宴聚、文会茶道、游憩娱乐等活动。寺观狎妓和饮酒召伎甚至成为常态,寺观已沦为世俗文化中心、贵贱共同游冶之地,③ 如为招徕游客,唐代寺观竭力提高花卉栽培技术,不仅使各寺牡丹错开花期、让杜鹃在重阳开放,还形成了慈恩寺牡丹、唐昌观玉蕊、玄都观桃花、鹤林寺杜鹃、禅智寺芍药圃等花卉招牌;④ 三是宗教场所发挥着重要的节日游憩媒介作用,唐代节日游宿寺院和佛寺宿会风气盛行,《御定全唐诗》中"节日宿寺诗"近百首,如白居易"山寺每游多寄宿",黄滔"寻幽频宿寺"等,唐中后期,佛寺传舍几可替代官方邮传系统,⑤ 有力促进了唐代节日游憩活动的兴盛。

唐代节日宗教祈福游憩活动一改前代庄重神秘的色彩,甚至出现俗化和娱乐化迹象,其根本原因是唐代宗教信仰的自由,各教在争夺信众、政府资源与发展空间上竭力迎合社会各个阶层的需要,不仅增加了很多娱乐逸兴的节目和内容,还提供宿会、游览以及人们出入世的场所、资源和自由空间,使唐代节日宗教祈福游憩活动既具备宗教信仰的功能,也有参观参与宗教文化和节事活动的作用,还迎合仕途和政治需要,出现大量亦僧亦官,半僧半俗的现象,正是这些大胆的吸收和创新,使唐代节日宗教祈福游憩活动丰富多彩,人们在参加各种节日宗教

---

① 张弓:《敦煌春月节俗探论》,《中国史研究》1989年第3期,第121~132页。
② 《太平广记》卷350、卷34。
③ 王霖:《唐代寺观壁画札记》,《新美术》1999年第3期,第17~22页。
④ 《续仙传》卷下。
⑤ 张弓:《汉唐佛寺文化史(下)》,中国社会科学出版社1997年版,第1024~1027页。

活动中，逐渐形成以我为主的思想，根据自己的需要徜徉于不同信仰之间。

（3）游艺百戏。唐代游艺百戏主要有博弈嬉游类游艺伎、球绳竿剑等器用伎、马象猴禽等驯兽伎、乐剧戏舞和技巧类人事伎、魔术幻术类玄幻伎等类型，形式众多且几乎逢节必有，常"损万人之力，营百戏之资"，可见唐人厚此之甚。游艺百戏是唐代重要、常备的节日助兴娱乐项目，尤以春深时节最为活跃，白居易、元稹和刘禹锡的春深二十首唱和诗，既点明上元、中和、上巳、寒食、端午等节有马球、秋千、彩球、象戏、博弈、投壶、斗花草、拔河、戴竿、长斜等游憩活动，更道出上自帝王，下至平民的广泛参与性。史载，人日鱼龙曼衍、上元拔河山棚、中和丝竹百戏、寒食蹴鞠斗鸡、中元角力相扑、诞节舞马张乐、腊日傩舞拨头、斋节庙会俗讲等均为典型唐代节日游艺百戏活动，现择其要者简述如次。

"寒食通清明"不仅使寒食游憩时间更长更集中，也使蹴鞠、秋千、百戏、斗鸡等节日游艺百戏得到进一步丰富和发展。寒食蹴鞠，自汉便为传统，唐代出现内胆充气皮球，多门和两门（注：似足球）演变为单网（注：似藤球）和无网，器械革新、玩法进步的动因是唐人对蹴鞠的热衷追捧，结果是蹴鞠的安全性、趣味性、观赏性大增，蹴鞠迅速火遍全国，以致"华庭纵赏、万人瞻仰"。唐代寒食蹴鞠诗，几乎以秋千作排比，两《唐书》说蹴鞠必提角抵（即百戏），又据《东城老父传》，唐代斗鸡民风尤盛，人们倾家荡产去买鸡，每千秋节、元会和清明节，只要有斗鸡，则"角抵万夫，跳剑寻橦，蹴球踏绳，舞于竿颠者，索气沮色，逡巡不敢入"，足见寒食斗鸡和百戏的盛行。各地寒食蹴鞠声喧、秋千满地、百戏皆呈、庶品纵观，有时"重肩接立三四层"地观赏，成就了"十年蹴鞠将雏远，万里秋千习俗同"的局面，直至宋代仍未改变，即以蹴鞠、秋千、斗鸡、百戏等为代表的唐代寒食游憩活动，流传时间长、流行区域广、对社会生活和后世节日游憩活动的影响极深。

诞节即皇帝生日置节始于唐代，开元十七年（公元729年）八月初五，玄宗大置千秋节"诏天下咸燕乐""士庶村社宴乐，由是天下以为常"①，就连百姓也开始庆生并走向社会化，有的人家还有乐舞侑酒。② 玄宗朝舞马、百戏、歌舞是诞

---

① 《唐会要》卷29。
② 何立智等：《唐代民俗和民俗诗》，语文出版社1993年版，第274~277页。

节必备娱乐项目，或"大陈山车旱船、寻橦角抵、戏马斗鸡"，或"舞双剑、跳七丸、裊巨索、掉长竿"，届时"倾城人看长竿出"。安史乱后，舞马作为替罪羊逐渐消小，但诞节游艺百戏传统却保留下来，即使五代乱世也未中止，庆贺活动也迅速全国化、平民化、专业化、职业化，诞节演变为群众性游艺百戏大节。

为吸引信众，唐代宗教斋会逐步发展成开放式的庙会和戏场，重大节日里往往大陈百戏，满城观看。据考，唐代节日庙会都有大型歌舞、百戏、杂技等娱乐活动，稍微有点规模的寺观都有伎乐供养，百戏杂技道具众多且分类细致，百戏演出频繁并形成戏场。① 连斋会俗讲都演变为娱人的说唱艺术，《因话录》载，文淑僧的俗讲娱乐性极强，听者填咽寺舍；又据《独异志》《乾月巽子》等载，唐代长安戏场的百戏常"日集数千人""人闹已万万"，颇能反映节日里唐人对百戏的热衷。

唐代节日游艺百戏的盛行有其独特的土壤，一是经济的高度繁荣、城市和商业的大发展，形成了一支脱离农业生产的市民艺人队伍；二是统治者对游艺百戏的喜好和推崇，使游艺百戏成为一种普遍的社会风尚；三是开放的政策和多民族文化交融，使唐代游艺百戏保持了强大的生命力。② 与其他类型节日游憩活动不同的是，唐王朝主动将节日游艺百戏作为引导正向社会风尚、主流价值观和为政的手段，如诸多节日游艺百戏活动充分体现出"唐人自有胡气"，引领唐人充满朝气和活力的风尚，许多皇帝还利用游艺百戏缓解和处理统治阶级内部矛盾。此外，唐王朝还利用太乐署、鼓吹署、教坊、梨园、翰林院、两军供奉和内坊等管理机构和体制，从民间广泛挑选、培养、提拔各种艺人，提升群众基础和促进游艺娱乐事业继承和发展的同时，直接控制了游艺百戏的传播权力和舆论阵地。

（4）宴聚观灯。唐人重视亲情友情，向往美满，衍生出醻食宴聚、观灯赏月等节日游憩活动，前者逐渐演变为宜春、探春、裙幄、宴集等活动，后者则主要有赏灯、夜游、玩月等。

唐代节日宴会众多，尤以三令节为最，届时各地士庶游玩宴赏。唐俗，正月晦日醻聚，德宗时设二月一日为中和节代替晦日，全国上下游乐宴集，车马骈阗，盈满于路，村社则做中和酒，聚会宴乐，名为享勾芒、祈年谷。"好事者赏

---

① 王永平：《唐代长安的庙会与戏场》，《河北学刊》2008年第6期，第72~78页。
② 王永平：《唐代游艺》，西安西北大学出版社1995年版，第1~6页。

芳辰、玩清景，联骑携觞，亹亹不绝"①，中和酒即宜春酒，中和节的宴聚游憩也常称为宜春宴。《开元天宝遗事》卷下载："都人仕女，每至正月半后，各乘车跨马，供帐于园圃或郊野中，为探春之宴，园林树木无闲地。"探春宴活动主要有踏青赏花、挑菜扑蝶、秋千放灯等，一直持续到上巳前后。到了上巳节，天气转暖，仕女们挂红裙为帷幔，斗花、猜谜、宴乐等，此即裙幄宴。此外，唐代还有元日传座、人日相与游嬉、立春宴饮、社日的春秋座局席、七夕游宴赋诗等节日宴聚活动，此不赘述。

正月十五燃灯本为祭祀，唐代发展成连续数昼夜的观灯游憩活动，届时各地金吾弛禁，观灯、百戏、踏舞、笙歌、斗影灯等游憩项目交相辉映，"灯烛华丽，百戏陈设，士女争妍，粉黛相染""贵游戚属及下隶工贾，无不夜游，车马骈阗，人不得顾"，一片"欢乐无穷已，歌舞达明晨"的景象，洛阳斗影灯的影响远及于闐。先唐望日玩月更偏重祭月、秋报、拜月，唐代开元以后，其祭祀色彩褪却，变成聚友宴游活动，尤以八月望日最符中华礼俗、传统文化和民众心理，赏月观灯、团聚宴集、观潮出游、笙歌管弦、赋诗唱酬等是其主要活动，中秋节由此诞生。武元衡频频邀人赏月唱酬，期望"年年许从游"，又其与裴夷直等《中秋夜听歌联句》云"人间此夜管弦多"，表明中秋赏月常有歌舞助兴。

唐代的节日宴聚观灯活动内容较为固定，每个节日均有相应的礼仪、礼俗和游憩项目。地方不同、身份不同，但节日游憩活动相同，这正是中华民族强大内聚力、民族认同感和亲和力的源泉。传统依旧，欢愉越来越多，体现了唐代节俗相对的稳定性和传承性，传承中又有变异和发展，而积极向上的元素不断被发扬光大。节日里酺食宴聚、观灯赏月等体现了唐人追求幸福生活的情趣和向往美满团圆、共享天伦之乐的追求，发挥了重要的社会功能，人们通过约定俗成、共同信守的节日传统和文化活动，实现了法律、道德等无法实现的社会教化作用，如父慈母爱、手足情深、尊老爱幼、朋友有信等，统治阶级也极力倡导，亲作表率，但更多的是民间自发的传承行为，这正是中华民族慎终追远传统观念的本源。

3. 唐代节日游憩活动的特征

---

① 《剧谈录》卷下。

(1) 传统和礼教是文化基础。唐代"礼为政教之本",各种节日文化和游憩活动成为维护君臣纲常、父子之道、人伦之礼的思想教化工具之一。如春日、冬至、腊日等大节皇帝亲率百官祭祖祀神,载歌载舞,仪式隆重庄严,就是要让遵德守礼观念深入人心、代代相传,同时歌舞内容多赞美君王文治武功、国家繁荣昌盛以引导社会主流价值观。每年太常、教坊乐舞都为曲江上巳游憩助兴,百姓在歌舞升平中慢慢接受思想洗礼,实现了"乐讲同和,礼讲等差"的目的,于是在千秋节这种人造节日,村闾社会也是"先赛白帝、报田祖,然后坐饮"。仍以曲江上巳游憩为例,当天人们齐集,欢娱尽日,因为"物情重此节,不是爱芳树。明日花更多,何人肯回顾?"正是这全民趋同的传统观念和心理,使上巳游憩活动充满时代和民族意义。

祭神祀祖、迎神拜佛等礼教既是封建社会伦理需要,更是唐人追求家族团结兴旺,向往丰收圆满等理想的集中体现,他们与传统文化和观念的融合,构成了唐代节日游憩活动的文化基础和灵魂,也是传统节日文化生命力的源泉。

(2) 嬗变和创新显特色。唐代节日游憩活动具有典型的嬗变和创新特色,即传承性、变异性和时代性,既慎终追远又继往开来,既有海纳百川的高度自信,又有与时俱进的开拓创新,因而唐代在继承前代节日游憩传统的基础上,不断吸收融合异域和外族的优秀文化传统,并灵活完善创新。唐代节日里最流行的胡腾、柘枝、剑器浑脱、泼寒胡等民间乐舞的产生、改良、流行轨迹,便彰显了唐王朝主动吸收外来精华并与自身文化灵活融合的文化自信,唐代这种文化"屈尊俯就的自豪感与宋代的忧惧交加的妄自尊大"形成鲜明对比,① 以泼寒胡为例,起初其在民间风靡一时,"渐积成俗,阗城溢陌",但因"深玷华风"和"妨于政要,亵紊礼经"被宫廷禁断,不过其渗透中原礼俗,昭示国家祥瑞与圣恩浩荡的苏摩遮仍被推崇,其民间搬演形态发生重大变化和戏剧性飞跃,以苏摩遮凝结的歌、舞、曲、杂技渐与其他表演技艺重新组合,形成"浑脱"等另类杂戏,原有观赏性极强的戏弄成分,以"歌舞进为歌舞戏之初期变态"得到进一步发展,② 显示了唐代节日文化吸纳融合的胸怀和自信。而在器械、玩法、观赏性和参与性上

---

① [美]爱德华·谢弗著,吴玉贵译:《唐代的外来文明》,陕西师范大学出版社 2005 年版,第 51 页。

② 丁淑梅:《唐代禁断泼寒胡戏的戏剧学考察》,《民族艺术研究》2011 年第 1 期,第 40~46 页。

大幅创新的节日游憩活动就更多，如寒食蹴鞠、端午竞渡、斋会戏场等，前文已有述及。它们既传承了节日传统文化，也以我为主大胆吸收外来文化，开创了影响深远的节日游憩新形态。

（3）达观和向上成主流。唐代节日游憩活动在社会主流思潮的引领下，还充分展示了唐人达观向上的心态，表现出强烈的引领性、达观性和愉悦性。唐初统治者十分注重与民休养，充分利用儒学、宗教、教育系统的教化功能，君臣亲做表率，引领社会正气，一改魏晋以来清谈消沉、迷惘避世、哀怨愁苦之风，奠定了唐代传统价值观的物质和精神基础，形成唐人忠君爱国、向往建功立业、强烈的是非荣辱观、风清气正的社会风尚、积极进取和昂扬向上的生活态度。表现在节日游憩上，则是几乎每个节日里的欢乐愉悦情景与氛围，即使寒食清明上墓，也"复为欢乐，坐对松槚，曾无戚容"，全国一片达观向上、磅礴浩荡的游乐风气。

（4）存续和弘扬有活力。唐代节日游憩活动鲜明的大众化、开放性和主体性特征，为其存续和弘扬注入全新的生命力。上至国事级的迎奉佛骨，"万人瞻仰，自京城至寺三百里间，道路车马昼夜不绝，公私音乐，绵亘数十里"，下至民间性的踏青春游，也是倾城游玩，动至连月。人民大众也真正成为节日游憩活动存续和弘扬的主力军，并深刻影响着节日及其游憩活动的产生与衰落、继承与弘扬、改良与创新等。如德宗创中和节，并作"三令节"推广，但庆贺游憩活动只存续了三十年左右，不符农时、不应民生是其衰退的重要原因；玄宗创诞节，庆贺游憩更胜，但诞节的大众化、开放性和主体性才是其强大生命力的源泉；中秋节更是起于民间的庆祝丰收和秋报，并在由宫廷游赏活动转化为民间宴聚赏月活动后，才逐步兴盛起来。唐代变革、改良和俗化的节日游憩活动，如马球、畋猎、角抵、舞剑、傀儡戏、樗蒲、棋类等，数量之多、程度之深、群众性之强、传承意义之大，历代无出其右者。

4. 唐代节日游憩活动的启示意义

第一，当今我国传统节日文化边缘化和衰落现象突出，我们不仅要积极加强传统文化和礼仪教育，更要加强理想信念和主流价值观的引导，克服节日假日化弊俗。唐王朝用制度和礼俗充分发挥传统文化的教化功能，用仪式感强化理想信念并引导主流价值观，用节日游憩和欢庆的形式树立传统文化和民族自信，用与民同乐的情怀自上而下地带动传统节俗活动开展和节日文化推广,正因此,唐代节日游憩活动的文化和时空影响极其深远。

第二,节日游憩活动的形式没有国界,但其文化内涵却有鲜明的民族性。唐王朝对外来文化持开放态度,但始终以我为主,遇裸体跳足、盛德失容等有违传统伦理者坚决禁断,对幻惑百姓的外国艺人坚决"发遣还蕃",大家以唐人自居为傲、以生在唐代为荣、以接受唐文华熏陶为乐,形成强大的民族凝聚力和文化认同感。当今中国节日文化传统和习俗逐渐淡化,节日活动创新不足,不仅需要各级文化、教育、行政、宣传和旅游部门加强传统节日文化教育、宣传、推广,更需要每个人积极了解、重视和体会其厚重和博大精深,增强民族自豪感和文化自信。

第三,唐代社会充满正能量,杜甫云"九州道路无豺豹,远行不劳吉日出",各地"外户不闭,行旅不赍粮"。以唐代俗讲、参军戏、合生等节日游憩活动为例,虽也"谈妃主之情貌,列王公之名质",但多对酷吏恶人的戏谑娱乐和对好人好事的褒奖,绝少哗众取宠,恶意抹黑和丑化历史英雄,或为民族败类翻案者。统治阶级为小人物立传以强化"理想信念",贤达僧德也能自觉承担社会责任,正向教化世人,唐王朝正因此才呈现出高度的民族认同感和强大的民族信念,团结进取、诚信友善,这对当今理想信念引导和文化建设不无借鉴意义。

第四,唐代节日游憩活动的存续和弘扬,印证了人民群众创造历史的观点。传统节日文化和习俗的教育、宣传和推广,旅游节事策划等必须充分尊重人民群众所盼所想所需,任何脱离人民群众和传统文化的做法,必被历史唾弃和淘汰。

第二章 唐代旅游发展研究

出于行文和结构考虑,本书将关内道、河南道、河东道、河北道和陇右道作为北方诸道进行统计和论述,将山南道、淮南道、江南道、剑南道和岭南道作为南方诸道进行统计和论述。为便于统计,本章以两《唐书》列传人物本贯为纲进行统计,其本贯参考:史念海《两〈唐书〉列传人物本贯的地理分布》①一文。

第一节 唐代各道旅游者统计

一、北方诸道旅游者统计

(一)关内道

关内道旅游者统计见表2.1。

表2.1　　　　　　　关内道旅游者统计表

政区名	前期旅游者数	后期旅游者数	旅游活动人数	备注
京兆府	**67**	**82**	**149**	**15 府县**
京兆府	4	24	28	雍州
万年县	23	29	52	赤
长安县	16	9	25	赤
蓝田县	1	1	2	畿

---

① 史念海:《唐代历史地理研究》,中国社会科学出版社1998年版,第373~467页。

续表

政区名	前期旅游者数	后期旅游者数	旅游活动人数	备注
三原县	3	1	4	次赤
咸阳县	2	1	3	畿
高陵县	2	0	2	畿
兴平县	6	4	10	畿
武功县	5	1	6	畿
华原县	3	5	8	畿
昭应县	1	1	2	赤
泾阳县	1	1	2	畿
富平县	0	2	2	次赤
盩厔县	0	1	1	畿
奉天县	0	2	2	次赤
华　州	**5**	**11**	**16**	**3县**
华阴县	5	3	8	望
郑　县	0	5	5	望
下邽县	0	3	3	望
凤翔府	**1**	**5**	**6**	**3县**
岐山县	1	1	2	次畿
天兴县	0	1	1	次赤
扶风县	0	3	3	次畿
其　他	**6**	**5**	**11**	**6州**
同　州	6	0	6	
邠　州	0	1	1	永寿县(上)
泾　州	0	1	1	临泾县(上)
陇　州	0	1	1	汧阳县(上)
臯兰州	0	1	1	
丰　州	0	1	1	
合　计	79	103	182	

本道共182人有旅游活动，其中前期79人，后期103人。从常住地分布来

看,这些旅游者的常住地分布在全国 73 个州县(282 人次)①。其中曾以京兆作为旅游常住地的就有 128 人次,河南府、益州、桂州、太原、湖州、扬州、襄州也是旅游客源集中的地区。

从空间看,本道旅游者多为京兆府、长安县和万年县人,离行政中心越近,县的等级②越高,越容易产生旅游者。从时间看,唐前期旅游者多为长安县和万年县人,唐后期多为京兆府和万年县人,但唐后期明显比唐前期更加分散,前期主要来自 15 个府州(县),后期来自 25 个府州(县)。

(二)河南道

河南道旅游者统计见表 2.2。

表 2.2   河南道旅游者统计表

政区名	前期旅游者数	后期旅游者数	旅游活动人数	备注
河南府	**17**	**18**	**35**	**6 府县**
河南府	4	9	13	
洛阳县	8	5	13	赤
偃师县	1	2	3	畿
巩　县	2	0	2	畿
陆浑县	1	1	2	畿
缑氏县	1	1	2	次赤

---

① 京兆 128 人,河南府 16 人,益州 10 人,桂州 8 人。太原、湖州、扬州、襄州各 5 人。荆州、蒲州(河中)、润州、滑州各 4 人。并州、宣州、衡州、苏州、鄂州、梓州各 3 人。巴州、洪州、越州、婺州、华州、汴州、幽州、袁州、睦州、郓州、广州各 2 人。道州、魏州、徐州、绛州、夏州、常州、陕州、德州、饶州、蓬州、抚州、吉州、池州、黄州、怀州、开州、阆州、定州、泉州、汀州、邓州、莱州、彭州、峡州、处州、沙州、疏勒、潞州、福州、潮州、潼关、兴元、宿州、江州、忠州、杭州、邠州、泾州、绵州、嵩山、庐山、倚帝山、神丘道、单于都护府各 1 人。

② "大唐县有赤(三府共有六县)、畿(八十二)、望(七十八)、紧(百一十一)、上(四百四十六)、中(二百九十六)、下(五百五十四)七等之差,京都所治为赤县,京之旁邑为畿县,其余则以户口多少,资地美恶为差,凡一千五百七十三县"。见《通典》卷 33《职官十五·州郡下·县令》。

续表

政区名		前期旅游者数	后期旅游者数	旅游活动人数	备注
孟　州		**1**	**2**	**3**	**2县**
	温　县	1	0	1	畿
	济源县	0	2	2	畿
郑　州		**8**	**14**	**22**	**6县**
	荥阳县	3	11	14	紧
	荥泽县	1	0	1	望
	原武县	1	0	1	紧
	管城县	0	1	1	望
	阳武县	3	0	3	紧
	新郑县	0	2	2	紧
陕　州		**2**	**1**	**3**	**2县**
	硖石县	1	1	2	望
	平陆县	1	0	1	望
虢　州		**2**	**10**	**12**	**2县**
	弘农县	1	10	11	望
	阌乡县	1	0	1	望
汝　州		**3**	**2**	**5**	**4州县**
	汝　州	1	0	1	
	梁　县	1	0	1	望
	叶　县	0	1	1	紧
	郏城县	1	1	2	紧
汴　州		**4**	**2**	**6**	**4州县**
	汴　州	1	0	1	
	尉氏县	1	0	1	望
	开封县	0	1	1	望
	浚仪县	2	1	3	望
滑　州		**6**	**7**	**13**	**4州县**
	卫南县	1	0	1	上
	灵昌县	4	2	6	上

续表

	政区名	前期旅游者数	后期旅游者数	旅游活动人数	备注
	匡城县	1	3	4	上
	胙城县	0	2	2	上
宋 州		4	1	5	4州县
	宋 州	1	0	1	
	宁陵县	1	0	1	紧
	楚丘县	0	1	1	紧
	宋城县	2	0	2	望
其 他		10	17	27	9州
	徐 州	2	2	4	徐州、彭城县(望)
	齐 州	2	2	4	历城县(上)
	莱 州	2	0	2	莱州、胶水县(中)
	蔡 州	0	2	2	朗山县(上)
	曹 州	0	2	2	南华县(上)
	濮 州	1	4	5	濮阳县(上)
	兖 州	1	2	3	兖州、瑕丘(上)、曲阜(上)
	青 州	1	1	2	临淄(紧)、青州
	沂 州	1	0	1	承县(上)
	陈 州	0	1	1	
	亳 州	0	1	1	谯县(紧)
合 计		58	73	131	

本道共131人有旅游活动,其中前期58人,后期73人。他们的常住地分布在全国83个州县(274人次)。① 其中,京兆府依然是最易成为他们旅游常住地的地区,共有86人次,其次是河南府的27人次,荆州,益州,汴州等也是旅游

---

① 京兆府86人,河南府27人,荆州9人,益州9人,汴州7人,汝州6人,杭州、襄州、幽州、岳州各五人,苏州4人,桂州、太原、鄂州、扬州、夔州、虢州、越州、常州、潭州各3人。和州、江州、齐州、汉州、湖州、端州、并州、广州、梓州、亳州、河中、泾州、永州、同州、陕州、嵩山各2人。忠州、通州、道州、容州、相州、饶州、庐山、剑州、蔡州、华州、鄜州、阆州、天台山、滁州、蔿州、夏州、胜州、丰州、原州、朔方、邠州、兴元、单于府、壁州、金州、润州、泷州、钦州、蕲州、潮州、台州、虔州、成州、兖州、岐州、朗州、连州、袁州、榆关道、复州、婺州、归州、卫州、徐州、宋州、濠州、舒州各1人。

者出游较多的地区。

从空间看,河南道旅游者多为河南府、洛阳县、荥阳县和弘农县人,地理分布较为分散,但依然体现出行政中心及其附近州县更容易产生旅游者,形成了三个重要的中心:河南府洛阳县、郑州荥阳县和虢州弘农县。从时间看,唐前期旅游者来源较为分散(34州县),没有特别突出的来源地,唐后期旅游者的来源(28州县)更加集中于洛阳县、荥阳县和弘农县等区域中心州县。

(三)河东道

河东道旅游者统计见表2.3。

表2.3　　　　　　　　　　河东道旅游者统计表

政区名	前期旅游者数	后期旅游者数	旅游活动人数	备注
河中府	**19**	**36**	**55**	**10州县**
蒲　州	2	12	14	
解　县	2	1	3	次畿
猗氏县	2	3	5	次畿
宝鼎县	5	4	9	次畿
临晋县	1	0	1	次畿
永乐县	1	0	1	次畿
龙门县	3	0	3	望
闻喜县	3	6	9	望
河东县	0	7	7	次赤
虞乡县	0	3	3	次畿
太原府	**8**	**14**	**22**	**4州县**
太原县	1	5	6	赤
晋阳县	2	4	6	赤
文水县	3	2	5	畿
祁　县	2	3	5	畿
其　他	**4**	**1**	**5**	**4州县**
绛　州	1	1	2	稷山县(紧)

续表

政区名	前期旅游者数	后期旅游者数	旅游活动人数	备注
汾 州	1	0	1	西河县（望）
潞 州	1	0	1	壶关县（上）
朔 州	1	0	1	鄯阳县（中）
合 计	31	51	82	

本道共82人有旅游活动，其中前期31人，后期51人。他们的常住地分布在全国个60州县（158人次）。① 其中，京兆府曾作为他们的旅游常住地55人次，其次是河南府的11人次，河中、太原、绛州、益州、襄州等也是唐代旅游者出游较多的地区。

从空间看，河东道旅游者多为河中府（蒲州）人，高等级县更容易产生旅游者。从时间看，唐前期旅游者来源更加分散（16州县），唐后期旅游者的来源（12州县）则集中于行政中心，如蒲州和太原府。

（四）河北道

河北道相州、魏州、贝州、邢州、赵州、恒州、冀州、深州、定州、幽州、卫州、沧州、瀛洲等地有旅游者的旅游活动见表2.4。

表2.4　　　　　　　　　　河北道旅游者统计表

政区名	前期旅游者数	后期旅游者数	旅游活动人数	备注
相 州	**8**	**1**	**9**	**4县**
安阳县	2	0	2	紧
临漳县	4	1	5	上

---

① 京兆55人，河南府11人，河中8人，太原6人，绛州、益州、襄州各五人。歙州4人。道州3人，润州、果州、绵州、终南、虢州各2人。饶州、楚州、苏州、定州、并州、邢州、相州、湖州、明州、衡州、泉州、衢州、冀州、原州、幽州、虔州、华州、沣州、永州、同州、柳州、巴州、蓬州、中条山、宣州、华山、商州、陕州、济州、安西、汴州、邠州、仙州、福州、夔州、兴元、阆州、壁州、慈州、澧州、洪州、连州、石州、梓州、扬州、桂州各1人。

续表

政区名	前期旅游者数	后期旅游者数	旅游活动人数	备注
洹水县	1	0	1	上
内黄县	1	0	1	紧
魏　州	**11**	**4**	**15**	**7州县**
昌乐县	8	0	8	望
馆陶县	1	1	2	紧
贵乡县	1	0	1	望
元城县	1	0	1	望
魏　州	0	1	1	
冠氏县	0	1	1	紧
莘　县	0	1	1	上
贝　州	**2**	**5**	**7**	**2县**
武城县	2	4	6	上
清河县	0	1	1	紧
邢　州	**3**	**0**	**3**	**2县**
南和县	1	0	1	紧
尧山县	2	0	2	上
赵　州	**4**	**13**	**17**	**4州县**
高邑县	2	0	2	上
赞皇县	1	5	6	中
赵　州	0	8	8	
临城县	1	0	1	中
恒　州	**5**	**0**	**5**	**3县**
井陉县	1	0	1	中
鼓城县	2	0	2	中
栾城县	2	0	2	中
冀　州	**4**	**3**	**7**	**2县**
南宫县	1	0	1	望
蓨　县	3	3	6	上
深　州	**7**	**7**	**14**	**4县**

77

续表

政区名		前期旅游者数	后期旅游者数	旅游活动人数	备注
	陆泽县	1	3	4	上
	安平县	4	4	8	上
	武强县	1	0	1	望
	乐寿县	1	0	1	中
定　州		**8**	**9**	**17**	**4州县**
	安喜县	4	1	5	紧
	义丰县	3	1	4	紧
	新乐县	1	0	1	中
	定　州	0	7	7	
幽　州		**2**	**9**	**11**	**3州县**
	幽　州	1	3	4	
	蓟　县	1	3	4	紧
	昌平县	0	3	3	上
卫　州		**1**	**5**	**6**	**3州县**
	卫　州	0	3	3	
	汲　县	0	2	2	紧
	卫　县	1	0	1	紧
沧　州		**0**	**3**	**3**	**2州县**
	沧　州	0	2	2	
	南皮县	0	1	1	上
瀛　洲		**1**	**2**	**3**	**2县**
	河间县	1	1	2	上
	高阳县	0	1	1	中
其　他		**10**	**20**	**30**	
	范　阳	4	5	9	涿州、幽州
	博　州	2	2	4	聊城(紧)、武水(上)、博州、博平(上)
	怀　州	1	5	6	河内县(望)
	磁　州	1	1	2	邯郸县(上)、昭义县(上)

续表

政区名	前期旅游者数	后期旅游者数	旅游活动人数	备注
平 州	0	4	4	卢龙(上)
营 州	1	1	2	柳城(望)、营州
洺 州	1	0	1	永年县(望)
景 州	0	1	1	东光县(上)
德 州	0	1	1	平昌县(上)
合 计	66	81	147	

本道共147人有旅游活动,其中前期66人,后期81人。他们的常住地分布在全国74个州县(242人次)。① 其中,京兆府曾作为他们的旅游常住地86人次,其次是河南府的24人次,益州、越州、幽州等也是旅游者出游较多的地区。

从空间看,河北道旅游者本贯的分布比较分散,以魏州、赵州、深州和定州人为主,相对集中于河北道的中南部地区。

(五)陇右道

陇右道旅游者统计见表2.5。

表2.5　　　　　　　　陇右道旅游者统计表

政区名	前期旅游者数	后期旅游者数	旅游活动人数	备注
秦 州	3	1	4	1县
上邽县	3	1	4	上
甘 州	2	0	2	2县

---

① 京兆86人,河南府24人,益州10人,越州6人,幽州5人。襄州、定州、杭州、湖州、润州、太原各4人。宣州、江州、桂州、梓州、凉州各3人。常州、台州、虢州、滑州、鄯州、博州、郓州、循州、荆州、袁州、广州、魏州、河中、赵州各2人。亳州、贝州、同州、邢州、坊州、福州、忠州、崖州、象州、濮州、岳州、集州、汴州、蜀州、彭州、蔡州、滁州、申州、温州、深州、丰州、沧州、陕州、秦州、安南、扬州、冀州、镇州、恒州、阆州、瀛州、终南、绵州、郑州、遂州、普州、夔州、骕州、泽州、兴元、怀州、徐州、盐州、营州各1人。

79

续表

政区名		前期旅游者数	后期旅游者数	旅游活动人数	备注
	张掖县	1	0	1	下
	酒泉县	1	0	1	中
瓜　州		**2**	**0**	**2**	**1 县**
	常乐县	2	0	2	中下
安　西		**1**	**0**	**1**	**1 州县**
	安　西	1	0	1	
凉　州		**0**	**3**	**3**	**1 州县**
	武　威	0	3	3	上
渭　州		**0**	**5**	**5**	**1 县**
	陇西县	0	5	5	上
合　计		**8**	**9**	**17**	

本道共 17 人有旅游活动，其中唐前期 8 人，唐后期 9 人。他们的常住地分布在全国 13 个州县(21 人次)。① 其中，将长安作为旅游常住地的就有 8 人次。

北方诸道旅游者多来自唐代等级较高的县，如表 2.6 所示，来自赤县和畿县的有 203 人，占北方诸道旅游者数的 36.3%；来自普通县的有 248 人，占北方诸道旅游者数的 44.4%，还有 108 人未明确具体属县，以雍州、河南府、蒲州等概述之，这些州府(县)绝大多数是各道重要行政中心地区，其县的等级应当较高。由此来看，唐代北方诸道中，等级更高的县，更容易产生旅游者。

表 2.6　　　　　　　　　北方诸道旅游者本贯的行政等级分布

县等级	赤县	次赤县	畿县	次畿县	望县	紧县	上县	中县	中下县	下县	合计	其他
县数量	6	6	15	8	26	23	37	11	1	1	134	(25)
旅游者数	104	18	54	27	77	54	96	18	2	1	451	(108)

---

① 京兆 8 人，河南府 2 人，秦州、春州、陕州、荆州、阆州、鄯州、凉州、凤翔、潞州、扬州、绵州各 1 人。

续表

县等级	赤县	次赤县	畿县	次畿县	望县	紧县	上县	中县	中下县	下县	合计	其他
县均旅游者数	17.3	3	3.6	3.38	2.96	2.35	2.59	1.64	2	1	3.37	/

二、南方诸道旅游者统计

(一) 山南道

山南道旅游者统计见表2.7。

表2.7　　　　　　　　山南道旅游者统计表

政区名	前期旅游者数	后期旅游者数	旅游活动人数	备注
邓州	**3**	**6**	**9**	**3县**
南阳县	1	3	4	紧
新野县	2	1	3	望
穰县	0	2	2	望
襄州	**4**	**3**	**7**	**2县**
襄阳县	4	1	5	望
宜城县	0	2	2	上
荆州	**2**	**5**	**7**	**3县**
荆州	1	2	3	
石首县	0	3	3	中
江陵县	1	0	1	望
其他	**1**	**1**	**2**	**2州**
金州	1	0	1	汉阴县(上)
复州	0	1	1	竟陵县(中)
合计	**10**	**15**	**25**	

本道共25人有旅游活动，其中前期10人，后期15人。他们的常住地分布

在全国 32 个州县(59 人次)。① 其中,京兆府曾作为他们的旅游常住地 13 人次,其次是荆州的 7 人次,河南府、襄州也是旅游者出游较多的地区。

(二)淮南道

淮南道旅游者统计见表 2.8。

表 2.8　　　　　　　　　　淮南道旅游者统计表

政区名		前期旅游者数	后期旅游者数	旅游活动人数	备注
扬　州		**7**	**7**	**14**	**2 州县**
	广　陵	3	7	10	
	江都县	4	0	4	紧
其　他		**3**	**4**	**7**	**3 州**
	寿　州	1	2	3	寿春县(望)
	安　州	2	0	2	安陆县(上)
	楚　州	0	2	2	淮阴(望)、乌江(上)
合　计		**10**	**11**	**21**	

本道共 21 人有旅游活动,其中前期 10 人,后期 11 人。他们的常住地分布在全国 26 个州县(44 人次)。② 其中,京兆府曾作为旅游常住地 10 人次,其次是河南府的 7 人次,扬州 4 人次。

(三)江南道

江南道旅游者统计见表 2.9。

---

① 京兆府 13 人,荆州 7 人,河南府、襄州各 4 人。成都、吉州、杭州各 2 人。扬州、徐州、汴州、潮州、袁州、郴州、连州、潭州、宣州、汾州、峰州、开州、鹿门山、越州、太原、梁州、江州、处州、常州、鄂州火门山、复州、润州、苕溪、信州、洪州各 1 人。

② 京兆府 10 人,河南府 7 人,扬州 4 人。濮州、襄州、滁州、朗州、潭州、夔州、江州、抚州、河中、兴元、潼关、晋州、庐山、台州、端州、北海、淄州、陈州、桂州、安州、郴州、和州、苏州各 1 人。

表 2.9　　　　　　　　　江南道旅游者统计表

政区名		前期旅游者数	后期旅游者数	旅游活动人数	备注
润　州		**2**	**4**	**6**	**5 县**
	丹阳县	1	0	1	望
	上元县	1	0	1	紧
	延陵县	0	1	1	紧
	金坛县	0	1	1	紧
	丹徒县	0	2	2	望
常　州		**2**	**3**	**5**	**4 州县**
	常　州	0	2	2	
	晋陵县	1	0	1	望
	义兴县	1	0	1	紧
	无锡县	0	1	1	望
苏　州		**2**	**12**	**14**	**3 县**
	吴　县	2	10	12	望
	嘉兴县	0	1	1	望
	昆山县	0	1	1	紧
湖　州		**2**	**4**	**6**	**2 县**
	吴兴县	1	3	4	望
	武康县	1	1	2	上
杭　州		**4**	**0**	**4**	**3 县**
	钱塘县	2	0	2	紧
	盐官县	1	0	1	上
	新城县	1	0	1	上
越　州		**4**	**5**	**9**	**5 县**
	越　州	2	1	3	
	余姚县	1	0	1	紧
	萧山县	1	0	1	紧
	山阴县	0	1	1	望
	会稽县	0	3	3	望

续表

政区名		前期旅游者数	后期旅游者数	旅游活动人数	备注
婺　州		2	2	4	3县
	金华县	1	0	1	望
	义乌县	1	0	1	紧
	东阳县	0	2	2	望
泉　州		0	3	3	2县
	晋江县	0	2	2	上
	莆田县	0	1	1	上
其　他		3	6	9	8州
	衡　州	1	0	1	龙丘县(紧)
	歙　州	1	0	1	
	处　州	1	0	1	丽水县(上)
	宣　州	0	1	1	
	信　州	0	1	1	
	鄂　州	0	1	1	江夏(紧)
	朗　州	0	1	1	武陵(上)
	睦　州	0	2	2	清溪县(中下)、寿昌县(中)
合　计		21	39	60	

本道共60人有旅游活动，其中前期21人，后期39人。他们的常住地分布在全国56个州县(134人次)。① 其中，京兆府作为他们的旅游常住地共36人次，其次是河南府的8人次，越州、苏州等也是旅游者出游集中的地区。

江南道旅游者本贯分布较为分散，吴县是一个相对容易产生旅游者的区域。

---

① 京兆府36人，河南府8人，越州6人，苏州5人。润州、泉州、湖州、宣州、常州各4人。洪州、兴元、婺州各3人。汴州、潭州、福州、扬州、信州、桂州各2人。叙州、容州、抚州、郴州、开州、衢州、蒲州、端州、寿州、滁州、杭州、饶州、茅山、庐山、秦州、怀州、朗州、华州、嵩山、荆州、虢州、庐州、会稽山、兖州、安西、益州、衡山、太原、处州、永州、楚州、澧州、建州、黔州、剑州、睦州、台州、松江各1人。

(四)剑南道

剑南道旅游者统计见表 2.10。

表 2.10　　　　　　　　剑南道旅游者统计表

政区名		前期旅游者数	后期旅游者数	旅游活动人数	备注
成都府		**3**	**0**	**3**	**2 州县**
	益　州	1	0	1	
	成都县	2	0	2	次赤
梓　州		**2**	**2**	**4**	**3 县**
	射洪县	1	0	1	上
	永泰县	1	0	1	中下
	盐亭县	0	2	2	上
其　他		**0**	**3**	**3**	**3 州**
	阆　州	0	1	1	新政(中)
	泸　州	0	1	1	
	戎　州	0	1	1	
合　计		**5**	**5**	**10**	

本道共 10 人有旅游活动,其中前期 5 人,后期 5 人。他们的常住地分布在全国 16 个州县(24 人次)。①

(五)岭南道

岭南道旅游者统计见表 2.11。

---

① 京兆府 5 人,梓州 3 人,成都 2 人,洪州 2 人,绵州、安州、邢州、徂徕山、宣州、江州、润州、庐山、越州、舒州、兖州、阆州蟠龙山各 1 人。

表 2.11　　　　　　　　　　岭南道旅游者统计表

政区名	前期旅游者数	后期旅游者数	旅游活动人数	备注
韶　州	2	0	2	1县
曲江县	2	0	2	上
高　州	2	0	2	1县
良德县	2	0	2	上
循　州	0	1	1	1县
兴宁县	0	1	1	中下
合　计	4	1	5	

岭南道共5人有旅游活动，其中前期4人，后期1人。他们的常住地分布在全国8个州县(10人次)。①

南方诸道旅游者也多来自唐代等级较高的县，如表2.12所示，来自赤县、望县和紧县的有67人，占南方诸道旅游者数的54.9%，且主要来自望县；来自上县及其以下等级县的有31人，占南方诸道旅游者数的25.4%，且大多数来自上县。来自望县、紧县和上县的旅游者有87人，占全部旅游者的71.3%。还有24人未明确具体属县，以荆州、广陵、常州、越州等概之，这些州府(县)绝大多数是各道重要行政中心地区，若论县的等级，应当较高。由此来看，南方诸道各县的等级越高，越容易形成旅游者，这个规律比北方诸道更加明显。

表 2.12　　　　　　　南方诸道旅游者本贯的行政等级分布

县等级	次赤	望县	紧县	上县	中县	中下县	合计	其他
县数量	1	17	13	15	4	3	52	(10)
旅游者数	2	45	20	22	6	3	98	(23)
县均旅游者数	2	2.65	1.54	1.47	1.5	1	1.88	/

结合表2.6，如果除却受政治因素影响较大的赤县不论，唐代旅游者大多来自望县、紧县和上县，其中北方诸道有227人，南方诸道有87人，共占全部旅

---

① 京兆府3人，韶州、荆州、洪州、桂州、福州、洛阳、高州各1人。

游者数量的 46.1%，南方诸道来自这些等级县的旅游者更是超过七成。

这其中，又以望县最特殊，北方诸道旅游者来自望县的有 77 人，次于赤县的 104 人和上县的 96 人；南方诸道来自望县的有 45 人，比其他各等级县的旅游者多得多。唐代望县数量在 7 种等级的县中，仅多于赤县的 6 个。赤县的特殊性自不必说，何以唐代旅游者多来自望县？恐与望县在区域和全国的政治、经济、交通等地位分不开，望县当户口较多，资地较美，因而有更好的旅游基础和保障，这从一个侧面反映了政治、经济、交通等因素对唐代旅游者的产生具有较大的影响。

第二节　唐代旅游发展的阶段性

一、数据来源及说明

在分析唐代旅游发展之前，必须说明本书所选统计源与基本文献的说服力，以及两《唐书》列传人物旅游活动的代表性。

第一，关于《四库全书》。《四库全书》是中国历史上规模最大的一部丛书，共收录古籍 3500 余种、近 8 万卷，保存了丰富的古代文献资料。唐代诗文集如《御定全唐诗》《文苑英华》等，笔记传奇如《太平广记》《唐语林》等，个人文集如《白氏长庆集》《柳河东集》等，基本史书如《唐会要》《册府元龟》等众多史料均涉及唐代旅游活动。尽管《四库全书》修纂过程中对古文献的销毁和篡改颇受诟病，但就唐代旅游活动的统计而言，其影响较为有限，一则唐与靺鞨、渤海、室韦等世代交好，因民族矛盾和压迫改毁的书籍较少；二则《四库全书》改毁书籍以明代为主，虽累及北宋，但反映唐代社会生活的书籍则得到了较好的保存。因此，《四库全书》所录史料足以作为唐代旅游活动统计的基础。

第二，关于两《唐书》列传人物及其旅游活动。通常采用抽样调查方法获取旅游者信息，就统计的可行性和科学性而言，两《唐书》列传人物是一个较为理想的群体。就各朝史书记载人物数量和资料完备度而言，两《唐书》列传人物是中国历史上最早且最具统计意义的群体之一，是研究唐代社会生活史必须着力关注的群体。这个群体主要以唐代社会中上层人物为主，尤其是唐代各级官员占有较大比例，对社会产生较大影响的下层人物也有收录。有旅游活动的列传人物不仅数量多，其构成也较为多样，当中既有太平公主、张说这样地位显赫的人物，也有家贫无以自业的裴寂、王季友等人；既有仕途得意者，也有难展抱负之人；既有隐于林者，亦有隐于市和隐于朝者；有文亦有武，有男亦有女，有僧徒亦有道人。这个群体能基本涵盖社会各阶层。

两《唐书》列传人物是唐代旅游的主流群体，这个群体的旅游活动能较好反映唐代旅游发展的状况。其一，唐代的旅游活动不同于现代的大众化旅游，而是少数有钱、有闲和有动机的中上层阶级的旅游活动，而列传人物大多属于这一阶层；其二，列传人物经常"享受"政府对于旅游活动的鼓励和刺激政策，不仅有重要节假日政府赐钱游玩的定制，就是平常的公休，也"例得寻胜地燕乐，谓之旬假，每月有之……有司供设，或径赐金钱给费"①，元稹"朝士还旬休，豪家得春赐"②即说政府赐钱物以"备春时游赏"③；其三，频繁调动客观上促使列传人物的旅游活动成为唐代旅游的主流，唐代官员任职有三年届满轮换制度，官员的调动非常频繁，刺史以上官员调动更勤，他们常奔波于京师与地方，"于是倏来忽往，蓬转萍流，近则累月仍迁，远则逾年必徙，将听事为逆旅，以下车为传舍"④"仕宦类商贾，终日常东西"⑤毫不夸张；其四，本籍回避制度又使这种调动更富旅游色彩，使许多旅游者不得不在一个个"异地"之间转移，又使得人物本贯与旅游常住地无必然联系，增加了调查样本的随机性；其五，唐代迁贬改任，甚至是流放制度往往比较宽松，大多数人还能使用官方驿传设施，如非紧急，他们往往流连于途中山水，如郑纲"巡荆部商山歇马亭，俯瞰山水，时雨霁，岩峦奇秀，泉石甚佳。纲坐久起，行五六里曰：'此胜槩不能吟咏，便晚何妨'，却返于亭"，竟不怕耽误公事，为旅游而走回头路，⑥ 杜鸿渐出蜀，看到嘉陵山

---

① 《唐音癸签》卷27《谈丛三》。
② (唐)元稹：《元和五年予官不了罚俸西归三月六日……怆曩游因投五十韵》，见《御定全唐诗》卷400。
③ 《旧唐书》卷9《本纪第九·玄宗下》。
④ 《唐会要》卷68《河南尹·刺史上》。
⑤ (唐)孙合：《句》，见《御定全唐诗》卷694。
⑥ 《太平广记》卷170《知人二·郑纲》。

川景致，便登楼望月，行觞燕话，① 白居易"日驰一驿向东都"，因沿途"风光四百里"②；其六，唐代官员多能文善诗，迁谪的悲喜多借沿途山水来抒发，无形之中使列传人物成为好游的群体。

第三，关于两《唐书》列传人物的旅游常住地与其本贯的关系。据第一节统计数据，可将两《唐书》列传人物的旅游常住地与其本贯的关系列于表2.13。

表2.13　　　两《唐书》列传人物旅游常住地分布与其本贯的关系

本贯	人数	旅游常住地（人次）	总人次	关联度
关内道	182	京兆府128，河南府16，益州10，桂州8，太原、湖州、扬州、襄州各5，荆州、蒲州等各4……	282	47.9%
河南道	131	京兆府86，河南府27，荆州9，益州9，汴州7，汝州6，杭州、襄州、幽州、岳州各5，苏州4……	274	20.8%
河东道	82	京兆府55，河南府11，河中8，太原6，绛州、益州、襄州各5，歙州4，道州3，润州等各2……	158	15.8%
河北道	147	京兆府86，河南府24，益州10，越州6，幽州5，襄州、定州、杭州、湖州、润州、太原各4……	242	8.6%
陇右道	17	京兆府8，河南府2，秦州、春州、陕州、荆州、阆州、鄯州、凉州、凤翔、潞州、扬州、绵州各1	21	14.3%
山南道	25	京兆府13，荆州7，河南府、襄州各4，成都、吉州、杭州各2，扬州、徐州、汴州、潮州等各1	59	25.4%
淮南道	21	京兆府10，河南府7，扬州4，濮州、襄州、滁州、朗州、潭州、夔州、江州、抚州、河中等各1	44	13.6%
江南道	60	京兆府36，河南府8，越州6，苏州5，润州、泉州、湖州、宣州、常州各4，洪州、兴元等各3……	134	44.7%
剑南道	10	京兆府5，梓州3，成都2，洪州2，绵州、安州、邢州、徂徕山、宣州、江州、润州、庐山等各1	24	25%
岭南道	5	京兆府3，河南府、韶州、荆州、洪州、桂州、福州、高州各1	10	30%

说明：关联度＝本道州府作为旅游常住地人次之和÷本道总人次×100%，如陇右道关联度＝3÷21×100%＝14.3%。

---

① 《太平御览》卷583《乐部二十一·羯鼓》。
② （唐）白居易：《从陕至东京》《奉使途中戏赠张常侍》，见《御定全唐诗》卷448。

表 2.13 显示，两《唐书》列传人物旅游常住地的分布与其本贯并无必然联系。第一，无论旅游者的本贯及其数量如何，京兆府和河南府都是他们最主要的旅游常住地；第二，从旅游者本贯与其旅游常住地分布的关联度看，只有关内道和江南道接近50%，其他各道均低于30%，河北道旅游者本贯与其旅游常住地分布的关联度更是不足10%，即绝大多数旅游者的旅游常住地并非其本贯所在地，这与唐代的制度与现实相符；第三，唐代"兴近游、斥远游"，旅游活动以近游为主，统计显示，作为唐代流动性最强的群体之一，列传人物跨州长途旅游人次占总旅游人次的比例不到四成。总之，两《唐书》列传人物本贯的地理分布对他们旅游常住地的分布没有决定性意义，从旅游研究的角度看，这个群体的抽样信息具有较大的随机性和代表性。

无论从物质条件(有钱)、基础设施(驿传)、客观因素(有闲和频繁调动)、主观因素(旅游心理和偏好)等方面来看，还是从旅游活动的频繁程度来看，抑或是从统计的科学性和可行性来看，列传人物的旅游活动均能较好地作为研究唐代旅游活动的代表。

二、唐代旅游发展的阶段性

通常采用定期的国内旅游抽样统计测算旅游人数。唐代不同时期，旅游者出游的多寡不一样，这不仅取决于社会发展及区域开发的程度，也有赖于人们对待旅游活动的态度，以及旅游相关事物的完善和发展程度。通过统计不同帝王在位时期旅游者数量，可以在某种程度上反映唐代旅游发展的阶段性特征。

从时间特征上说，唐代旅游发展呈现出波动上升而后下降的趋势。高宗时期(公元649—683年)是唐代旅游发展的一个低谷期，但在紧接着的"中宗"时期(公元684—710年)，却达到唐代旅游发展的第一个高峰；此后虽有所波动，但总体趋势仍以上升为主；直至穆宗朝(公元820—824年)达到顶峰。旅游活动经过两个世纪的上升发展，在此后半个世纪内迅速下降，从懿宗朝(公元859—873年)直至唐末，旅游活动基本处于唐代历史最低位。

表2.14　　　　　　　唐代不同帝王时期旅游者统计表

帝王	在位	旅游者	帝王	在位	旅游者	帝王	在位	旅游者	帝王	在位	旅游者
高祖	9年	15	玄宗	45年	99	宪宗	13年	65	宣宗	14年	33
太宗	23年	45	肃宗	8年	33	穆宗	4年	36	懿宗	15年	19
高宗	34年	31	代宗	17年	48	敬宗	3年	22	僖宗	15年	16
中宗	27年	107	德宗	26年	92	文宗	14年	46	昭宗	16年	17
睿宗	3年	8	顺宗	1年	6	武宗	6年	18	哀帝	4年	3

说明：1. 本表数据以本章第一节为准。

2. 公元684—710年作为一个整体进行统计（含中宗时期、睿宗前期和则天时期），以"中宗"称之。

3. 对于跨多个帝王时期的旅游者，分别予以统计，因此本表旅游者总数比本章第一节旅游者总数大。

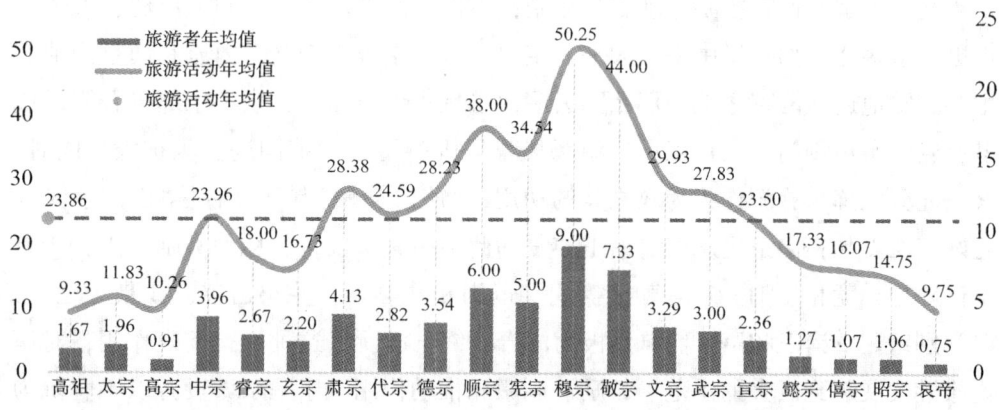

图2.1　唐代各朝年均旅游者与年均旅游活动数量统计

总体来看，可以大致将唐代旅游发展分为以下几个阶段（见图2.1）。

(一) 缓慢发展期

高祖至高宗时期（公元618—683年）为唐代旅游缓慢发展期。该阶段，从百废待兴到贞观之治，虽然国家实力有了长足的发展，但是对于经济发展的重视，以及"兴近游，斥远游"的指导思想，实际上是对旅游这种被认为是奢侈、享乐生活方式的一种否定。以太宗为例，尽管朝臣和民间多次上书请求封禅，但总是被驳回，终其一生，也不见有事于泰山的记载，所谓"至敬不坛，扫地而祭，足表至诚，何必远登高山，封数尺之土也"①；高宗出巡，封禅，更是三令五申，每事俭约，不许修路，不许摊派②；贵为宰相的魏徵、温彦博的住宅因没有正房而不能"寿终正寝"。天子和大臣的表率作用，为勤俭建国的思想奠定了基调，旅游活动自然发展缓慢。

（二）平稳发展期

"中宗"至代宗时期（公元684—779年）为唐代旅游平稳发展期。唐代游赏享乐思想正是在此时期抬头，尤以中宗、则天、玄宗和几位公主为最，不仅自己好游，还颁布法令鼓励出游，更以旅游为为政之具。中宗带领百官"春幸梨园，并渭水祓除……夏宴蒲萄园，赐朱樱。秋登慈恩浮图，献菊花酒称寿。冬幸新丰，历白鹿观，上骊山，赐浴汤池，给香粉兰泽。"③《唐诗纪事》卷9《李适》载，景龙二年起，中宗及群官旅游活动更是频繁，不仅时间上密集、空间上广泛，形式上也更丰富多样。如果说中宗、太平公主、安乐公主等之于皇宫内苑和两京园池等主要游赏地还在两京之地，那么则天屡次游玩嵩山石淙，玄宗游于邹鲁晋阳、成皋上党、秦川剑门、太行王屋、温汤凤泉等则将游赏的范围进一步扩大。同时，玄宗充分发挥了旅游作为为政之具的功用，"旅游补贴"制度背后是"以声色犬马之好，所以颓丧诸王之志气。诸王亦复知此……玄宗以音律毬马奖励臣工，于是争奇斗艳，竞相纷沓。每旦朝于侧门，退则相从宴饮，斗鸡击毬，或猎于近郊，游赏别墅。"④诸王和臣工们自然极力配合，终日游玩，这种上行下效作用，对唐代旅游发展起到巨大的示范、鼓励、刺激和推动作用，于是京城贵游以不耽玩为耻⑤，对全国各地的游乐风气也产生了巨大的影响，正所谓上有好者下必有甚也，"上好击毬，由是风俗相尚"⑥。若非安史之乱，唐代旅游将会发展到难以想

---

① 《旧唐书》卷23《志第三·礼仪三》。
② "勅：每事俭约，道路不许修理，是日微雨，至灞桥，御马蹶，御史中丞许圉师劾进马官、监门将军斛斯政则，罪合死刑，请付法，上曰：'马有蹶失，不可责人'，特原之"。见《唐会要》卷27《行幸》。
③ 《新唐书》卷202《李适传》。
④ 向达：《唐代长安与西域文明》，三联书店1957年版，第83页。
⑤ 《唐国史补》卷中。
⑥ 《资治通鉴》卷209《中宗纪》，景龙二年。

象的高度，但物极必反，有学者就认为享乐、旅游等正是安史之乱的重要导火索之一，虽穷肃代两朝之力终于平叛、收复两京、迎击吐蕃等，但唐王朝元气大伤、内忧外患，旅游发展遭受严重影响。不过唐代旅游并没有就此停滞，如同唐代经济、社会、政治等一样，其发展迎来了历史性的转折，统计显示，唐前期两京地区浩荡的"为政"旅游、"商务/公务"旅游、功利陪游等旅游活动在唐后期有较大幅度的下降，相反华、蒲、虢、陕等州的旅游资源却得到较好的开发利用，这是两京地区旅游发展的鲜明特征之一，反映了该区旅游活动"旅游性"的加强，不仅类型更为丰富，各类旅游活动真正回归旅游的本质；与此同时，随着地方经济崛起和区域开发加速，唐代旅游由两京地区独大发展为两京、浙西、成都府、长江中游、永桂等地区全面发展的新模式和新周期，推动着唐代旅游更纯粹、更广泛、更大众化、更高质量发展。

（三）迅速上升期

德宗至敬宗时期（公元780—826年）是唐代旅游发展迅速上升期。德宗强明自任，本朝前期颇有一番中兴气象，但无奈依然变乱不断，在内部矛盾重重之下，德宗效仿玄宗，将"旅游补贴"制度化，他还设立中和节，"与众宴乐，诚洽当时……内外官司，并休假一日，先敕百僚，以三令节集会，今宜著制嘉节以徵之……聚会宴乐，名为飨句芒祈年谷，仍望各下州府，所在颁行……每年三节，宜集百官列宴会，若大选集，赐钱一百千，非大选集，钱三分减一。又诏，三节宴集，先已赐诸卫将军钱，其率府已下，可赐钱百千"①，除特殊情况，每年中和节，德宗都会宴会群臣。国家对旅游活动的认可和鼓励，奠定了此后几十年良好的旅游发展制度基础，不止京城，中和节全国也是精彩纷呈，如扬州"群戏坌入，丝竹杂逐。球蹈槃舞、植悬索走之捷，飞丸拔距、扛鼎逾刃之奇，迭作于庭内。急管参差、长袖留褭娜之美，阳春白雪、流徵清角之妙，更奏於堂上。风和景迟，既乐且仪。自朝及暮，惟节有度"②。如果说前一个时期是由于上行下效、政策制度等外在因素推动唐代旅游的发展，那么这个时期的旅游发展多少带有一

---

① 《唐会要》卷29《节日》。
② （唐）梁肃：《中和节奉陪杜尚书宴集序》，见（清）董诰等编：《全唐文》卷518，北京中华书局1983年版，第5262页。

些自发和内在的驱动力，人们对旅游的认识也有显著进步，"是以择三令节，锡兹宴赏，俾大夫卿士，得同欢洽也。夫共其戚者同其休，有其初者贵其终。咨尔群僚，颁朕不暇，乐而能节，职思其忧，咸若时则，庶乎理矣"①，柳宗元更是直言不讳地点明观游是为政之具，"君子必有游息之物，高明之具，使之清宁平夷，恒若有余，然后理达而事成"②，这是帝王官宦与庶民百姓的共同认识，在这种思想和地域开发加速等因素综合作用下，唐代旅游发展终于在穆敬之际达到历史最高峰。

(四)迅速衰落期

文宗至懿宗时期(公元826—874年)为唐代旅游发展迅速衰落期。文宗太和九年(公元835年)的甘露之变，实际上说明了内忧外患的唐王朝，不仅无力回天，连朝政大权都已旁落，更谈不上对于旅游活动的支持与鼓励，此时唐代的旅游发展，既无外力的推动，也没有内驱力生存和发展的土壤，甚至还会遭受社会动荡的风险，已经完全陷入自生自灭的窘境，全然没有之前的气势。武宗的灭佛活动，导致社会上的部分闲散劳动力重新被束缚到了土地上，众多寺院毁废，不仅破坏了一些旅游资源，宗教场所和设施所发挥的一些旅游功能也遭到破坏，此后直至唐朝灭亡的半个多世纪，唐代的旅游活动持续低迷。

(五)低位萎缩期

僖宗至哀帝时期(公元875—907年)为唐代旅游发展低位萎缩期。此期唐代旅游活动降到了历史的最低位，不断的战乱纷争，破坏了社会、政治、经济的基础和秩序，随着旅游风险和交通阻隔程度的增加，旅游可进入性迅速降低。更为重要的是，人们的旅游心态遭到严重的摧残，从懿宗朝起，隐逸诗文骤然增多，其中又有多数透露着乐之将终、世乱道丧的无奈，而阅玩山水、坐观垂钓、乐山水自放的闲情逸致荡然无存，说明此时很多潜在的旅游者很难再转化为现实的旅游者，而现实的旅游活动也必然受到诸多限制。

---

① 《唐诗纪事》卷2《德宗》。
② 《柳河东集》卷27《记亭池·零陵三亭记》。

第三节　唐代旅游发展的区域性

经检索，列传人物中的680人有旅游活动。若以安史之乱为界，唐前期291人，唐后期389人。在空间分布上，关内(本贯，下同)182人，河南131人，河东82人，河北147人，山南25人，淮南21人，江南60人，陇右、剑南和岭南三道共32人有旅游活动。详见表2.15。

表2.15　　　　　　两《唐书》列传人物旅游活动统计表

本贯	前期(旅游活动发生地/人次)	小计	后期(旅游活动发生地/人次)	小计
关内	京兆府724，华州42，陇州6，商州5，邠州、同州、原州各2，灵州、鄜州、坊州、胜州、泾州各1	788	京兆府852，华州112，商州41，丰州11，陇州9，同州8，胜州5，鄜州、原州、夏州各3，邠州、泾州、盐州各2，坊州、宁州、绥州、延州各1	1055
河南	河南府155，兖州50，汝州15，汴州、陕州、宋州11，济州9，泗州、郑州、齐州各6，徐州4，濮州3，青州、虢州、亳州、密州、郓州各2，仙州、滑州、海州、沂州、登州、淄州各1	303	河南府331，虢州30，汴州22，陕州17，汝州、泗州各14，宿州13，滑州、兖州各11，郑州10，徐州8，郓州7，宋州6，蔡州5，亳州3，濠州、淄州各2，济州、青州、颍州、陈州、光州、莱州、孟州、申州各1	514
河东	太原府25，汾州、绛州、河中府各10，泽州8，磁州5，潞州3，代州、并州、慈州各2，岚州、石州、泰州、邢州、晋州各1	82	河中府52，太原府32，并州、泽州、磁州各7，朔州6，绛州、潞州4，晋州各3，代州、汾州、邢州各2，洺州、隰州、忻州各1	131
河北	相州8，定州、幽州、平州各7，赵州6，冀州4，卫州、怀州、蓟州、安东、贝州各2，景州、魏州、恒州、营州、妫州、德州各1	55	蓟州、平州各9，幽州8，贝州、相州各6，定州、卫州、易州各4，恒州、怀州各3，德州、冀州、营州、沧州、镇州各1	61

续表

本贯	前期(旅游活动发生地/人次)	小计	后期(旅游活动发生地/人次)	小计
山南	襄州82，夔州49，荆州38，邓州、朗州各9，峡州7，兴州、利州各6，成州5，巴州、凤州、随州、忠州各4，房州、归州各2，兴元府1	232	荆州71，襄州58，忠州32，兴元府30，夔州24，朗州22，巴州、利州各17，峡州9，邓州、兴州各8，金州、鄀州各7，归州5，唐州、通州各4，复州、均州各3，壁州、蓬州、万州各2，成州、开州、渠州、隋州、洋州、渝州各1	341
淮南	扬州12，舒州4，楚州3，和州、庐州、巢州各1	22	扬州83，滁州13，和州11，楚州9，舒州8，庐州、寿州各5	134
江南	宣州62，润州、越州各58，岳州45，江州35，鄂州21，池州、苏州各19，洪州13，衡州10，台州9，湖州8，睦州7，杭州6，常州、福州、安州、潭州、处州各5，沔州、温州、永州各4，歙州、饶州各3，蕲州、袁州、婺州、辰州、叙州各2，抚州、虔州、郴州、建州、道州各1	428	润州137，苏州133，江州127，杭州126，越州118，永州69，常州、湖州各60，岳州59，宣州47，潭州46，道州、鄂州各41，洪州28，衡州27，连州21，睦州、温州各19，池州、袁州各16，信州15，郴州13，黄州、衢州各12，饶州11，福州、建州、台州、泉州各10，婺州9，抚州8，明州7，蕲州、吉州各6，处州、漳州各5，安州、涪州、澧州各4，邵州3，沔州、虔州、黔州、溪州、汀州各2，辰州1	1385
陇右	秦州14，凉州10，甘州5，瓜州3，鄯州、肃州、渭州各1	35	秦州8，凉州4，瓜州3，鄯州、岷州、伊州各2，河州、沙州各1	23
剑南	梓州50，成都府41，阆州18，绵州14，嘉州9，剑州7，蜀州6，汉州3，彭州、渝州、应州各2，普州、资州、果州各1	157	成都府64，剑州15，绵州14，阆州11，嘉州10，汉州8，梓州6，彭州、合州各4，茂州3，遂州2，普州、蜀州、眉州、戎州、松州各1	146

续表

本贯	前期(旅游活动发生地/人次)	小计	后期(旅游活动发生地/人次)	小计
岭南	端州13，广州、韶州各11，桂州7，邕州、驩州各3，容州2，陆州、钦州、融州、交州、藤州、梧州、春州各1	57	桂州28，柳州19，韶州17，端州、广州各7，循州6，梧州、邕州、昭州各3，象州2，钦州、容州、潮州、高州、崖州各1	100
合计	158(州府)	2159	191(州府)	3890

说明：1. 本表数据均依据本章第一节。

2. 地名后的数字表示到该地旅游的人次，如"京兆府724"指到京兆府旅游的有724人次。

3. 统计以旅游活动发生的"州(府)"为基本单位，部分跨州的山川依旅游活动发生地酌情归入不同州府。

4. 本表州府道的归属依次据《元和郡县志》、旧、新《唐书·地理志》，少数据《明一统志》沿革推演。

一、唐代旅游活动的空间变迁

统计显示，唐后期列传人物人均旅游活动为10次，而前期只有7.4次，前期158个州府有列传人物的旅游足迹，后期增加到191个州府，说明唐后期列传人物的旅游活动更频繁、广泛，这基本可以代表唐代旅游活动大致的空间分布和变迁规律。

(一)唐前期旅游活动的空间分布

根据表2.15，可将唐前、后期全国旅游活动分别绘于图2.2和图2.3。图2.2显示，唐前期全国最主要的旅游活动集中在长江以北地区，具有广泛而相对集中的分布特点，总体上呈现沿交通线分布和在政治、经济、文化等中心集中的特征，同时行政等级越高、区域重要性越突出，旅游活动往往越多。

第一，唐前期旅游活动空间分布广泛，北方地区旅游活动明显多于南方。唐前期旅游活动广泛分布于全国158个州府，平均每州府13.7次，但长江以北地区旅游活动较长江以南地区广泛得多，特别是长安入蜀线及长安向东的大运河线以北地区诸多州府均有旅游活动；长江以南地区的旅游活动则基本沿全国主要交

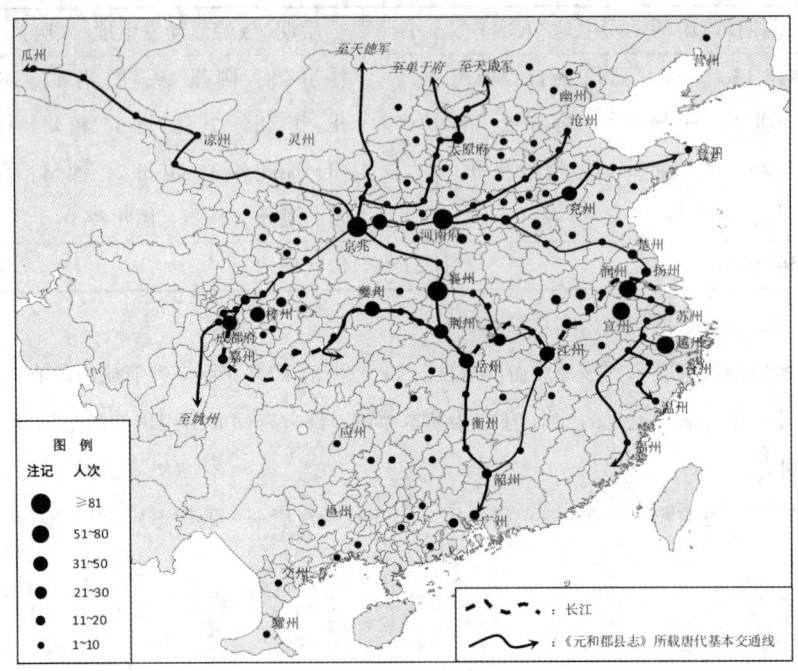

图 2.2　唐前期全国旅游活动分布图

通线分布，不在主要交通线及其周边者，不仅有旅游活动的州府数量有限且分散，而且其旅游活动人次也很少。这说明唐前期北方地区依然是全国政治、经济、文化以及旅游活动的主要区域。

第二，唐前期旅游活动沿全国主要交通线分布。《元和郡县志》所载六条交通线和长江水运几乎串联起全国最重要的旅游活动中心，长安入蜀线、长安往东大运河沿线、长安南下荆襄线、长江围绕形成的环形交通圈几乎集中了全国七成的旅游活动，此外，长安至兖州、至安西、至太原府，以及岳州南下经大庾岭至广州等交通线沿线城市均有唐代旅游者的足迹，说明唐前期旅游活动对于交通的极度依赖性。

第三，唐前期重要的政治和经济中心旅游活动更为频繁。京兆府、河南府旅游活动分别占全国的 33.54% 和 7.18%，两京即集中了全国四成以上的旅游活动，且远远多于其他城市，一极独大；其他各道的旅游活动也多集中于大的政治、经济、文化、交通或旅游资源中心，如襄州、宣州、润州、越州、兖州、梓州、夔州、岳州、华州、成都府、荆州、江州、太原府等州府，它们也是唐前期旅游活动较为集中的州府；剩下的143个州府旅游活动有限。

（二）唐后期旅游活动分布与变化

唐后期旅游活动遍布全国191个州府，平均每州府20.4次，较前期有较大增长，各州府旅游活动人次均有不同程度增长，且南方地区旅游活动人次增加明显，说明唐后期旅游活动在全国各地得到较好发展；图2.2和图2.3显示，空间分布上，唐王朝实际控制区域的州府旅游活动增长明显，而西部和北部边疆地区，即陆上直接与外族政权或势力接壤地区旅游发展缓慢，甚至有所萎缩，而东部沿海地区的旅游活动规模则有较大提高，且发展速度快、质量高。总体上，唐代旅游活动重心逐渐向东南和内陆地区转移。

第一，唐后期全国旅游活动均有较大发展，长江以北、以南地区旅游活动的空间分布状况基本持平。唐后期长江以南地区旅游活动得到巨大发展，唐前期独立的点状发展演变为在两京和浙西两个明显的区域集聚的连片面状发展；此外，长江中游的荆州、襄州、鄂州、岳州等也有发展成为连片区域的态势。京兆府、河南府、华州、商州、虢州、河中府等州府形成的两京地区依然是全国旅游活动最为集中的区域，集中了全国近四成的旅游活动，仅京兆就占21.9%；为行文方便，本书将唐后期浙西观察使，及其与之毗邻的淮南扬州地区、浙东越州和明州地区及宣歙观察使所领宣州地区的广大成片区域统称为"浙西地区"，唐后期该区域为全国最富庶、人口最集中、文化最繁荣之地，"国之盈虚，于是乎在"①，决定着大唐国势和帝国兴亡，唐后期浙西地区旅游活动占全国的两成以上，迅速成长为全国第二大旅游活动集中区域，这主要得益于唐代经济重心的南移，以及便利的交通、稳定的社会环境、丰富的旅游资源、深厚的文化积淀以及各城市旅游资源较强的互补性等因素的作用，形成"管弦台榭满春风"的浩荡游风。

第二，唐后期旅游活动沿全国主要交通线分布的状况没有改变，但以交通线为基础的环状和带状发展的模式逐渐演变为以交通线为基础的面状发展模式。除两京和浙西两个典型面状区域外，长安入蜀线周边地区、忠州沿江东下江州的长

---

① （唐）李观：《浙西观察判官厅壁记》，见（清）董诰等编：《全唐文》卷534，北京中华书局1983年版，第5421~5422页。

江沿岸地区、襄州南下广州的荆襄线周边地区，以及因这些交通线环绕而成的中部广大地区，成为全国旅游活动的核心区域，旅游活动占全国份额达九成左右，这正是交通对于唐代旅游活动发展的巨大推动作用。

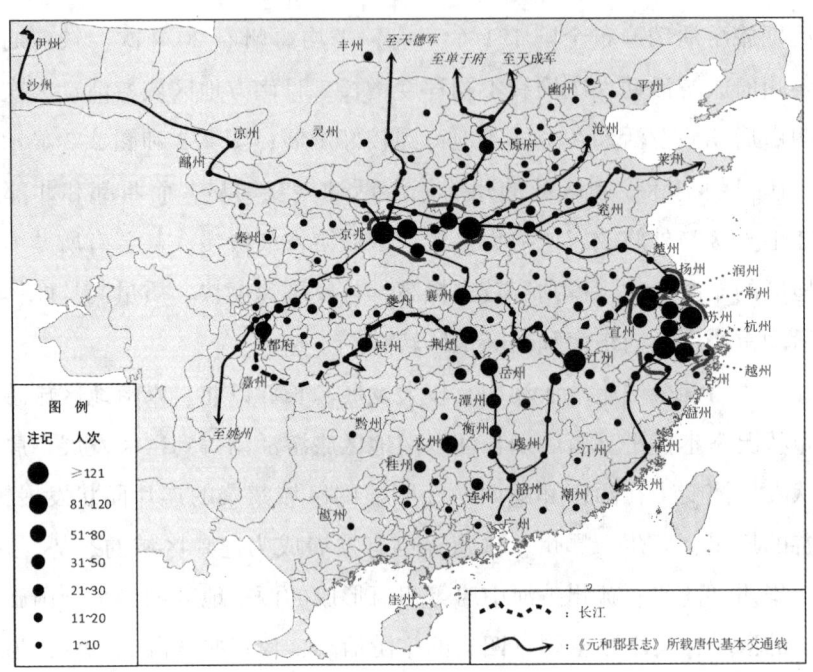

图2.3　唐后期全国旅游活动分布图

第三，唐后期旅游活动集中于京兆府、河南府的现象并未改变，但其他重要的经济、政治、交通、文化中心，以及旅游资源优越的州府，旅游活动也十分兴盛。京兆府旅游活动人次较前期有一定增长，依然以21.9%的高比例成为全国旅游活动最密集的州府，河南府则保持了与全国旅游活动同步发展的态势。唐前、后期旅游活动占全国比例稳定地维持在8%左右，这说明政治和文化因素依然是唐代旅游发展的决定性因素；其他旅游活动较为密集的州府，如华州、河中府已融入两京旅游发展集聚区，扬、润、苏、杭、越、常、湖、宣等州则是浙西旅游发展集聚区的核心州府；江州位于长江及其支流南下水路交汇处，优越的交通地理环境加上鄱阳湖、庐山等得天独厚的旅游资源，使其成为唐代旅游活动较为密集的州府之一，与其类似，岳州交通条件和旅游资源也十分优越，甚至旅游地理和人文环境等都近似于江州,洞庭湖与鄱阳湖旅游吸引力、开发宣传等也相当,但略逊于江州的是,岳州南下是陆路,且周边难寻庐山这样独特而优越的旅游名山,这显示水路交通、旅游资源等因素对唐后期旅游活动发展的巨大影响。襄州旅游发展变迁也可佐证,唐前期襄州还是仅次于京兆府和河南府的全国第三大旅游活动密集州府,在唐后期全国各地旅游迅速发展的进程中,其旅游活动人次不增反降,其旅游资源、区位条件等依然优越,但交通地位已大不如前期,且因用兵偶有阻断,于是长江沿岸的荆、岳、鄂、江等州迅速崛起成为长江中游旅游活动密集州府;此外,偏隅一方的成都府、永州、桂州等州府经济相对富庶、社会较稳定,旅游资源丰富且开发得当,成为唐后期旅游活动密集州府,说明经济、旅游资源开发等因素依然能较大推动旅游活动的发展进步。

二、唐代旅游活动空间分布特征

根据表2.15,唐代旅游活动空间分布状况可绘于图2.4,可以看出,唐代旅游活动空间分布的主要特征有:从面上看,基本经济区、内陆地区等是唐代旅游活动的主要集聚区域;从线上看,国内主要交通线、长江和大运河水道及其周边州府旅游活动十分密集;从点上看,政治、经济、文化等中心州府,以及交通枢纽、旅游资源优越的州府旅游活动相对丰富和集中。

(一)唐代旅游活动在基本经济区和内陆地区集聚

如图2.4,中国古代基本经济区如阴影部分A、B、C、D所示,[①] 唐代旅游活动相对集中地区如虚线框Ⅰ、Ⅱ、Ⅲ、Ⅳ内区域所示,唐代八成以上的旅游活动分布于基本经济区内,且与经济的发达程度存在一定相关性。

第一,基本经济区A区是唐代旅游活动最集中的地区,该区集中了唐代四成左右的旅游活动,其中绝大多数分布于两京地区旅游活动集聚区(Ⅰ区)的京兆、河南、华州、商州、虢州、汝州、河中和陕州等州府,而京兆府、河南府和华州三州府便尽占全国36.63%的旅游活动。作为唐代政治、经济、文化等活动的核心区域和经济建设、文化发展重点区域,以及人口、智慧、物资财富等集中汇聚

---

① 冀朝鼎著,朱诗鳌译:《中国历史上的基本经济区与水利事业的发展》,北京中国社会科学出版社1981年版开篇插图,第12~13页。

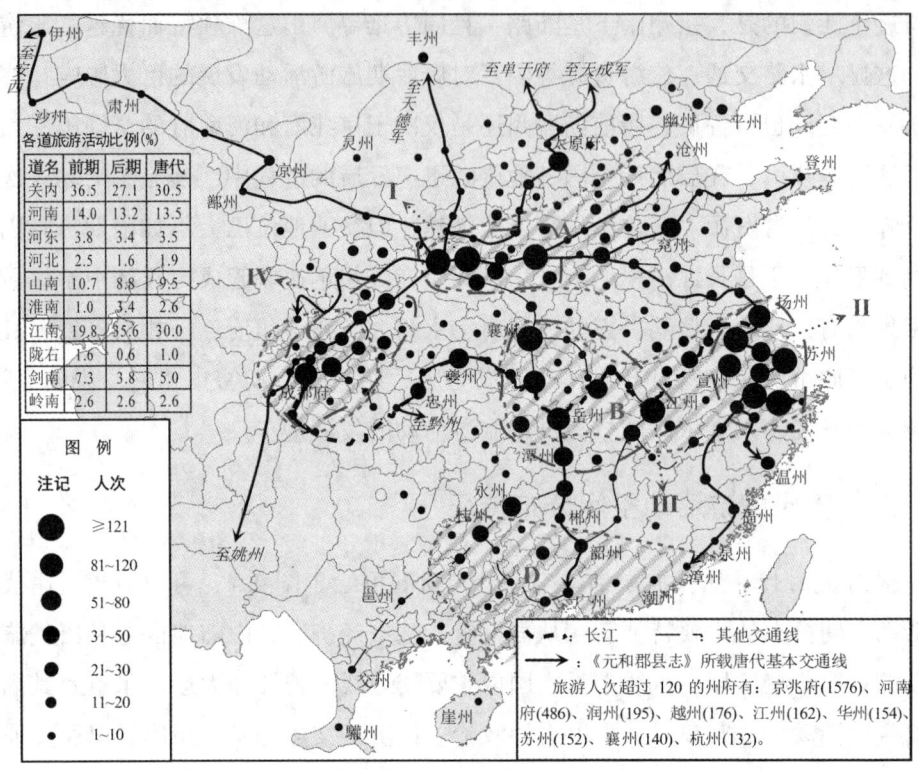

图 2.4　唐代旅游活动空间分布

区域，本区不仅成为唐代人文和旅游活动最密集的区域，也是唐代旅游业重点建设和发展的区域，更是唐代各种旅游文化交融发展最前沿、最充分、最先进的区域，是引领唐代旅游文化生活的先锋。充分体现了政治因素对唐代旅游活动的巨大推动作用。

第二，基本经济区B区集中了唐代近三成的旅游活动，包括浙西地区（Ⅱ区）和长江中游流域地区（Ⅲ区）两个旅游活动集聚区。唐后期浙西地区相对安定富庶，安史乱后，"中夏多难，衣冠南避，寓于兹土"①，"襄邓百姓，两京衣冠，尽投江湘"②，随着人口的迅速增长和经济重心的东移南迁，该区迅速成长为仅

---

① （唐）梁肃：《吴县令厅壁记》，见（清）董诰等编：《全唐文》卷534，北京中华书局1983年版，第5273~5274页。
② 《旧唐书》卷39《地理志》。

次于两京地区的典型旅游活动集聚区，与两京地区京兆、河南两府独大，旅游活动空间分布等级明显不同，浙西地区旅游活动空间分布相对均衡，尤其是润、越、苏、杭、宣、扬、湖、常八州如同用江南运河串联起来的旅游明珠紧密镶嵌在太湖流域，它们集中了全国16.43%的旅游活动。经济发达、社会安定、交通便利、文化昌盛、人口兴旺，自然和文化旅游资源基础好、开发充分，再加上众多文士争相吟咏的宣传效应等，推动了唐后期浙西地区旅游活动的大发展。长江中游流域旅游活动集聚区主要包括由襄州—潭州—江州所形成的三角区域，该区域由荆襄线与长江沿岸城市交汇形成，总体上不似两京地区和浙西地区紧凑，区内各州旅游互补性较差，其中襄、荆、岳、朗、潭、鄂、江、洪等八州是该区旅游活动最频繁的州府，共占全国旅游活动的11.57%，交通因素是该区旅游活动集聚与分散最主要的影响因素，旅游资源禀赋较好的州府旅游活动可能较多，区域内部旅游互补性和联系性不足，特别是潭州、洪州和江州尚未融入荆襄鄂岳旅游板块之内，旅游集聚效应不明显，集聚区尚未完全形成。

第三，基本经济区C区也是唐代旅游活动较为密集的地区，但其集聚性具有明显的交通指向性，成都府旅游活动集聚区（Ⅳ区）的旅游活动基本分布在长安入蜀线周边，所形成的带状集聚区并非完全处于基本经济区内，显示了交通因素对旅游活动集聚的影响，该区的成都府、梓、阆、巴、兴元、利、绵、剑、汉、蜀等州府旅游活动较频繁，但总体上与Ⅰ、Ⅱ、Ⅲ区差距明显，统计显示其旅游活动人次仅占全国的5.51%，且近半数集中于成都府和梓州。

第四，唐代旅游活动相对集中于内陆地区，具有较强的内地集中性。内陆地区较边疆地区安定是主要原因，低地、平原、近海指向性同样适用于唐代旅游活动的空间分布。图2.4、表2.15显示，无论是唐前期还是唐后期，旅游活动以关内、江南、河南和山南四道最多，唐代83.42%的旅游活动集中于此，而关内道旅游活动又主要集中在更偏内地的京兆府（占本道85.51%），河北、河东、陇右、剑南各道以及关内道北部地区旅游活动较少，陆地上直接与其他国家和民族势力接壤的地区旅游活动更加有限，剑南道南部和岭南道西部交通不便，加之大山阻隔且尚未开发，终唐一代旅游活动极少。这反映了安定的社会、宜居的环境、便利的交通、悠久的开发历史等因素对唐代旅游活动的影响。

综上，唐代旅游活动集聚区形成的基础是交通、旅游资源、自然与生存环境等因素，集聚区形成后，其集聚效应的大小则取决于当时当地的政治、经济、文化、旅游资源开发状况等条件，而社会因素，尤其是动乱战争、交通阻隔等因素将极大影响旅游活动集聚区的稳定或迁移、兴盛与衰落。

（二）唐代旅游活动沿主要交通线分布

图2.4显示，唐代旅游活动较多的州府，几乎分布在《元和郡县志》所载的六条基本交通线以及长江水路、桂州路、梓州路、徐州路等主要交通线上或其周边地区，其他州府旅游活动则相对较少，充分体现了交通因素对唐代旅游活动的重大影响。

六条基本交通线和长江水道是唐代最重要的旅游通道，唐代四个旅游活动集聚区均分布在此，且有沿交通线分布和延伸的共同特征，在中国版图中大致构成一个"中"字形；桂州路是唐代沟通广州、安南和长安的重要交通线，是西部地区北出中原的唯一捷径[①]，连接起永州、桂州、柳州、端州、广州、循州、邕州等唐代西南地区的旅游重镇；梓州的交通非常发达，特别是利州水道南下经阆州、梓州、汉州（或金堂县）至成都府的交通非常便捷[②]，成为长安入蜀又一重要通道，梓州经水路东南行还可汇入长江，这些线路成为唐代西部地区最重要交通线和旅游通道之一，成就了梓州成为仅次于成都府的旅游重镇的地位，交通线上的阆州、遂州、合州等也有一定量的旅游活动；宣州有水道通长江，唐代更是"通商鬻货，万货云丛，闸道都会，敦儒泮宫"[③]之地，旅游活动异常丰富。可以认为，唐代国内主要交通线的布局梗概能充分体现旅游活动空间分布状况，且交通地位越重要，旅游活动越频繁，如长江水道、长安至汴州运河水道、江南运河水道等分布着唐代最重要的旅游州府，这主要是由唐代旅游可进入性、出游及流动特征等旅游便利因素决定的。

总体上，唐代重要的旅游交通线有五条：①长安入蜀线，由长安出发，经兴元、利、剑、绵、汉诸州府到成都府，沿此交通线基本形成一个带状旅游集聚

[①] 陈伟明：《唐五代岭南道交通路线述略》，《学术研究》1987年第1期，第53~58页。

[②] 严耕望：唐代交通图考：第四卷，台北坤记印刷有限公司1986年版，第1166~1168页。

[③] 《大唐宣州刺史薛公去思碑》，见(清)董诰等编：《全唐文》卷46，北京中华书局1983年版，第10254页。

区；②长安至兖州的封禅线，由长安出发，经华、虢、河南、郑、汴、曹诸州府达兖州，沿此交通线有唐代最重要的政治、经济和旅游活动集聚区；③长安至桂州线，长安南下途经商、邓、襄、荆、岳、潭、衡、永诸州到桂州，此线是唐代最重要的陆上交通线，京兆、商、襄、荆、岳、潭、衡、永、桂等州府均是唐代著名的旅游州府；④江南运河沿线，从扬州渡江南下，串联起润、常、苏、湖、杭、越、睦等州，此线是唐代仅次于两京地区的最重要旅游集聚区；⑤长江水道中游沿线，大致从夔州起，沿江而下经荆州、岳州、鄂州到江州的沿岸地区，以荆州、鄂州为重要的水陆转运枢纽，形成唐代长江中游旅游集聚区，并串联起东西南北各旅游重镇，是唐代最重要的旅游集散区域之一。

（三）唐代旅游活动主要集中在政治、经济、文化、交通等中心

第一，唐代旅游活动大多分布于政治、经济、文化中心，且行政等级越高，旅游活动越密集越频繁。京兆府和河南府是全国最重要的两个政治、经济、文化中心，也是全国最重要的两个旅游活动中心，其旅游活动人次占全国的比例分别为 26.05% 和 8.03%，且远远超过润（3.22%）、越（2.91%）、江（2.68%）、华（2.55%）、苏（2.51%）、襄（2.31%）、杭（2.18%）等州府，分居唐代旅游活动密集和频繁程度第一、第二档次；处于第三档次的州府①，如润州（浙西治）、越州（浙东治）、苏州（江南东道治）、襄州（山南治）、太原府（北都）、荆州（荆南治）、扬州（淮南治）、宣州（宣歙治）、鄂州（鄂岳治）、成都府（剑南西川治）、梓州（剑南东川治）等，也无不是重要的区域政治、经济或文化中心，仅上述 13 个政治、经济、文化中心即覆盖了全国 59.71% 的旅游活动，同时第一节表 2.1~表 2.11 统计数据，也显示出唐代绝大多数旅游活动均发生在县治、州治、道治等政治、经济、文化中心的规律性。

第二，重要交通枢纽也常成为唐代旅游活动中心，尤其是水运枢纽几乎均为旅游活动密集地区。上述政治、经济、文化中心即有不少是唐代重要交通枢纽，且大多属于水运枢纽，至少是水陆转运枢纽，如润、荆、扬、鄂、梓等州；同时，汴、兴元、岳、桂、永、衡、江、洪、韶等州也是唐代重要的水陆转运或水运交通枢纽，唐代旅游活动也较频繁和密集。大禹岭开通后，江南运河沿线城

---

① 假定以表 2.15 中唐前、后期旅游活动人次之和超 55 的计为第三档。

市，特别是润州、常州、苏州、杭州、睦州、衢州、江州、洪州等迅速成为唐代旅游活动非常集中的州府，而纯粹的陆路交通枢纽，如襄州等旅游中心地位下降明显，反映了唐代旅游活动对于交通，尤其是水路交通的依赖性。

第三，旅游资源优越的州府也能成为唐代旅游活动中心，尤其是开发和"宣传"力度较大的旅游资源型州府。山水、宗教等旅游资源组合优越的州府，均能吸引大批游客前来游玩，如夔州之巫山、三峡、白帝城等旅游资源组合，常州之惠山、芙蓉湖、阖闾城、惠山寺等旅游资源组合，湖州之顾渚山、霅溪、白苹洲、消暑楼等旅游资源组合，岳州之君山、洞庭湖、岳阳楼、二妃庙等旅游资源组合，永州之钴鉧潭西小丘、朝阳岩、愚溪、浯溪、法华寺等旅游资源组合等，均是兼具山与水，以及自然与历史、宗教等人文元素的优秀旅游资源组合模式，它们均居唐代旅游活动频繁和密集程度第三档次。

若论交通地位，洪州实不低于杭州、湖州、江州、永州和桂州等，但洪州旅游活动频繁和密集程度却大不如这几个州，旅游资源组合差异与开发宣传是主要原因之一，江州有庐山、彭蠡湖、二林寺等十分优越的山水人文旅游资源组合，且处于长江水道，唐代众多游客争相吟咏"宣传"，从推动旅游活动产生的动力看，唐代鲜有能媲美者；杭州的武林山、西湖、天竺灵隐等旅游资源组合也极具旅游吸引力，经济实力雄厚，社会安定、极富生活和休闲旅游情趣；湖州、永州和桂州不仅旅游资源丰富，组合优异，更得到颜真卿、元结、柳宗元、莫休符等人的大力开发和宣传。相较之下，洪州旅游资源及其组合则有所不及，除滕王阁外，龙沙、钟陵东湖、徐孺亭等旅游影响力有限，知名的宗教旅游资源也较缺乏，大云寺、查溪兰若等见诸统计的旅游活动也较为有限，同时洪州旅游资源也缺乏名人名家的开发宣传。正如前文所述，交通、旅游资源等因素决定了唐代各州旅游活动频繁和密集程度的基础，政治、经济、旅游资源开发等因素决定了其发展的质量、规模和高度。

第四，政治、宗教或文化名山所在地容易成为唐代旅游活动中心。嵩山、龙门山、华山、泰山、会稽山、庐山、衡山、岘山、剑门山等是唐代重要的政治、宗教或文化名山，旅游活动比较频繁。这些名山政治、宗教和文化等功能性越丰富，其典型旅游资源越具吸引力，如嵩岳庙、华岳庙、孔子庙均是唐代游客游山首选，华岳题名甚至成为唐人求仕、迁贬、出征的重要祝祷和纪念方式，如"华山石阙题名,自唐开元二十三年郑虔题名为首,后二百一年,至后唐清泰二年,户部侍郎杨凝式而止,其间无年月时世者,悉列于后,总五百一人,在华岳庙中"①,盛况丝毫不输慈恩塔新进士题名,华岳庙自然游客络绎不绝。

综上,唐代已基本形成四大典型旅游活动集聚区与两大集聚带,以及一条重要集聚线的态势。四大旅游活动集聚区即两京地区、浙西地区、长江中游流域地区和成都府地区,前两者是唐代旅游活动最密集最频繁的地区,长江中游流域旅游活动集聚区的旅游活动以荆岳鄂为核心,旅游活动逐渐向长江沿岸州府集中,成都府旅游活动集聚区的旅游活动则出现了萎缩态势。两大集聚带即由成都经兴元,入长安,过华州、河南府、汴州到兖州的带状区域以及由忠州沿江而下,过江南运河至越州的带状区域,前者主要沿陆路分布,旅游活动逐渐向两京集中;后者主要沿水路分布,各主要州府的旅游活动较为均衡。一条重要集聚线即由襄州出发,经荆、岳、潭、衡、永等州到桂州的交通沿线。

三、唐代旅游发展的区域差异

从旅游活动的分布状况可以大致看出,制约唐代旅游发展的因素主要有交通、政治、经济、文化和旅游资源等因素,在这些因素的综合作用下,唐代旅游发展体现出一定的区域差异。

表2.15显示,唐后期旅游活动人次是唐前期的近两倍,除陇右和剑南两道有所下降外,其他各道接待的旅游活动人次均有不同程度的增加,说明唐代旅游大体处于发展进步状态。图2.4统计表显示,唐前期,七成以上的旅游活动分布于长江以北地区,唐后期,长江以北地区旅游活动人次虽仍较长江以南地区多,但优势不再明显,而无论前后期,内陆地区的旅游活动频繁和密集程度较边疆地区都要高得多,说明在唐代旅游发展进步的进程中,南方地区要快于北方地区,内陆地区要好于边疆地区。

图2.4、表2.15显示,唐代旅游发展程度较好的区域有四:其一,两京地区,含京兆府、河南府及华、蒲、虢、陕、商和汝等州;其二,浙西地区,含扬、润、宣、常、苏、湖、杭、越和睦等州;其三,成都府地区,含成都府、梓、绵、梁、利、剑、汉等州府;其四,长江中游地区,含襄、隋、安、鄂、

---

① 《旧唐书》卷57《裴寂传》。

峡、荆、复、沔、朗、澧、岳、鄂、黄、蕲、江、洪等州。详见图 2.4 虚框 I、II、III、IV 所示。

唐前、后期旅游活动所占的比例可大致反映各道旅游发展的速度,据此,唐代大体存在三种类型的旅游发展区域。

(一) 发展型

江南道、淮南道的旅游发展速度最快,尤以浙西地区和长江中游沿岸地区最为典型。唐前期,整个江南道的旅游活动数仅为关内道的一半左右,唐后期,江南道的旅游活动占全国的 35.6%,反而超过了关内道的 27.1%,且江南道旅游活动虽大多数分布于浙西地区和长江中游沿岸地区,但总体上较为均衡,而关内道则过度集中于京兆府,说明江南道旅游发展质量更高;唐代淮南道地域范围虽小,但水网发达,唐前期该区旅游发展程度非常有限,唐后期随着南方地区的逐步开发,其旅游开发程度也相应增大,本道旅游也得到较快的发展,加上京杭大运河纵贯淮南道,唐后期更成为帝国生命线,长江水道的交通地位也在唐后期进一步提高,交通运输、人口流动等进一步繁忙和加快,促进了淮南道旅游迅速发展进步,特别是扬州在全国旅游地位的迅速提高。

(二) 稳定型

唐前后期,岭南道、河南道、河东道、关内道、山南道等旅游活动占全国的比例基本持平,旅游发展较为稳定。岭南道远离中原政权的统治中心,受到战争的干扰和威胁较北方地区小,其旅游发展能够较为独立和自由,同时唐代岭南地区大多数州府开发程度有限,特别是唐前期,一度是接受流放人员的热门地区,旅游发展程度有限,唐后期开发力度渐大,旅游发展逐步进入正轨,桂州、柳州、韶州、端州、广州等少数交通、经济条件和旅游资源基础较好的州府的旅游得到稳定有序的提升和发展;河南和河东两道旅游活动占全国的比例略有下降,作为唐代最早期开发的地区,唐前期河南和河东两道旅游发展较好,但安史之乱后,河朔方镇时有叛乱,河南和河东作为京城的"门户",御敌和平叛责任重大,旅游发展受到较大影响。但太原府和河南府政治地位重要,两道经济、旅游等活动重心开始向交通条件更好的河南府和河中府周边转移和集聚,旅游发展受到一定影响，但整体稳定；唐前后期，关内与山南两道旅游活动占全国的比例虽有一定幅度的下降，但京兆府旅游活动占全国的比例则较稳定，虽然安史之乱后京兆府的政治、经济地位有所下降，但作为唐代政治中心，京兆府的旅游发展并未受到较大影响。与河南府类似，唐后期关内道旅游发展也逐步向京兆府周边集聚，整体上旅游发展较为平稳有序，唐后期因水陆交通地位的变化，山南道原先陆路交通枢纽，如襄州等旅游发展受到一定影响，但夔州、荆州等长江水道沿岸州府旅游活动得到较大程度的发展进步，整体上山南道旅游发展稳定。

(三) 衰退型

唐前、后期相比，陇右道、剑南道、河北道的旅游发展处于衰退状态，此三道在安史之乱前还是唐代比较重要的对外交流的桥头堡，特别是国际交往和旅游活动较为频繁。丝绸之路自汉代以来便是唐代与西域交流往来的重要通道，唐前期又有较大发展，即便是中亚道路受到控制和阻隔，依然开拓出数条通往地中海和波斯湾的陆上交通线，甚至不惜以战争和长期驻军把守等军事手段来维护其畅通，颇能反映唐前期陇右道丝路在旅游和国际交往中的重要地位；剑南道往南通往印度、缅甸、孟加拉国等南亚地区的交通同样在唐前期取得了巨大的发展，从成都府出发，形成了两条非常成熟的南下陆路交通线，并连通了海上丝绸之路，成为著名的南方丝绸之路，一路上旅游活动和国际交往不断，后文将有详细记述。然而安史之乱后，吐蕃崛起，控制和极大影响着西行和南下的交通线，唐王朝不仅无力经营西域与南亚地区，甚至连京兆地区也常受威胁，政治、经济、文化等重心也逐步东移南迁，加之海上丝绸之路的优势显著，陇右道和剑南道旅游活动受到较大的影响，唐后期呈现出明显的衰退迹象。唐前期河北道还是全国重要的政治经济文化活动区域，旅游活动也有较好的发展，肃代两朝平定安史之乱，却留下了魏博、成德、幽州等河朔藩镇的巨大隐患，并波及周边区域和河东、河南诸道，唐后期河北道区域和地方的开发虽有一定加强，但时有兵戎之患，不太安定的社会环境使其旅游很难健康稳定地发展。

此外，唐代旅游发展较快的州府，除交通便利外，旅游资源均较为优越且得到较好的开发与宣传，旅游色彩更加鲜明和浓郁，如江州、岳州、永州、蒲州、华州等，而太原府、兖州、襄州等依赖政治活动、陆上交通等因素而兴盛起来的旅游中心，唐后期旅游发展均出现了不同程度的萎缩迹象，体现出唐后期旅游资源因素对区域旅游发展的影响愈加显著，全国旅游发展进入更高、更新的层次。

第四节　唐代主要旅游目的地

唐代旅游发展的阶段性和区域性，即唐前后期旅游发展变迁与旅游活动空间分布的规律性，也反映了唐代主要旅游目的地的变迁规律和空间分布状况，即唐代主要旅游目的地总体上呈现出发展和增多的态势，区域旅游开发不断进步和增强，但主要旅游目的地的形成依然严重依赖于政治、经济活动和交通条件的发展，尤其是水路交通对唐代主要旅游目的地的形成和发展起到了决定性的影响。

唐前期全国主要旅游目的地多分布于长江以北地区，尤其是政治中心和政治活动较为频繁的州府，如京兆府、河南府、太原府、兖州等均是全国最重要的旅游目的地，其他重要的旅游目的地基本分布于国内主要交通线及其周边，如襄州、成都府、夔州、荆州、越州、江州、润州、越州等，南方地区旅游发展有限，尚难形成具有较大吸引力和影响力的全国性主要旅游目的地。

唐后期全国主要旅游目的地发生了较大的变迁，除政治和交通因素外，经济、旅游等因素对主要旅游目的地形成和发展的影响也在逐步加大，全国主要旅游目的地呈现出东移南迁和向内陆集中、向交通线尤其是向长江水道等水路交通线集中的趋势。长江以北地区主要旅游目的地发展缓慢，且逐步向以河南府为中心的三川河谷和以京兆府为中心的关中平原相连的一小块腹地集中，位于此腹地内的河中府、虢州、华州、商州、陕州等也迅速发展成为北方地区主要旅游目的地；与北方地区主要旅游目的地向一个狭小地区紧缩式发展不同，南方地区主要旅游目的地呈现出向多个区域扩张式发展的态势，但总体上仍有规律可循，经济发展水平，水路交通和旅游资源因素等均对主要旅游目的地的形成产生了重大影响，长江水道已初步成为全国旅游主轴和最重要的黄金旅游通道，兼具并发挥着无可比拟和难以取代的旅游运输与集散、旅游接待与服务、旅游景观与游览等重要的综合性旅游功能和作用，沿江自上而下的成都府地区、以忠夔为中心的三峡地区、以荆襄鄂岳为中心的全国水陆十字交通大动脉地区、以江州为中心的彭蠡泽地区，以及以江南运河贯通的浙西地区等均已经发展成为全国最具旅游吸引力的主要旅游目的地；永桂地区则因交通便利、旅游资源独特优越且得到大力开发宣传，也发展成为全国主要旅游目的地之一。

若以唐初十道为纲，统计各道旅游活动接待情况，则可大致看出唐代各道作为主要旅游目的地的特征、相对重要性及其发展变迁。

表 2.16　唐代各道旅游活动/接待与旅游目的地地理集中度表

道名/总州数 T		关内/22	河南/28	河东/19	河北/25	山南/33	淮南/14	江南/51	陇右/21	剑南/33	岭南/70	合计/316
前期	旅游目的地 A	12	23	15	17	16	6	34	7	14	14	158
	A/T	0.55	0.82	0.79	0.68	0.48	0.43	0.67	0.33	0.42	0.20	0.50
	旅游接待 B	788	303	82	55	232	22	428	35	157	57	2159
	B/A	65.67	13.17	5.47	3.24	14.50	3.67	12.59	5.00	11.21	4.07	13.66
	集中率 K	97.97	72.61	54.88	40.00	72.84	86.36	41.59	82.86	69.43	61.40	70.36
	集中指数 G	92.04	54.58	39.33	30.91	45.10	59.61	29.28	52.14	44.55	38.80	46.07
	赫芬达尔-赫希曼指数 HHI	8471	2979	1547	955	2034	3554	857	2718	1984	1505	2122
		高寡Ⅰ型	高寡Ⅱ型	低寡Ⅰ型	竞争型	高寡Ⅱ型	高寡Ⅰ型	竞争型	高寡Ⅱ型	高寡Ⅱ型	低寡Ⅰ型	高寡Ⅱ型
后期	旅游目的地 A	17	25	15	16	27	7	46	7	16	15	191
	A/T	0.77	0.89	0.79	0.64	0.82	0.50	0.90	0.33	0.48	0.21	0.60
	旅游接待 B	1055	514	131	61	341	134	1385	23	146	100	3890
	B/A	62.06	20.56	8.73	3.81	12.63	19.14	30.11	3.29	9.13	6.67	20.37
	集中率 K	95.26	74.51	69.47	42.62	47.21	79.85	28.66	65.22	63.70	64.00	75.94
	集中指数 G	81.56	65.21	48.08	31.49	32.61	64.08	23.98	44.13	47.89	40.05	47.97
	赫芬达尔-赫希曼指数 HHI	6653	4252	2312	992	1064	4107	575	1947	2293	1604	2301
		高寡Ⅰ型	高寡Ⅰ型	高寡Ⅱ型	竞争型	低寡Ⅰ型	高寡Ⅰ型	竞争型	高寡Ⅱ型	高寡Ⅱ型	低寡Ⅰ型	高寡Ⅱ型

说明：本表据表 2.15 整理。旅游目的地接待份额集中率 K 为各州（道）旅游接待份额平方和平方之和乘 100，G 越接近 100，则旅游目的地在空间上越集中；赫芬达尔-赫希曼指数 HHI 为各州（道）旅游接待份额平方之和乘 10000，HHI＜1000 为竞争型，HHI≥1000 为低寡占型，HHI 越接近 10000，寡头地位越突出。HHI≥1800 为高寡Ⅱ型，HHI 越接近 10000，寡头地位越突出。

表 2.16 显示,唐代各道作为主要旅游目的地的不均衡性十分突出,全国七成以上的旅游接待量被关内、河南、江南等三道占据,且后期这种集中性还在加强,赫芬达尔-赫希曼指数 HHI 从 2100 增长到 2300 左右,属于高寡占Ⅱ型结构,体现了唐代各道作为旅游目的地的高度集中性特征,即关内、河南、江南是全国最重要的旅游目的地。

就各道内部州府作为旅游目的地来看,过度集中的特征体现得更为明显,如唐前后期,关内道的旅游接待份额集中率均超过 95%,后期其地理集中指数 G 和 HHI 值虽均有所下降,但 G 值依然十分接近 100,HHI 值则远超 3000 的高寡占临界点,体现出京兆府作为本道主要旅游目的地的垄断地位十分鲜明(旅游接待量前期占全道 91.8%,后期占 80.6%),而且这种极度集中的特征在唐前后期的河南、山南、淮南、陇右、剑南、岭南、河东诸道均有体现,集中率 K 值均超过 50%,即各道超过半数的旅游接待量均分别集中于本道的河南府、荆州和襄州、扬州、秦州、梓州和成都府、端州和桂州、太原府和河中府等两三个州府,并形成各道最重要的且较为固定的旅游目的地、旅游接待和集聚中心。

唐前后期,关内、河南、淮南、陇右、剑南五道属于高寡占型,且唐后期河南道、淮南道 HHI 值均有较大增长,与关内道一样远超 3000,与京兆府极其相似,河南府、扬州分别成为河南道和淮南道极具垄断地位的旅游目的地,均承担了本道绝大多数的旅游接待量;唐前后期陇右道旅游接待量为十道中最少,十分有限且还在减少的旅游接待量,加上所有旅游活动均分布于长安至安西的交通线上,分析其旅游目的地的空间集聚性和变迁规律样本略显不足;唐后期,剑南道旅游目的地的空间集聚性有所加强,由前期梓州、成都府双足鼎力演变为后期的成都府一府独大,显然,剑南道与陇右道旅游接待量均在下降,旅游发展均属于衰退型。

河东道主要旅游目的地由低寡型过渡到高寡型,唐前期其旅游接待的分布较为均衡,即便是北都太原府和中都河中府作为主要旅游目的地的地位也不十分突出,但唐后期其旅游接待迅速向中都和北都集聚,形成本道主要旅游目的地双足鼎立局面,二者旅游接待量超过本道的 64%,仅河中府就占近本道旅游接待的四成;类似陇右道,河北道旅游活动和接待量有限,又无重要的政治和经济中心,还是唐后期主要割据和叛乱地区,因而唐前后期旅游目的地数量和旅游接待量均未有太大变化，旅游发展缓慢。

以上七道主要旅游目的地空间集聚特征和变迁规律，大体上体现了北方地区主要旅游目的地向重要政治中心集聚的趋势。

江南道水陆交通发达且东、中、西、北都等显著的政治中心，唐前后期其主要旅游目的地分散而均衡分布在长江水道和江南运河周边，永州等旅游资源开发较好的地区，也成为主要旅游目的地。唐后期江南道主要旅游目的地的均衡分布更为明显，不仅其集中率K值和HHI值下降明显，分别为十道中最小的28.66%和575，而且其旅游目的地数量和旅游接待量大幅增长，本道51州中仅5州无旅游接待记录，与河南道一同成为唐代最受欢迎的旅游目的地，二者有旅游接待记录的州府的比例各在90%左右。唐后期，江南道旅游接待量从前期的428人次迅速增长到全国最多的1385人次。全国旅游接待量过百的八个州府中，有五个分布在江南道，且与关内、河南的一极独大不同，江南道主要旅游目的地的地位虽有等级差别，但相互差距不大，形成了多级均衡发展的态势。以上强烈的反差，正是江南道旅游发展健康有序而能兴盛长久的证明，经济、交通、旅游资源等是最重要的影响主要旅游目的地形成的三大因素。

若论旅游目的地数量增长多少，山南道仅次于江南道，唐后期，其旅游目的地由前期的16个增加到27个，旅游接待量的增长率略低于全国平均水平，山南道旅游接待集中率则从极高的72.84%下降到偏高的47.21%，HHI值也从2034下降到1064，由高寡Ⅱ型演变为较为理想的低寡Ⅱ型。与其他各道不同的是，唐前后期，山南道主要旅游目的地呈现出转移和扩散趋势，总体上主要旅游目的地由襄州—夔荆二州一强两极结构，逐步转移到沿主要交通线，特别是长江水道分布的结构，荆州也凭借其水陆转运优势成功超越襄州，成为山南道最主要的旅游目的地，这反映了唐代交通因素对主要旅游目的地形成和发展的影响。

唐代岭南道共领70州，经济发展和旅游开发程度有限，前后期仅有14~15个州有旅游接待记录，约为本道总州数的20%，旅游发展落后，旅游接待量不大，但唐后期旅游发展速度加快，旅游接待量较前期几乎翻番。本道旅游目的地接待份额集中率K长期维持在60%左右，桂州、韶州、端州、广州是本道比较固定的主要旅游目的地，唐后期因旅游资源开发宣传力度加大，柳州也成为岭南道主要旅游目的地之一，五州集中了本道七成以上的旅游接待量，HHI值也较稳定的维持在低寡Ⅰ型区间。本道主要旅游目的地的空间分布和变迁特征反映了区域开发和经济发展对旅游发展的重大作用，也说明交通、旅游资源等因素对旅游目的地形成和发展的促进作用。

综上，第一，两京地区和浙西地区是全国最重要的两个旅游目的地。两京地区包括京兆府、华州、商州、河中府（蒲州）、河南府、汝州、陕州和虢州等州府，其旅游接待量约占全国总接待量的39.9%；浙西地区包括润州、常州、苏州、湖州、杭州、越州、宣州、睦州和扬州等地，其旅游接待量约占全国总接待量的16.8%；唐代两京地区是全国最主要的旅游目的地，其前后期旅游接待量分别占全国总接待量的44.7%和37.2%；唐后期浙西地区迅速成长为全国主要旅游目的地，其前后期旅游接待量分别占全国总接待量的10.9%和20.1%。

第二，以荆、岳、鄂等为中心的长江中游地区构成了唐代次级旅游目的地，大致包括襄州、荆州、岳州、潭州、朗州、鄂州、江州和洪州等地，形成一个倒"丁"形旅游目的地，交通因素对旅游目的地形成和发展的影响体现得较为明显。成都平原地区也可看作唐代次级旅游目的地，大致包括成都府（益州）、梓州、绵州、汉州、阆州、巴州、剑州、利州和兴元府等地，不过该区在唐后期有明显的衰落，成都府成为最大的旅游目的地和旅游接待中心。

第三，夔州和忠州、桂州和永州构成了唐代两个三级旅游目的地。这两个区域的旅游资源都较为优越和独特，加之两者均有较优越的交通条件，旅游目的地地位较高。

第三章　唐代旅游者地理

第一节　唐代旅游者类型

一、唐代国际旅游者

（一）入境旅游者

唐代实行积极开放的对外政策，从印度僧人到波斯眼科医生、粟特的卖艺人和商人，都可自由地进入中国①，"公私往来，道路无壅，踩宝交易，中外匪殊"②，各类入境人员多有优待，尤以使臣、宗教徒、商人最殊。凡殊俗入朝或还国者，视品给以衣冠袴褶，供给食料，还可使用驿传系统；按距离远近，其粮料各配等第给③；国际贸易和到中国旅行"管理得法，关税合理，又给外商以种种优惠和保护"④，因此"在唐朝统治的万花筒般的3个世纪中，几乎亚洲的每个国家都有人曾经进入过唐朝这片神奇的土地……他们中有些是处于猎奇，有些是心怀野心"⑤"群蕃街里打毯"⑥等旅游休闲活动多样且异常频繁，极具旅游元素和旅游色彩。

---

① ［英］崔瑞德：《剑桥中国隋唐史》，中国社会科学出版社1990年版，第22页。
② 《册府元龟》卷504《邦计部·关市》。
③ 《唐会要》卷100《杂录》。
④ 穆根来等译：《中国印度见闻录》，北京中华书局1983年版，第139页。
⑤ ［美］爱德华·谢弗著，吴玉贵译：《唐代的外来文明》，陕西师范大学出版社2005年版，第32页。
⑥ 《封氏闻见记》卷6《打毯》。

1. 官宦旅游者

唐与世界各地官方交流广泛、频繁，据《唐六典》卷4《尚书礼部》，与唐有来往的"四蕃之国"近400个，形成了众多的入境官宦旅游者，他们通常以使团形式来唐，魏徵言："若许十国入贡，其使不下千人"①，足见唐初其规模之大，此后逐年增多，至玄宗朝达历史最高峰。公元703—897年，新罗派出访唐使节团89次；② 公元639—771年，波斯向唐遣使近30次；③ 公元634—846年，唐与吐蕃互派使者191次；公元651—799年，大食遣使入唐36次。④ 表3.1可大致反映唐代国际旅游者往来的状况。

表3.1显示，入唐的官宦旅游者多来自亚洲和欧洲，尤以陆上直接与唐接壤或丝路沿线的地区最多。离唐越近、交通越便利、与唐摩擦和交流越多，入唐的官宦旅游者就越多越频繁，如吐蕃、新罗、回纥、契丹、突厥等。其他入唐记载超过10次的也均为唐周边国家和势力，如牂牁蛮、南诏、天竺、室韦、吐火罗等，而国力越强、与唐越友好，入唐规模和频率也越大，如回纥、波斯、新罗、室韦、靺鞨，以及昭武九姓国等。

这些旅游者的到来，是唐和各国友好的见证，促进了各国经济、文化等方面的交流，推动了世界文明的发展进步，同时，外来文明的东渐，对于推动唐代社会进步也起到了非常积极的作用。而其中也不乏旅游元素，如某些观赏性新物种的引入，不仅可以满足统治者的耳目之欲，许多动植物的实用功能还有非常深远的旅游学意义，如睡莲、水仙、茉莉花等均为唐代引进的观赏植物，有驯兽、拂菻狗、白鹦鹉、五色鹦鹉等则是引进的表演、休闲娱乐类动物和宠物，⑤ 在唐任官的新罗人崔致远更是名噪当时，其《桂苑笔耕集》收录了他游历洛阳、长安、淮南等地的诗文。

---

① 《旧唐书》卷71《魏徵传》。
② 朴真奭：《中朝经济文化交流史研究》，辽宁人民出版社1984年版，第32~33页。
③ 事实上，公元651年波斯就已灭亡，此后所记部分为大食波斯并提，余恐多为商人冒充使者。见《册府元龟》卷970~972《外臣部》。
④ 施建中：《中国古代史(下册)》，北京师范大学出版社1996年版，第60、81~86页。
⑤ 吴玉贵：《唐文化史 对外文化交流编(四)》，欧亚学研究网(http://www.eurasianhistory.com/data/articles/a02/462.html)，2004年6月29日。

表 3.1 《唐会要》所载唐代的出入境官旅游者统计

有准确记载

唐名	今地点	入境	出境	唐名	今地点	入境	出境	唐名	今地点	入境	出境
回纥	蒙古	24	18	日本国	日本	2	—	泥婆罗国	尼泊尔	1	—
契丹	辽河一带	15	1	铁勒	中国北方	2	—	女国	葱岭以南	1	—
北突厥	内蒙古	13	6	吐谷浑	青海一带	2	—	盘盘国	素叻他尼府	1	—
吐火罗国	阿富汗北部	11	1	骠国	缅甸	2	—	婆登国	林邑以南	1	—
林邑国	越南中部	8	—	占卑国	印尼	2	—	婆利国	加里曼丹岛	1	—
罽宾国	喀什米尔	6	3	朱俱婆国	哈尔噶里克	1	—	求拔国	天竺东	1	—
东女国	西藏东部	6	—	西陁突厥	阿尔泰山	1	1	悉匿国	北接石国	1	—
真腊国	柬埔寨境内	6	—	乌苌国	葱岭以南	1	1	师子国	斯里兰卡	1	—
大食国	阿拉伯地区	5	1	骏马国	突厥北	1	—	殊柰国	林邑南	1	—
西突厥	新疆温泉	4	1	火辞弥国	与波斯接	1	—	昙陵国	碧知里	1	—
拂菻国	东罗马	4	—	耽罗国	济州岛	1	—	陀洹国	巴真武里府	1	—
史国	乌兹别克	3	3	都播国	叶尼塞河	1	—	百济	韩国	1	—
诃陵国	南海中	3	—	多蔑国	待考	1	—	乌罗浑国	靺鞨西契丹北	1	—
白狗羌	四川剑州	3	—	多摩长国	泰国塔国莫特	1	—	波罗舍利国	印度南	1	—
结骨国	叶尼塞河	2	3	甘棠国	大海之中	1	—	西赵蛮	贵州思南县南	1	—
薛延陀	中国北部	2	1	胃利干国	贝加尔湖北	1	—	西爨	南宁之地	1	—
高丽	朝鲜	2	—	拘娄密国	缅甸南勃固	1	—	悉立国	吐蕃西南	1	—

续表

唐名	今地点	入境	出境	唐名	今地点	入境	出境	唐名	今地点	入境	出境
有准确记载											
高昌	吐鲁番西	2	—	俱兰国	阿富汗东北	1	—	鲁国	乌兰浩特一带	1	—
大羊同国	冈底斯山北	2	—	流鬼国	库页岛	1	—	虾夷国	日本北部	1	—

唐名	今地点	入境	出境	模糊记载（入境）	唐名	今地点	入境	出境	模糊记载（入境）
既有准确记载，也有模糊记载									
吐蕃	西藏	52	19	频岁贡献，相继不绝	康国	乌兹别克	4	2	频遣使，屡遣道使
新罗	朝鲜	25	14	频遣使	石国	塔什干	4	—	累岁朝贡
牂柯蛮	贵阳	21	1	每岁遣使朝贡，朝贡不绝	奚	都山附近	4	—	朝贡不绝，或岁中三至
波斯国	伊朗南	16	1	数遣使	曹国	康居之地	3	—	朝贡不阙
南诏蛮	云南	15	2	赋贡不绝	东谢蛮	彭水县	2	—	朝贡不绝
天竺国	印度	13	4	累遣使朝贡	歌逻禄国	阿尔泰山	2	1	每三年一度朝贡
室韦	嫩江流域	10	—	每数岁一遣使	党项羌	甘肃东部	1	1	每岁朝贡，至德后朝贡不通
靺鞨	黑水流域	8	—	每岁不绝，朝贡不绝	昆弥国	洱海周围	1	1	常朝贡
倭国	日本	7	—	有200人浮海至扬州市易而还					每岁不绝

本表据：《唐会要》卷94~100整理。表中"入境""出境"分别对应"入朝次数"和"出使次数"。

2. 宗教旅游者

唐代宗教信仰的开放，使许多外来宗教得以在唐发展，某种程度上，入唐弘法布道和学问取经的传教士、求法者等，常有旅游相关活动，均可看作入境的宗教旅游者。黄巢攻陷广州，"仅寄居城中经商的伊斯兰教徒、犹太教徒、基督教徒、拜火教徒，就总共有12万人被他杀害了"①，足见这些入境的宗教旅游者之众。

武德中，沙仕谒、我高仕等人前来泉州传教，使伊斯兰教成为唐代较有影响的宗教之一，入唐的伊斯兰教旅游者不仅有传教士，还有众多的外国人，"在商人云集之地广州，中国官长委任一个穆斯林……每逢节日，总是他带领全体穆斯林祷告，宣讲教义"②，组织各类宗教、娱乐活动；长安普宁坊有众多信奉祆教的西域人，③ 宗教仪式上，他们戴口罩，载歌载舞，"每岁商胡祈福，烹猪杀羊，琵琶鼓笛，酣歌醉舞"④；唐代大量摩尼教徒随同使者、商人进入中国，其宗教旅游活动与政治、商业等关系密切。⑤

访唐的外国僧人旅游者众多，有名可考的日本僧人达65名，其中，圆仁和元开的旅行经历较有代表性，圆仁《入唐求法巡礼行记》、元开《唐大和上东征传》等均留下了他们和众多中外旅游者，尤其是宗教旅游者在中国旅游的珍贵记载；有名可考的入唐新罗僧人不下173人，⑥ 登州赤山法花院每年都有盛大集会；⑦ 入唐的天竺僧人旅游者也较多，《高僧传》中的42位外来僧，有30人来自天竺，⑧ 不空在全国各地积极组织宗教活动，并将五台山辟为文殊菩萨道场，康

---

① 此为阿布·赛义德·哈桑依据外国商人向唐政府课税的方式统计而来。但据马斯欧迪《金草原》记载，异国宗教徒死难者计有20万。见：穆根来等译：《中国印度见闻录》，北京中华书局1983年版，第96、140页。

② 穆根来等译：《中国印度见闻录》，北京中华书局1983年版，第7页。

③ 李健超：《汉唐两京及丝绸之路历史地理论集》，三秦出版社2007年版，第460页。

④ 《太平广记》卷285《河南祆主》。

⑤ 吴玉贵：《唐文化史 对外文化交流编（四）》，欧亚学研究网（http：//www.eurasianhistory.com/data/articles/a02/462.html），2004年6月29日。

⑥ 杨昭全等著：《中国—朝鲜·韩国关系史（上册）》，天津人民出版社2001年版，第156~157、182页。

⑦ [日]圆仁撰，白化文等校注：《入唐求法巡礼行记校注》，花山文艺出版社1992年版，第190、199页。

⑧ 吴玉贵：《唐文化史对外文化交流编（三）》，欧亚学研究网（http：//www.eurasianhistory.com/data/articles/a02/461.html），2004年6月29日。

法藏"利智绝伦,薄游长安"①,康伽跋摩也是"少出流沙,游步京辇"②。

3. 商业旅游者

来往于唐代中国的胡人众多,其中又以商人居多,他们主要来自亚欧国家,"伊吾之右,波斯以东,职贡不绝,商旅相继"③,黑衣大食时代,中阿之间还开通了定期航运,④ 往来于唐日之间的新罗和日本商业旅游者众多,北起登、莱,西至徐、泗,南达苏、明各州的山东半岛和江淮地区,已形成新罗人的贩运商业网络。⑤ 这些商胡的活动大多具有旅游色彩,安禄山"潜于诸道商胡兴贩……遂令群胡于诸道潜市罗帛""(每商至)禄山盛陈牲牢,诸巫击鼓、歌舞,至暮而散"⑥。两京及沿海大多港口设有新罗馆、扶桑馆、渤海馆、蕃坊、梵寺等接待本国商旅,新罗坊、新罗村等不仅是信息传播、商品运输和集散的商业社区,也是各国交通贸易基地,发挥着重要的迎送旅人的旅游接待服务功能。⑦

总体看来,入唐商业旅游者大率麕聚于广州,然后经梅岭集于洪州,从洪州南下或北上者多取钱塘一道,该道风景清幽,足供流连,旅途也较大江平安。再集于扬州,入运河以趋两京,长安和洛阳是他们活动最集中的地区。⑧

(二)出境旅游者

唐代出境旅游者也以官宦(使臣)、宗教徒和商人为主,官宦旅游者多由两京出发,也有部分边疆官员及其随从就近从驻地出使,吐蕃、回纥、新罗和突厥是唐代官宦旅游者拜访最多的地区。宗教旅游者大致有两类,一是西向的取经者,二是东向的布道者,前者的主要目的地是天竺,后者的主要目的地是新罗、

---

① (宋)赞宁撰,范祥雍点校:《宋高僧传》卷5《义解篇第二之二·周洛京佛授记寺法藏传》,北京中华书局1987年版,第89页。
② (唐)义净撰,王邦维校注:《大唐西域求法高僧传》卷上《康国僧伽跋摩师传》,北京中华书局1988年版,第93页。
③ 《唐大诏令集》卷130《蕃夷·讨伐·讨高昌鞠文泰诏》。
④ 汶江:《古代中国与亚非地区的海上交通》,四川省社会科学院出版社1989年版,第90~99页。
⑤ 刘希为:《唐代新罗侨民在华的考述》,《中国史研究》1993年第3期,第148页。
⑥ (唐)姚汝能撰,曾贻芬点校:《安禄山事迹》卷上,北京中华书局2006年版,第83页。
⑦ 陈尚胜:《唐代的新罗侨民社区》,《历史研究》1996年第1期,第162页。
⑧ 向达:《唐代长安与西域文明》,三联书店1957年版,第34~35页。

日本。唐代出境的商人旅游者也很活跃，爪哇、红海、波斯湾、非洲沿岸等地都有中国商船的身影。

1. 宦官旅游者

尽管《唐会要》关于出使的记载远不及入贡详细，但表3.1依然显示，吐蕃、回纥、新罗和突厥是唐出使最多的地区。以《文渊阁四库全书》为基本史料，检索两《唐书》列传人物的出使记录，也可得出类似的结论，除韦弘机曾出使河西诸国等语焉不详外，有明确出访对象的就有79人次，其中出访吐蕃的官宦旅游者有24人次，占30.4%，出访回纥和突厥的也分别有17人次(21.5%)和16人次(20.3%)，出使朝鲜半岛的仅有7人次，但据考，唐向朝鲜半岛派遣的使节较多，仅向新罗派遣使团35次。① 由此亦可略知唐代出使周边诸国，尤其是吐蕃、回纥、突厥和新罗等国的官宦旅游者的规模和频次。

唐代前往日本的官宦旅游者不少，如高表仁、司马法聪、沈惟岳、赵宝英、孙兴进等分别率领多人送遣唐使到达日本；郭务悰先后四次出访日本，公元664年，他率47艘船，共2000人至日本；梁怀儆一行是唐第一批正式出使天竺的官宦旅游者，受到戒日王的隆重接待；② 王玄策三使天竺，首次前往时，他还是融州黄水县令，为李义表之副，经过泥婆罗时，其国王"与义表同出观耆阇崛池"③，此行他们还拜访了王舍城，在耆阇崛山上凿石为铭，又到摩诃菩提寺立碑纪念，显庆四年使天竺，经婆栗阇国时，"王为汉人设五女戏……又作绳技……种种关伎，杂诸幻术、截舌抽肠等，不可具述"④，回国时，参拜迦毕试古王寺，得到一片佛顶骨，1990年5月，在西藏吉隆县发现"大唐天竺使出铭"崖刻，记述王玄策等人对沿途的雪岭(玉龙山)、(灵)鹫山、小杨童、栈道、箭水(吉隆藏布江)等景物均有游览，据考，王玄策此次带领的使团有几十人。⑤

此外，由于战争等原因，唐代还有少数流落他乡的仕宦，也可能成为旅游

---

① 陈尚胜：《中韩关系史论》，齐鲁书社1997年版，第23页。
② 《新唐书》卷221上《天竺传》。
③ 《新唐书》卷198《泥婆罗传》。
④ (唐)道世撰，周叔迦等校注：《法苑珠林校注》，北京中华书局2003年版，第107页。
⑤ 百度百科：大唐天竺使出铭，http://baike.baidu.com/view/911189.htm#sub911189，2010年4月23日。

者，如公元751年，杜环被大食俘虏到库法，却受到特殊优待，并在中亚到非洲畅游十余年后回到广州，其足迹遍布拔汗那、康国、狮子国、拂菻、摩邻、大食、大秦、波斯、石国、碎叶、末禄国、苫国等13个国家和地区，此类旅游者虽不多，但杜环却写下了《经行记》这部弥足珍贵的游记名著，记录他从耶路撒冷到埃及、努比亚、埃塞俄比亚的阿克苏姆王国的见闻及沿途风土人情，是唐代出境旅游的代表。

唐代出境的官宦旅游者除了敦睦邦交外，商业活动也是其主要目的之一。有唐一代，政府相当重视域外优良马匹的采购，刘元尚"解褐拜掖庭监作，大食市马使……遂使三军迎送，万里循环……复为骨利干市马，崎岖百国，来往三春"①，因此常有"遣使多赍金银钱帛，历诸国市马"②之举，西域如龟兹、石国、突厥、大宛、月氏等均是以市马为主要目的的唐代官宦旅游者常去之处。

2. 宗教旅游者

唐代西行求法的僧徒不绝于路，人数之多，周游地区之广，空前绝后，其中大多数有礼拜佛寺、登高览胜等旅游经历，如玄照"践铁门而登雪岭，漱香池以结念……睹如来澡盆及诸胜迹。渐至迦毕试国，礼如来顶骨"③。历史上最杰出的三位西行求法佛徒，唐代就有两位，玄奘在没有得到关于成佛的满意解释之后，产生出国求经这个旅游动机，并且迅速付诸实践，他此行历时19年，"所闻所履，百有二十八国"④，《大唐西域记》对其所经历国家的地理、风土、物产、古迹、城市等多有记载，俨然一部游记；40多年后，为改变佛教法教讹替，少有持者，教门腐朽败坏的流弊，义净取海路赴天竺求法，公元673年，义净到达耽摩立底，后在天竺周游佛教胜迹，遍历30余国，其《南海寄归内法传》和《大唐西域求法高僧传》记录了唐初57位赴印求法僧人的事迹。此外，天宝十载，时为左卫泾州四门府别将的悟空，随张韬光出使西域，却在犍陀罗国出家，后在北

---

① （唐）窦忻：《刘元尚墓志》，见（清）王昶：《金石萃编》卷90《唐五十》，上海宝善书局光绪癸巳（1893年）孟秋石印版，第2页。
② 《册府元龟》卷327《宰辅部·谏净第三》。
③ （唐）义净著，王邦维校注：《大唐西域求法高僧传校注》，北京中华书局1988年版，前言，第9~11页。
④ （唐）慧立本，（唐）彦悰笺：《大唐大慈恩寺三藏法师传》卷6，大藏经在线阅读网（http：//www3. fosss. org/DZZJian/ShowArticle. asp？ArticleID＝328&Page＝6），2010年9月17日。

天竺、中天竺等地巡历数年，遍瞻八塔，贞元中回至京师①。中国旅日高僧众多，见于日本史籍的近 30 人②，其中鉴真名气最盛，日僧荣叡、普照等慕名游扬，邀请鉴真"为海东之导师"③，公元 753 年，鉴真及其弟子 20 余人抵达日本。

3. 商业旅游者

唐代丝绸之路上的商业旅游者众多。1969 年出土的《高昌县上安西都护府牒》就记载了每天途经高昌的商旅非常多，所谓"无数铃声遥过碛"；海上丝绸之路上同样活跃着众多中国商旅，仅广州就"日发十余艇，重以犀象珠贝，称商货而出诸蕃。周以岁时，循环不绝"④。

唐初新开了一条吐蕃泥婆罗道通天竺，从兰州西行，途经河州、鄯州、鄯城、都兰、唐古拉山口、安多、那曲、日喀则、泥婆罗，到达中天竺，《释迦方志》和《佛祖统记》谓其"近而少险阻"，玄照取此道"以九月而辞苦部，正月便到洛阳，五月之间，途经万里"，可见其便捷，唐蕃商业旅游者的足迹因此"东至唐朝的首都长安，西至天竺、大食，南抵洱海，北到中亚细亚各国"⑤，所谓"金玉绮绣，问遗往来，道路相望，欢好不绝"⑥，古道沿途出土的唐代遗物，特别是在青海、日月山口、乐都、平安、西宁等地出土的大量开元通宝也鉴证了其商业的繁盛；⑦ 随着波斯人对丝路和吐蕃对河陇地区的控制，唐代使臣、僧侣、商人等，都须取道回纥，经北庭通西域，近年在库班河上游出土的大量唐代丝绸、绢画、文书片段等文物，也说明北高加索地区已有唐代商业旅游者的足迹。⑧

波斯灭亡后，中国与阿拉伯之间的海上交通揭开了西太平洋和印度洋航运史新的篇章。据马斯欧迪《金草原》载，众多的中国商船先后集于于罗（Hira）、乌剌

---

① （宋）赞宁撰，范祥雍点校：《宋高僧传》卷 3《译经篇第一之三·唐上都章敬寺悟空传》，北京中华书局 1987 年版，第 50~51 页。
② 王辑五：《中国日本交通史》，上海书店 1984 年版，第 84 页。
③ （宋）赞宁撰，范祥雍点校：《宋高僧传》卷 14《明律篇第四之一·唐扬州大云寺鉴真传》，北京中华书局 1987 年版，第 349 页。
④ 《旧唐书》卷 151《王锷传》。
⑤ 王忠：《松赞干布传》，转自张忠山：《中国丝绸之路货币》，兰州大学出版社 1999 年版，第 65 页。
⑥ （唐）独孤及：《敕与吐蕃赞普书》，见（清）董诰等编：《全唐文》卷 384，北京中华书局 1983 年版，第 3903 页。
⑦ 张忠山：《中国丝绸之路货币》，兰州大学出版社 1999 年版，第 65 页。
⑧ 姜伯勤：《敦煌吐鲁番文书与丝绸之路》，文物出版社 1994 年版，第 18~21 页。

(乌波拉，Ubolla)和末罗(巴士拉，Basra)，9世纪中叶后，多集中于尸罗夫(Siraf)，"(公元947年以前)失拉夫及阿曼等地的穆斯林船舶停泊于此地(箇罗)，与中国船只会和，但从前不是这样，那时中国船经常去阿曼、失拉夫、波斯沿岸、巴林岛、乌拉及末罗等地"①。《中国印度见闻录》载："在巴格达城建立之前，中国船已经到达了乌波拉……应该承认中国人在开导阿拉伯人远东航行中的贡献。波斯湾的商人乘坐中国人的大船才完成他们头几次越过中国南海的航行……(中国人)积极地参与了南海沿岸各国间重大的交易活动"；"大部分中国船在此(指尸罗夫)装货……(装上货物和淡水后)去阿曼北部一个叫做马斯喀特的地方……还要经过巴努—萨发克海岸和阿巴卡文岛……(故临)那里有水井，供应淡水，并对中国船只征税，每艘中国船征收1000个迪尔汗，其他船只仅交税十到二十个迪纳尔"(1迪纳尔=20迪尔汗)；"(黄巢之乱前)中国商船已经通达阿曼地区、巴林沿岸地区乃至奥波拉、巴士拉诸港"②。此外，阿曼的没巽(Mazun)是中国货物的堆栈，亚丁是"去中国之门"，有中国人的居留地，这些都说明中国商业旅游者之多，活动范围之大，影响之广，出游历史之早，且具有相当的持续性。

唐商旅日多于日商旅唐，唐末70年，唐日商船往来40多次，其中大多是唐船，许多日本人搭乘唐船往来唐日之间，如日僧惠连便是乘唐商李处人和张支信的船只来唐和回日，圆珍也是乘唐商钦良晖和李延孝的船来唐和回日；③新罗商人旅唐多于唐商旅罗，唐与新罗的官方贸易达160次，其中唐向新罗遣使仅34次，民间贸易往来亦如此，④但总体上其频繁程度远超唐日商业往来。唐代开元通宝能作为一种"国际货币"，在朝鲜半岛、日本和东南亚流通无阻，也说明唐与这些地区商业往来的频繁，商业旅游者众多。

中国商人旅游者多从广州、交州等地出海往西、往南经商，由登州、明州、

---

① 汶江：《古代中国与亚非地区的海上交通》，四川省社会科学院出版社1989年版，第90~101页。
② 穆根来等译：《中国印度见闻录》，北京中华书局1983年版，法译本序言，第7~8、40~44、138页。
③ 章必功：《中国旅游史》，云南人民出版社1992年版，第220页。
④ 杨昭全等著：《中国—朝鲜·韩国关系史(上册)》，天津人民出版社2001年版，第168页。

扬州、苏州等地出海往东经商。广州"是阿拉伯货物和中国货物的集散地……风使船只偏离航向,去到也门或其他地区,货物便在那里出售"①,扬州张觉济等与新罗人王请"为交易诸物,离此过海",苏州也有新罗商船从"松江口发往日本国"②。

二、唐代国内旅游者

(一)宗教旅游者

宗教旅游早期以僧众为主,但出游范围较小,扩张期以弘法译经为主要出行目的,旅游者多是狂热的宗教信徒,到了全盛期,云游参学与朝山游占据主导地位,几乎所有的信徒都要朝山。③唐代佛宇道观"多游览者""游览者罕不经历",这些宗教旅游者,既有信徒、文人士大夫,也包括众多平民士庶。

唐代三教并存,各教圣地基本形成,尤其是佛道空前发展,天台宗、华严宗、禅宗、密宗等教派也先后形成。其他宗教如摩尼教、景教、伊斯兰教等也有不少信徒,宗教旅游者众多,游历广泛,如灵一"与皇甫昆季、严少府、朱山人、彻上人等……苦心不倦,骋誉丛林""两浙名山,暨衡、庐诸甲刹,悉所经行"④;齐己"游江海名山,登岳阳,望洞庭……遍览终南、条、华之胜";司马承祯"尝遍游名山"⑤;吴筠"南游金陵,访道茅山,久之东游天台……乃东游会稽,常于天台、剡中往来,与诗人李白、孔巢父诗篇酬和,逍遥泉石"⑥;叶法善"或游林泽,或访云泉……四海六合,名山洞天,咸所周历"⑦。

唐代宗教活动旅游色彩鲜明,宗教节日除有庆祝活动外,政府还常令两京及

---

① 穆根来等译:《中国印度见闻录》,北京中华书局1983年版,第7页。
② [日]圆仁撰,白化文等校注:《入唐求法巡礼行记校注》,花山文艺出版社1992年版,第96、509页。
③ 席建超等:《古代佛教旅游发展及其启示》,《人文地理》2006年第4期,第69~70页。
④ 《唐才子传》卷3《道人灵一》。
⑤ 《册府元龟》卷822《总录部·尚黄老》。
⑥ 《宗玄集·吴尊师传》。
⑦ 《太平广记》卷26《神仙二十六·叶法善》。

天下诸州府设斋行道作乐,赐大酺三日,永为常式。① 如唐代迎奉佛骨活动,上至天子、下至庶民,倾城以观,贞观五年第一次迎奉佛骨,长安附近几万人同去瞻仰;长安四年,当佛骨到了长安,香花鼓乐,填街塞路;② 咸通十四年迎奉佛骨活动,"自京城至寺三百里间,道路车马昼夜不绝……公私音乐,沸天烛地,绵亘数十里,仪卫之盛,过于郊祀,元和之时不及远矣。富室夹道为彩楼及无遮会"③。

除了虔诚的宗教徒参与的宗教节事活动、求经释义、布道宣讲、朝山参学等旅游外,宗教还渗透到社会生活的多个层面,"颠顿文场之人,憔悴江海之客,往往裂冠裳,拔缯缴,杳然高迈,云集萧斋……青峰瞰门,绿水周舍,长廊步屧,幽径寻真,景变序迁,荡入冥思"④,王维、李林甫、裴休等即是虔诚的宗教旅游实践者,张志和也是"沿汦江湖之上,往来苕霅之间"⑤。唐代信仰的开放不仅造就了众多俗家弟子,还使许多信徒在儒释道之间、出世和入仕之间任意穿梭,李白的思想即杂糅儒释道三家,他"五岳寻仙不辞远,一生好入名山游",以漫游山川,寄情山水的方式表达个人情感,并深刻影响其宗教旅游活动,正是宗教奠定了他"历行天下,周求名山"的思想基础。

(二) 文士旅游者

这里,"文士旅游者"指文人、士大夫而言,他们的旅游活动包括宦游、边塞游、隐游等。唐代文士的旅游活动大抵以这三者为主,这是唐代文人博取功名,施展政治抱负的重要途径。

1. 宦游人

唐代本籍回避、科举、铨选等制度使宦游群体巨大,奔波于住所、任所、贬所、京城之间的仕宦众多,既有求宦之游,如士子求学应举、干谒投卷、寄寓各地等,也有因宦之旅,如迁谪赴任、在官休假、吏隐优游、佐僚幕府等,"千里

---

① (唐)杜光庭:《历代崇道记》,艺术中国网(http://guji.artx.cn/Article/9281.html),2010年3月16日。
② 黄新亚:《消逝的太阳 唐代城市生活长卷》,湖南人民出版社2006年版,第172页。
③ 《通鉴总类》卷14下《佛法门·懿宗迎佛骨侈于元和》。
④ 《唐才子传》卷3《道人灵一》。
⑤ 《颜鲁公集》卷9《碑·浪迹先生玄真子张志和碑》。

宦游成底事，每年风景是他乡""人事升沉才十载，宦游漂泊过千峰"①，是唐代广大文士频繁宦游的真实写照。

唐代科举制度打破了血缘世袭关系和世族的垄断，为各阶层拥有才识的读书人提供了"朝为田舍郎，暮登天子堂"的公平机会，在促进教育事业、文化艺术等发展和诗词歌赋繁荣的同时，无形中使得游历行卷、托物赋诗等旅游活动和宦游之风异常兴盛。大多文士宦游从求学就开始，即便在家延师或由父兄教学，也免不了遍游山川名胜，造访古迹风物这门"必修课"，以在现实中开拓视野、增长见识，为科举成功累积经验、素材和人脉。唐初仅于国学增筑学舍1200间，四方儒士，云会京师，"鼓箧而升讲筵者，八千余人"②，王恭、马嘉运等私学也是"弟子数百人""诸方来授业至千人"③，求学、应试群体之大，可见一斑。严耕望考证认为，进士科第愈盛，习业山林风尚愈炽，唐中叶以后，经学衰，文学盛，人务诗赋以取进士，故重地择胜，尤以名山胜地、深山邃谷常为习业之所，即便偏远的长白山、敦煌、闽中诸山亦颇有之，交通便利，经济繁荣，人文蔚盛之区域更盛④，无形中促进了唐代众多自然和人文旅游资源开发和旅游活动的兴盛。此外，到全国各地干谒、投卷、请益、造访也是士人们的必修课，而每年能够高中者十之一二，很多人需要年复一年地来往于京师和全国各地，寓居京洛者亦不在少数，不断重复着求宦之游。

求学之游十分清苦，一旦高中得任，旅游条件便要优越得多，无论是在任时的休假、游兴，还是赴任、贬谪途中的食宿费用、交通接待，抑或是他们巨大的流动性，都可成为推动文士群体进行旅游活动的有利条件，赴任、谪宦等文士盈千累万，⑤ 旅游活动自然兴盛。唐代休假制度适于各级官员，士大夫燕居之暇，大多寄情歌舞，流连风景。⑥ 唐代基层官吏三年或四年一调，刺史以上官员调动

---

① （唐）吴融《灵宝县西侧津》、（唐）李德裕《忆金门旧游奉寄江西沈大夫》，见《御定全唐诗》卷684、卷475。
② 《旧唐书》189《儒学传序》。
③ 《新唐书》卷198《儒学上》。
④ 严耕望：《唐人习业山林寺院之风尚》，见《严耕望史学论文选集》，台北联经出版公司1991年版，第271~316页。
⑤ 宁欣：《唐代长安流动人口中的举选人群体》，《中国经济史研究》1998年第1期，第93~100页。
⑥ 向达：《唐代长安与西域文明》，三联书店1957年版，第61页。

更勤,加之唐代迁贬改任,甚至是流放制度往往比较宽松,给了很多官员游览沿途风景的机会,如非紧急,他们往往流连于途中山水,如张九龄奉使岭南,在路上就花了一年多的时间,留下众多脍炙人口的旅游诗,白居易奉使东都,更是优哉游哉,"从陕至东京,山低路渐平。风光四百里,车马十三程。花共垂鞭看,杯多并辔倾。笙歌与谈笑,随分自将行""共笑篮舁亦称使,日驰一驿向东都"①,唐代这种"稽程"的宦游现象非常普遍;公元757年,李白被长流夜郎,但没有时间限制,758年自夏及秋,均在鄂沔一带流连游玩,如游武昌西塞山、宴江夏兴德寺、游华容章华台、醉洞庭等,其泛沔州城南莲花湖还留下了旅游和文学佳话,(张谓)"乃顾白曰:'此湖古来贤豪游者非一,而枉践佳景,寂寥无闻。夫子可为我标之嘉名,以传不朽。'白因举酒酹水号之曰'郎官湖',亦由郑圃之有'仆射陂'也。席上文士辅翼、岑静以为知言,乃命赋诗纪事,刻石湖侧,将与大别山共相磨灭焉"②,其"流放之游"闲逸如此。

正是唐代文士在学游、宦游中,将唐代旅游发展推向历史最高峰。

2. 边塞游客

唐代中后期,幕府用人权限越来越大,众多失意与守选的官员转投幕府,"唐词人自禁林外,节镇幕府为盛。如高适……比比而是,中叶后尤多"③。盛唐文人旅游者多在边地入幕,中晚唐则多入内地幕府,幕府成为聚集众多文人旅游者的地方,虽不能说所有入幕文士都是来旅游的,但其中有旅游经历者当不在少数,如何溢经辟署、荐举,一生足迹涉及蔡州、越州、昭州、循州、陵州等地,旅游范围相当大。④

唐代文人旅游者出塞非常普遍,据考,有边塞诗存世的71位盛唐诗人,仅9人确切未出塞,公元713—755年,十节镇中的幽州、朔方、河西、安西四镇就有57位入幕"文士",而实际数字可能会大得多,他们出塞形式大抵有入幕、游边和使边等,入幕不论,游边和使边即具有相当的旅游色彩,如高适游幽蓟,岑参游北庭,王昌龄游河陇,员半千、崔国辅、钱起游陇右,崔璟游东北边塞,祖

---

① (唐)白居易《从陕至东京》《奉使途中戏赠张常侍》,见《御定全唐诗》卷448。
② 《李太白文集》卷17《歌诗四十六首·游宴下·泛沔州城南郎官湖并序》。
③ 《唐音癸签》卷27《谈丛三》。
④ 胡云薇:《千里宦游成底事,每年风景是他乡——试论唐代的宦游与家庭》,《台大历史学报》2008年第41期,第65~107页。

咏、孟浩然、张谓游蓟门，李白游幽并，王之涣游玉门等即是带有游边和寻找入幕机会等目的的典型旅游活动；文士使边就更常见，如王维使河西、榆林、新秦郡等地，储光羲出使范阳和西北边地，李华使朔方，颜真卿使河陇，徐九皋使单于府等，旅游元素也颇多。不独盛唐，自初唐起文人旅游者出塞已颇常见，可考的名家就不下20人。①

唐代最具代表性的边塞旅游者有初唐的陈子昂，盛唐的岑参，中唐的李益。陈子昂26岁第一次出塞，张掖河、居延海、峡口山等留下了他的旅游足迹，十年后，他又出幽燕，游览了古燕国众多遗址，吊古伤今，在蓟城西北楼，北眺燕山，东观渤海，俯瞰胡沙飞且深，仰见云汉复霜稜；岑参在安西、北庭有多年担任判官的经历，他的旅游足迹涉及轮台，吐鲁番盆地，玉门关外最高的烽火台"苜蓿峰"，葫芦河，天山，贺延戈壁，铁门关，北庭楼，热海等，还常聆听和观看少数民族的音乐和舞蹈，与军民联欢；李益前后在幽燕、甘陕边塞从军十年，长城关头、五城城外、受降城、回乐烽、祁连山、原州营里、盐州、破衲沙（库布格沙漠）、六胡北、朔方城楼等都均有其旅游足迹和诗文。

3. 隐游者

唐代隐游有着深刻的历史根源，"前代重贞退之节，息贪竞之风……高宗、天后访道山林，飞书岩穴，屡造幽人之宅，坚回隐士之车"②，不仅搜授隐者官阶，还给予各种礼遇，就连科举也巧立名目，增设志烈秋霜、销声幽薮、藏器晦迹、养志邱园、幽素等科，卢藏用之"终南捷径"更成隐者出仕之典范，引得无数文士竞相效仿。

官隐可亦官亦隐，也可时官时隐，如同干谒一样，是唐代非常普遍的现象。③ 仕途坎坷造就了王维独特的山水情结，他不仅是诗人、佛教徒，还是画家、隐者，隐于嵩山、洛阳尚有取"终南捷径"之嫌，他购下宋之问的辋川别业过起亦官亦隐的生活，造就了他山水田园诗画的艺术巅峰，"余别业在辋川山谷，其游止有孟城坳、华子冈、文杏馆、斤竹岭、鹿柴、木兰柴、茱萸沜、宫槐陌、

---

① 陈铁民：《关于文人出塞与盛唐边塞诗的繁荣》，《文学遗产》2002年第3期，第23~38页。
② 《旧唐书》卷192《隐逸传》。
③ 吴小龙：《适性任情的审美人生：隐逸文化与休闲》，云南人民出版社2005年版，第112~113页。

临湖亭、南垞、欹湖、柳浪、栾家濑、金屑泉、白石滩、北垞、竹里馆、辛夷坞、漆园、椒园等"①,这里可以"晨登歇马岭,遥望伏牛山……细岑互攒倚,浮巘竞奔蹙。白云遥入怀,青霭近可掬……晨拂鸟路行,暮投人烟宿……间关踏云雨,缭绕缘水木。西见商山芝,南到楚乡竹"②,闲暇还常与裴迪等友人游玩唱酬;吴筠博览儒道经典,隐于嵩山、茅山,其逍遥泉石、游处各地前文已见,玄宗深重之,为其于岳观别立道院,难得的是他不引导玄宗痴迷道术而固宠,始终以江山社稷为重的崇高境界;③卢鸿一处事则要圆滑得多,"嵩山隐士卢鸿一,抗迹幽远,凝情篆素。隐居以求其志,行义以达其道,云卧林壑,多历年载……宜以谏议大夫放还山"④,能做到拿着俸禄云卧林壑的隐士,也是一种境界。

中隐的典范是白居易,他还专门写了《中隐》诗:"大隐住朝市,小隐入丘樊。丘樊太冷落,朝市太嚣喧。不如作中隐,隐在留司官……君若好登临,城南有秋山。君若爱游荡,城东有春园。君若欲一醉,时出赴宾筵"⑤,置身于官场之中,却又中立于斗争之外,这种"歌酒优游聊卒岁,园林萧洒可终身"的生活受到当时许多士人的推崇,较为知名者如刘禹锡、韩愈、柳宗元、祖咏等人都曾有过中隐经历。⑥

时官时隐者就更多。逍遥泉石、无意出处之间且不说,假岩壑以钓名,"置身青山,俯饮白水,饱于道义,然后谒王公大人以希大遇"⑦则颇受讥议,但却不乏成功者,如储光羲辞官隐居终南,写下众多的山水田园诗,后拜太祝、监察御史等,綦毋潜受其"启发",几经踌躇后终辞官归隐,再游历江淮一带名山胜

---

① 《王右丞集笺注》卷13《辋川集并序》。
② (唐)宋之问:《游陆浑南山自歇马岭到枫香林以诗代书答李舍人适》,见《御定全唐诗》卷51。
③ 《旧唐书》卷192《吴筠传》:"帝问以道法,对曰:'道法之精无如五千言,其诸枝词蔓说,徒费纸劄耳'。又问神仙修炼之事,对曰:'此野人之事,当以岁月功行求之,非人主之所宜适意。'每与缁黄列坐,朝臣启奏,筠之所陈,但名教世务而已,间之以讽咏,以达其诚,玄宗深重之……坚求还嵩山,累表不许,乃诏于岳观别立道院,禄山将乱,求还茅山,许之。"
④ 《旧唐书》卷192《卢鸿一传》。
⑤ (唐)白居易:《中隐》,见《御定全唐诗》卷445。
⑥ 王玉成,李颖:《唐代文人旅游研究》,《河北大学学报:哲学社会科学版》2009年第3期,第72~76页。
⑦ (唐)王昌龄:《上李侍郎书》,见《唐文粹》卷88。

迹，留下众多旅游诗文，内容多为与上大夫寻幽访隐的情趣，后得任左拾遗、著作郎等，安史乱后，他再度归隐，但未返里，仍游于江淮一带。

(三) 商业旅游者

唐代"行曰商，处曰贾""通物曰商，居卖物曰贾"①，坐贾一般是在固定场所经商的人，而行商则是致四方之产物，或巡历各地之周市以贩卖，或历访各地之客户以呼卖。商人的不断流动，推动着唐代商业旅游的不断进步，"求珠驾沧海，采玉上荆衡。北买党项马，西擒吐蕃鹦。炎洲布火浣，蜀地锦织成。越婢脂肉滑，奚僮眉眼明。通算衣食费，不计远近程。经营天下遍，却到长安城"②。商人因贩卖需要而周游各地，在货物流通道路上，游赏沿途风光自是非常美好的事情，"商人郑绍者，丧妻后方欲再娶，行经华阴，止于逆旅。因悦华山之秀峭，乃自店南行可数里"③所述即此，而唐代商人为求吉利开展祝祷祈福形式的旅游活动就更加普遍，"邀福祷波神，施财游化城""二妃怨处云沉沉，二妃哭处湘水深。商人酒滴庙前草，萧飒风生斑竹林"④即此。

唐代商人众多，姚合《庄居野行》云"客行野田间，比屋皆闭户。借问屋中人，尽去作商贾……如今千万家，无一把锄犁"，尽管如此，唐代的经济却并未被商业的发展拖垮，相反还越来越活，商人队伍也越来越大，他们的旅游活动大多发生在主要交通线附近，"渑池道中有车载瓦瓮，塞于隘路……进退不得。日向莫，官私客旅群队、铃铎数千，罗拥在后，无可奈何……须臾，车轻得进，群噪而前"⑤，封建社会居然会有如此严重的交通堵塞，足见唐代商人之众，究其原因，除前文所述之商业政策和商人地位提升外，商业与交通的发展进步，农业商业化程度提高，手工业繁荣，相关服务性产业进步，以及消费思维、行为及能力改变等均发挥了重要作用。

唐代商人地位虽有所提升，但仍属"末"流，各种抑制和讥讽多见于史籍记载，诸如品格低下、腐朽奢靡等，不过也能大体反映商业旅游者的旅游活动，如

---

① 《周礼注疏》卷2，卷14。
② (唐)元稹：《相和歌辞·估客乐》，见《御定全唐诗》卷21。
③ 《太平广记》卷345《鬼三十·郑绍》。
④ (唐)刘禹锡《贾客词》、(唐)陈羽《湘妃怨》，见《御定全唐诗》卷354、卷23。
⑤ 《唐国史补》卷上《刘颇偿瓮直》。

王建《夜看扬州市》云"夜市千灯照碧云,高楼红袖客纷纷。如今不似时平日,犹自笙歌彻晓闻",这些客人当以商旅居多,国难当头竟还彻晓笙歌;施肩吾《大堤新咏》云"行路少年知不知,襄阳全欠旧来时。宜城贾客载钱出,始觉大堤无女儿",来自宜城这样"花艳惊郎目"的著名烟花雨巷的商人,一到襄阳竟忘了宜城女儿的娇艳;《敦煌曲子词·长相思》云"估客在江西,富贵世间希。终日红楼上,□□舞著辞"等,均反映了唐代商人沉湎于酒色,尽日贪欢逐乐的事实,商人的寻欢作乐反映出商人旅游的格调大体上并不高雅。

(四) 其他旅游者

如果没有亲身实践,画家不太可能拿出优秀的作品,吴道子游历广泛,还曾奉召旅游,"明皇天宝中,忽思蜀道嘉陵江水,遂假吴生驿驷,令往写貌……后宣令于大同殿图之,嘉陵江三百余里山水,一日而毕。时有李思训将军,山水擅名,帝亦宣于大同殿图,累月方毕"①,李思训善金碧山水画(描绘寺宇山林景色),其子李昭道与王维、郑虔、张萱等均是唐代著名的山水画大家,他们为后世留下了许多名画,如《江帆楼阁图》《雪溪图》《春山行旅图》《虢国妇人游春图》《萧寺图》等,这些山水画如同旅游诗一般,记载和见证着他们的旅游经历,有些画家还是某些旅游和诗文盛会的参与者,如"唐开元间冬雪后,张说、张九龄、李白、李华、王维、郑虔、孟浩然出蓝田关,游龙门寺,郑虔图之"②。

唐代还有部分官员以考查全国各地山川形势、风土人情、物产资源等为主要目的,游历全国各地,部分告老还乡的旧臣亦乐此不疲,如贾耽《古今郡国县道四夷述》《海内华夷图》《地图》《十道图》《吐蕃黄河录》,李吉甫《元和郡县图志》《河北险要图》,李泰《括地志》,樊绰《云南志》,韦述《两京新记》,颜真卿《吴兴地记》,莫休符《桂林风土记》,王播《供陈许琵琶沟年三运图》《新开颍口图》,赵德钧《新开东南河图》等,吕温评价李该画的五色《地志图》说:"观其粉散百川,黛凝群山,元气剖判,成乎笔端;任土之毛,有生之类,大钩变化,不出其意。然后列以城郭,罗乎陬落,内自五侯九佰,外自要荒蛮貊,禹迹之所穷,汉

---

① 《唐朝名画录·神品上一人·吴道玄》。
② 《山堂肆考》卷166《技艺·作画·老子出关图》。

驿之所通，五色相宣，万邦错峙"，这些伟大的著作和工程，大多数为集众人之力完成，这个旅游群体必然不小，而如果没有他们实地考察的旅游经历，恐怕会落入"旁征博引"的死胡同。

唐初，宗教徒、皇亲国戚、文士和商人等较为特殊的群体是实践旅游活动的主体，玄宗朝始，唐代旅游大众化程度迅速提高，在经济空前发展，轻徭薄役，重视节序，节日、休假制度相对健全等因素影响下，旅游者的大众性更加明显，旅游的普及性更强，队伍更加壮大，国际旅游者也明显增多，众多中下层人民也常有旅游活动，诸如妇女打马球图、游春图、捕蝉图等绘画作品，说明即使是宫廷下层妇女，也可以参与到旅游活动中来，这正是唐代大众化旅游兴盛繁荣的重要标志，平民百姓逐渐成为唐代旅游活动的主体，平民旅游活动的记载逐步增多，如"唐并华者，襄阳鼓刀之徒，也尝因游春，醉卧汉水滨""荆州民郝惟谅，性粗率，勇于私斗，会昌二年寒食日，与其徒游于郊外，蹴鞠、角力、醉卧冢间""（陇西李捎云）明年上巳，与李蒙、裴士南、梁褒等十余人，泛舟曲江中，盛选长安名倡，大纵歌妓"①，形成了万人空巷去春游、观灯、登高、奉迎佛骨等景象，前文已多有述及。

第二节　唐代主要旅游客源地

旅游客源地即产生旅游者的地方，是旅游目的地存在的前提。通过抽样统计特定旅游目的地在特定时期接待旅游客源的状况，可以衡量当时当地的旅游客源地状况，指导旅游发展、旅游产品开发和市场营销等。现代旅游客源地研究，主要有两种思路：一是采用中微观尺度，如以特定景区、城市或省份作为目的地，研究国内客源和海外（入境）客源状况；二是采用宏观尺度，如以特定国家为目的地，研究海外客源的状况。唐代旅游客源地的研究需要遵循现代旅游客源地研究规律和框架，但不能拘泥于现代研究范式，毕竟古代与现代旅游客源的产生、流动、统计等有很大不同，也有更大的困难和瓶颈。

---

① 《太平广记》卷287《幻术四·襄阳老叟》，卷350《鬼三十五·郝惟谅》，卷279《梦四·李捎云》。

一、唐代国际主要旅游客源地

(一)唐代国际旅游的线路

据裴矩《西域图记》，隋代通西域有三条道路，北路：敦煌、伊吾、蒲类海、铁勒部、突厥可汗廷、渡锡尔河至拂菻，达于西海（地中海）；中路：敦煌、高昌、焉耆、龟兹、疏勒、葱岭、钹汗那、苏对沙那、曹国、安国、穆国、波斯，达西海（波斯湾）；南路：敦煌、鄯善、于阗、朱俱波、喝盘陀、葱岭、护密、吐火罗、帆延、漕国、北婆罗门，达于西海（印度洋）。唐代承袭中路、南路旧制，并新开从龟兹到怛罗斯的热海道①、吐蕃泥婆罗道和新北道，吐蕃泥婆罗道同天竺道旅游活动前文已有论述，新北道西段将锡尔河、阿姆河、乌拉尔河口、伏尔加河、黑海联系起来，东段经乌兰泊，循翁金河北上至鄂尔浑河流域，即参天可汗道②。这些道路与丝绸之路共同留下各国众多旅游者的身影。

据《纪古滇说》和《华阳国志》载，南方丝绸之路自汉就是缅、暹罗、大秦、交趾、八百、真腊、占城、挝等国土产与珍宝锦盐贸易的重要通道，随着唐代北部各道的衰落，其交通、商业、宗教和旅游意义更加凸显，贝几乎是缅甸、天竺、南诏等地的通用货币，而中国钱也在东南亚地区普遍流通。唐代成都通南诏有东西两道，东道由成都南沿岷江至宜宾，渡江南出石门（豆沙关），经昭通至曲靖及滇池地区；西道取雅安，南渡大渡河，经西昌、渡金沙江至姚安及洱海地区③。云南通缅甸道至诸葛亮城分为两路，南路经龙陵、瑞丽到缅甸掸邦，经古太公城，过隐敦江、钦山和那加山，到达印度曼尼普尔；北路从腾冲如缅甸密支那，经猛拱、孟关、胡康河谷、那加山和帕特开山口，到印度阿萨姆，在缅甸还可由伊洛瓦底江入海前往印度。唐代从云南通安南、天竺有两条重要的国际通

---

① 途经：柘厥关、白马河、俱毗罗碛、苦井、俱毗罗城、阿悉言城、拨换城、小石城、胡芦河、大石城、粟楼烽、拔达岭、顿多城、真珠河、乏驿岭、雪海、碎卜戍、热海、冻城、贺猎城、叶支城、裴罗将军城、碎叶城、米国城、新城、顿建城、阿史不来城、俱兰城、税建城、怛罗斯城。

② 由长安北上至丰州，西北行经鹈鹕泉入碛，经麚鹿山、鹿耳山、错甲山、密粟山、达旦泊、野马泊、可汗泉、横岭、绵泉、镜泊至回纥牙帐。

③ 严耕望：《唐代交通图考：第四卷》，台北坤记印刷有限公司1986年版，第1179~1285页。

道：一条从安宁经景东、镇沅、思茅、普洱，进入老挝琅勃拉邦、泰国清迈、缅甸和安南；一条经昆州、江川县、通海镇、建水、开远、蒙自、步头、河口循濮水、劳水而下，至峰州、交州①，并将南方丝绸之路与海上丝绸之路连接起来。唐代处于上述几条道路上的重要城市，几乎是商业都会，紧邻大理的河赕是中外物资和商人的集散地，信使到蛮界河赕，则以江猪、白氎及琉璃罂为贸易②；有"出异物"美名的永昌是对外交通门户，悉利城是众多骠国和南诏商人聚集的商业重镇，缅甸高哈蒂是重要的水陆转运地，八莫和密支那是联系中印商业的纽带。③

唐代十分鼓励海上贸易，不仅"任其来往通流，自为交易，不得重加率税"④，外商舶来货物的政府采购价还比自由买卖价要贵一倍⑤，海上交通的地位因此明显上升。海上丝绸之路的基本走向为：由泉州、广州、交趾、占婆等地登舶西行，经菲律宾和印尼群岛（或过暹罗湾南下马来半岛），过马六甲海峡，到达南亚次大陆、阿拉伯半岛、欧洲和非洲沿岸；闽广商船"或自狮子国沿印度西岸而入波斯湾，或沿阿拉伯海岸而抵红海湾陈甸"⑥。

唐前期与日本的交通路线主要有南北两条，北路即渤海路，经难波三津浦、濑户内海、下关海峡、筑紫大津浦（博多）、百济沿岸、黄海至登州达于长安，南路经筑紫博多、南岛/值嘉岛、东海、长江口到扬州经运河到长安。由于"新罗梗海道"，公元701年后，遣唐使多取南路。随着航海和造船技术的进步，752年起，取道明州往来中日者越来越多，此道大致经博多、五岛列岛，横渡东海至明州，最快五至七天即可到达。唐代开元通宝能作为一种"国际货币"在朝鲜半岛、日本和东南亚流通无阻，也说明唐与这些地区商业往来的频繁，商业旅游者众多。

据考，中印海上交通和南方丝绸之路自汉从未中断，唐代更有新发展，高宗

---

① 《新唐书》卷43下《地理志》。
② 《蛮书》卷10《南蛮疆界接连诸蕃夷国名第十》。
③ 张忠山：《中国丝绸之路货币》，兰州大学出版社1999年版，第146~150页。
④ （唐）李昂《太和八年疾愈德音》，见（清）董诰等编：《全唐文》卷75《文宗七》，北京中华书局1983年版，第785页。
⑤ 穆根来等译：《中国印度见闻录》，北京中华书局1983年版，第15页。
⑥ ［日］高桑驹吉：《中国文化史》，转自张忠山：《中国丝绸之路货币》，兰州大学出版社1999年版，第172页。

麟德年以后越来越多的人选择海路出国；吐蕃泥婆罗道是最重要的中印陆上交通通道；南海道途众多，广州、交趾、占婆均是登舶地点；南海交通畅达，成为联系中外各国的"新干线"；古代来中国的人，多半带有到中国来贸易的目的，而求法和布道的路线，其实就是商业贸易的路线。①

（二）唐代国际主要旅游客源地

结合表3.1，以及《唐书》《册府元龟》的记载，唐代国际旅游流大致有以下特征：第一，邻国指向性。与唐王朝有着密切交往关系的国家和地区如吐蕃、新罗、回纥等，绝大多数是与唐接壤或隔海相望的邻国，随着距离的拉大和通达性的降低，交往程度逐渐降低，而与友好程度关系不大。第二，大唐中心性。唐代国际旅游入境数远超出境数，这种悬殊记载绝非人为和偶然因素能解释，前文所述唐与新罗、日本、大食、吐蕃等国互遣使者、互访僧人、留学生、商人等的多寡（唯唐日商人多寡例外），也反映了入境旅游者多于出境旅游者的现象，说明当时唐王朝旅游吸引力、影响力和辐射力极强，是整个亚洲乃至世界上最大的旅游目的地。第三，旅游流西向性。从出入境的总体状况看，朝鲜半岛、日本、虾夷国、室韦、靺鞨、契丹、渤海的流向是中国（向西入境74次），中国大的流向是中亚，总体的流向也向西。

据此，可大致归纳唐代国际主要旅游客源地等级如下。

长安和洛阳作为最大的旅游接待中心，形成了第一级旅游客源地，也是国际旅游者的重点旅游目的地。作为目的地，其游客往往采取不同的线路，如回历二世纪，有一个阿曼商人与其他商人合伙贩运苏木往返中国，另一个阿曼人也同样成为"去中国贩运的富商"，纳尔蓬的犹太人也前往中国进行贩运，他们有时取道红海，有时取道波斯湾。② 中亚旅游者往往通过陆路，经玉门关、敦煌、凉州到达长安；南亚和欧洲、非洲的旅游者则往往通过海路经狮子国、马六甲海峡，在交州、广州、泉州等地登陆。然而随着时间的推移和交通、政治形势的变化，

---

① （唐）义净著，王邦维校注：《大唐西域求法高僧传校注》，中华书局1988年版，代校注前言。

② 穆根来、汶江、黄倬汉译：《中国印度见闻录》，中华书局1983年版，法译本序言。

越来越多的旅游者沿海路而来,自交州至温州沿海,形成了中国另外一个重点旅游目的地区域。日本和新罗的旅游者,多经明州和登州登陆中国,山东半岛和江淮一带还形成了新罗商业网。

日本、新罗、高丽、契丹、回纥、突厥、吐蕃和南诏构成了唐王朝最主要的国际旅游客源国,是唐代二级旅游客源地,他们的旅游目的地多为两京地区。除日本和新罗,都与唐直接接壤,他们与唐王朝的碰撞与融合非常激烈,因此,政治旅游占据了其旅游形式的核心部分,体现为会盟、通婚、入贡、颁赐、册封、吊祭等形式。日本和新罗除了有这种政治旅游外,还有更多的宗教、访学、贸易等活动,一方面,是受地理条件的限制,另一方面,则是他们承认在政治、经济、文化等领域的落后,并积极学习、效仿和沿用唐王朝的体制和文明,对唐的敌视态度也不如接壤势力强烈。

东南亚、南亚、中亚和欧洲的旅游者,构成了唐王朝的第三级旅游客源地,其特点是以经济和文化的交流为主要的旅游形式,而政治旅游则较为有限。以广州为中心的沿海地区是他们主要的旅游目的地,其活动以商业贸易以及宗教传播为主。先向沿海地区,如泉州、福州、温州等扩散,然后以这些城市为中心,逐渐渗透到内地,如洪州、扬州等。

二、唐代国内主要旅游客源地

本书以《文渊阁四库全书》为统计源,统计两《唐书》列传人物历次国内出游活动的旅游常住地,记作当次旅游活动的旅游客源地,研究唐代国内主要旅游客源地的特征、等级分布与变迁规律,以期揭示影响唐代国内主要旅游客源地形成的基本因素,哪些地方最易产生旅游者,唐前、后期国内主要旅游客源地的分布与变迁特征等。

(一)唐代国内主要旅游客源地概况

本书的旅游常住地是特定旅游者,在某次旅游活动发生前的常住地,以州府为单位进行统计,州府所归属的道依次以《元和郡县志》《旧唐书》《新唐书》为准,若三者均无记载,依次据《明一统志》《大清一统志》的建制沿革判定,部分跨州山川酌情归入相应州府。旅游目的地的范围可大可小，大至数国的联合区域，小至一个景区，本书将唐代全境作为旅游目的地，除立意用宏观尺度研究国内主要旅游客源地外，唐代旅游以近游为主也是主要原因之一。

经统计，列传人物的旅游常住地分布在全国187个州府，总计1258个，其中不少旅游者有多个旅游常住地。唐前期108个州府作为旅游常住地484次，唐后期145个州府作为旅游常住地774次。前后期都曾作为旅游常住地的有66个州府，这66个州府共作为旅游常住地1033次，是唐代最易成为旅游客源地的州府。详见表3.2。

表3.2 唐代旅游常住地统计表

道名	前期(州府/作为常住地次数)	次数	州数	后期(州府/作为常住地次数)	次数	州数
关内	京兆府218，终南山2，同州、凤翔、华州、单于都护府、泾州、原州、丰州、鄜州、陇州、岐州各1	230	12	京兆府213，凤翔、华州各6，邠州3，同州、泾州、夏州各2，胜州、丰州、原州、单于都护府、朔方、坊州、盐州、华山各1	242	15
河南	河南府40，汴州3，陕州、嵩山、兖州、虢州、齐州各2，汝州、滑州、青州、亳州、淄州、仙州、濮州、济州、陈州、青州、徂徕山各1	64	18	河南府60，汴州11，虢州6，滑州、汝州各5，陕州、徐州、郓州各4，嵩山2，亳州、兖州、莱州、宋州、蔡州、濠州、申州、郑州、宿州各1	110	18
河东	蒲州(河中府)7，太原6，并州5，邢州3，绛州、泽州、汾州各1	24	7	太原16，河中府(蒲州)11，绛州4，潞州2，慈州、石州、晋州各1	36	7
河北	幽州5，定州、相州各2，冀州、怀州、赵州、博州、神丘道、榆关道、卫州、营州、瀛州、蓟州各1	19	13	幽州8，定州4，魏州3，怀州、镇州各2，赵州、冀州、博州、德州、贝州、深州、沧州各1	26	12

续表

道名	前期(州府/作为常住地次数)	次数	州数	后期(州府/作为常住地次数)	次数	州数
山南	荆州10，襄州9，阆州、夔州各2，邓州、开州、巴州、郢州、集州、峡州、鹿门山、蟠龙山各1	31	12	襄州15，荆州15，兴元府9，夔州、阆州、忠州各3，巴州、开州、郢州、果州、蓬州、壁州、复州各2，邓州、成州、通州、金州、归州、沣州、商州各1	69	20
淮南	扬州7，舒州1	8	2	扬州10，滁州4，和州3，楚州2，舒州、庐州、寿州各1	22	7
江南	越州7，台州6，湖州、润州、岳州各5，苏州、洪州、衡州各3，袁州、婺州、常州、庐山、安州各2，饶州、歙州、道州、吉州、朗州、福州、江州、宣州、蕲州、叙州各1	57	23	润州、越州、苏州各13，湖州、宣州、杭州各12，常州9，江州8，洪州、鄂州、潭州各7，泉州6，福州5，道州、袁州、婺州、永州各4，饶州、庐山、歙州、睦州、连州、括州、郴州、信州、抚州各3，衡州、朗州、吉州、处州、虔州、衢州、澧州各2，岳州、建州、会稽山、黄州、汀州、邵州、明州、温州、池州、升州、黔州各1	192	44
陇右	凉州3，安西2，秦州、鄯州、沙州、疏勒各1	9	6	鄯州、秦州各2，凉州1	5	3
剑南	成都府13，梓州4，剑州、绵州、嶲州各1	20	5	成都府26，梓州8，绵州5，汉州、彭州各2，剑州、遂州、蜀州、普州各1	47	9
岭南	桂州7，广州5，端州3，泷州、钦州、骥州、峰州、春州、韶州、高州各1	22	10	桂州11，潮州3，循州、容州、安南各2，广州、端州、崖州、柳州、象州各1	25	10

续表

道名	前期(州府/作为常住地次数)	次数	州数	后期(州府/作为常住地次数)	次数	州数
合计	108/484。其中42个地区后期无			145/774。其中79个地区前期无	187/1258	

说明：1. 本表统计的基本行政单位为州，前后期划分以安史之乱为界，统计数据以第二章第一节为准。

2. 下划线地区表示仅本期有旅游者作为常住地。

3. 次数指旅游者以某地为常住地的次数（多次以同一州府为常住地者，以1次计），州数指曾经作为旅游者常住地的州级政区数目。合计栏数字的意义：州数/次数。

4. 一个旅游者在他多次旅游活动中往往有多个常住地，是以常住地总数（1258）大于旅游者总数（680）。

(二)唐代国内主要旅游客源地变迁

1. 唐前期国内主要旅游客源地的分布

通过对旅游者出游前的旅游常住地进行统计，可以大致反映特定地区主要旅游客源地的特征和分布状况。据表3.2，唐前期国内主要旅游客源地具有广泛而相对集中的分布特点，全国108个州府曾484次作为唐前期旅游者的旅游常住地，这些州府是唐前期最为典型的国内主要旅游客源地，并呈现出一个倾斜的"H"字形的空间分布特征，如图3.1所示，总体上空间分布较为广泛，唐前期开发较好和人类活动较为频繁的州府均能成为国内主要旅游客源地。从这些州府所在道看，江南道和河南道分别有23个和18个州府曾产生旅游客源，分布最为广泛；河北、山南、关内和岭南四道则各有10~13个州府曾作为唐前期旅游者的旅游常住地，河东、陇右、剑南、淮南四道作为旅游常住地的州府则较少。若以长江为界划分南北方地区，则北方地区作为唐前期国内主要旅游客源地的州府有77个，较南方地区的31个多得多，说明唐前期北方地区更容易也更普遍地成为国内主要旅游客源地，这与唐前期国内政治、经济、文化、区域开发、社会发展等现实相符。

统计各州府作为旅游者国内旅游活动的旅游常住地次数，能较好反映各州府旅游者出游频度，以及不同州府作为国内主要旅游客源地的重要程度，可用以分析唐代国内主要旅游客源地的等级分布与空间集中性特征。显然，唐前期国内主

第二节 唐代主要旅游客源地

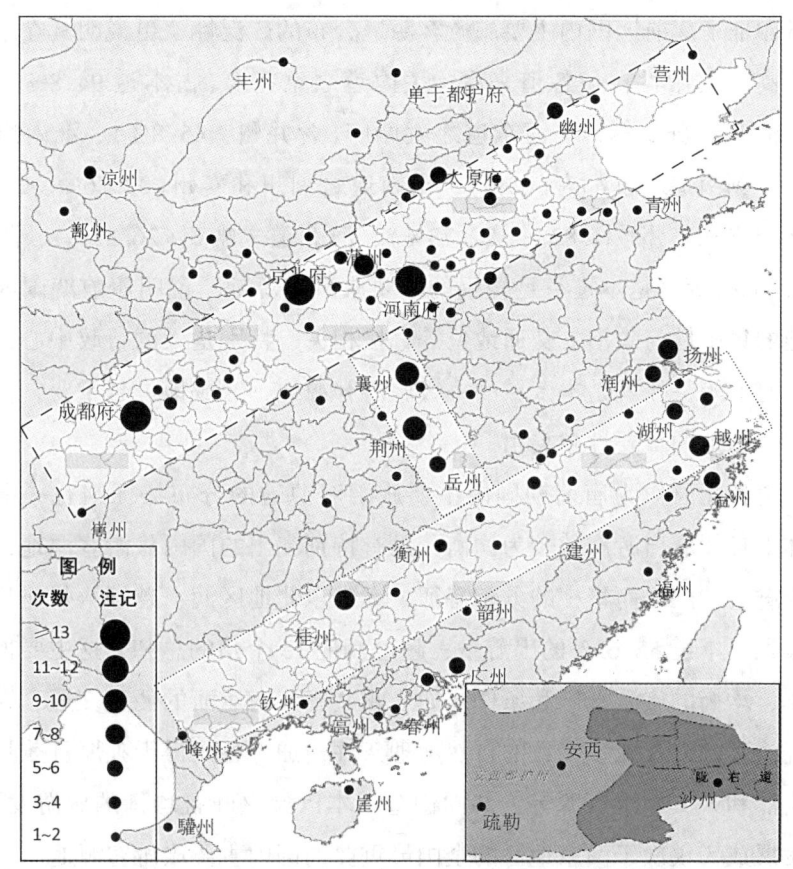

图 3.1 唐前期国内主要旅游客源地分布图

要旅游客源地具有鲜明的集中性分布特征,从南、北方地区差异看,国内主要旅游客源地的 484 次出游活动中有 408 次来自北方地区,占 84.30%,说明唐前期国内主要旅游客源地在北方地区的集中性;从全国范围看,仅有京兆府、河南府、成都府和荆州四个州府出游量超过 10 人次,京兆府更是高达 218 人次,占全国的 45.04%,是全国最重要的国内旅游客源地,河南府也有 40 人次之多,占比高达 8.26%,此二者就占据了全国半数以上的国内旅游出游量,说明唐前期京兆府和河南府是全国最重要的两个国内旅游客源地,且其重要性较其他主要旅游客源地显著得多,说明政治因素是唐前期国内主要旅游客源地形成和发展的决定性因素;相比之下,其他 106 个主要旅游客源地的出游量分布则相对均衡,出游

141

次数超过5人次的州府仅有15个,最多的成都府和荆州也分别仅有13人次和10人次,既印证了唐前期国内主要旅游客源地分布的广泛性,更说明其在京兆府和河南府的高度集中性;从各道来看,关内道之京兆府(占本道94.8%,下同)、河南道之河南府(62.5%)、河东道之太原府(含并州,45.8%)、淮南道之扬州(87.5%)、剑南道之成都府(65%)、山南道之荆州和襄州(32.26%、29.03%)、岭南道之桂州和广州(31.82%、22.73%)、河北道之幽州(26.32%)、陇右道之凉州(33.33%)等均是本道举足轻重的主要旅游客源地,说明唐前期国内主要旅游客源地的集中性与政治、交通地位等直接相关,特别是大的行政中心,如国都和道治、府治等往往就是本区域的一级旅游客源地,区域地位越重要,作为国内主要旅游客源地的重要性越突出。

江南道各州府作为唐前期国内主要旅游客源地的分布特征则有一定的特殊性,总体上各州府出游次数较为均衡,没有特别突出的国内旅游客源地,但仍体现出较为鲜明的广泛而集中的分布特征,本道东北地区润、越等八州连片的狭小区域,集聚了本道52.63%的出游量,超过其他15个州的总和,这主要得益于本区域优越、均衡的旅游基础和条件,如八州共享江南运河的便利交通、太湖平原雄厚的经济基础以及几乎一致的自然地理条件,加上各州得天独厚且兼具一定互补性的自然和人文旅游资源等,共同创造了本区域兴旺且均衡的旅游发展态势,并逐步发展成为仅次于两京地区的全国最重要的国内主要旅游客源地。

2. 唐后期国内主要旅游客源地的分布

唐后期国内主要旅游客源地的分布较前期更为广泛,向政治、经济、交通中心等集聚的特征更为显著。全国145个州府曾774次作为唐后期旅游者的旅游常住地,其中66个州府在唐前期即为国内主要旅游客源地,它们都是唐代最重要的国内主要旅游客源地。唐后期不再有出游记录的42个旅游客源地大多位于边远地区,而新增的79个主要旅游客源地则多位于内陆地区,仅江南、山南、淮南和河南等内陆四道就新增了51个,其中不乏杭州、兴元府、鄂州、潭州等重要的旅游客源地,从各道国内主要旅游客源地数量看,江南、山南、河南和淮南等内陆四道共有89个国内主要旅游客源地,占比61.38%,如果算上河东、关内、剑南、岭南等道处于内陆地区的主要旅游客源地,内地国内主要旅游客源地数量将达120个左右,占比超过八成,说明唐后期国内主要旅游客源地不仅有大的增加和发展，也呈现出更广泛的分布和更向内陆地区集中的趋势。

总体上唐后期国内主要旅游客源地的"H"形分布特征依然存在，但已不似前期那样鲜明，内陆地区国内主要旅游客源地的迅速增多，特别是国内主要交通线上新增的众多主要旅游客源地，使唐后期国内主要旅游客源地沿交通线分布的规律性得到较好的彰显，而边疆地区绝大多数国内主要旅游客源地更是对交通条件有严重的依赖性，体现出唐后期交通条件对国内主要旅游客源地的形成、发展、变迁及其地位的决定意义，如图3.2所示，图中所绘实线为《元和郡县志》所载国内基本交通线，它们几乎将国内最重要的旅游客源地全部连接起来，同时，前文已经多有述及的桂州路、梓州路、宣州路、徐州路（虚线所示）以及长江水道上，也分布着众多国内主要旅游客源地，如桂州、梓州、徐州、宣州等。毫无疑问，唐后期交通已成为影响和决定唐代国内主要旅游客源地形成和分布的三大因素之一，且其作用越来越突出，其他两大因素为政治和经济因素。

从各旅游客源地出游量看，唐后期国内主要旅游客源地分布特征与前期大同小异，从南、北方地区差异看，北方地区出游量556人次，占全国的71.83%，较前期有所降低，即便以秦淮线划分南、北方地区，出游量南方地区依然少于北方地区，说明唐后期国内主要旅游客源地集中于北方地区的态势依旧，不过南方地区，尤其是江南道新的国内主要旅游客源地的开拓和发展十分迅速。从全国范围看，唐后期京兆府（213人次）和河南府（60人次）依然是全国出游量最多的两个国内旅游客源地，不过在全国大多数主要旅游客源地出游量较前期均有不同程度增多的同时，京兆府出游量却略微下降，占全国的比例则大幅下降至27.52%，说明政治因素虽仍是唐代国内主要旅游客源地形成、发展、分布及其地位的最大决定性因素，但其他如经济、交通等因素的影响力正逐步增强；成都府（26人次），太原府（16人次），襄州和荆州（各15人次），润州、越州和苏州（各13人次），湖州、宣州和杭州（各12人次），桂州、汴州和河中府（各11人次），扬州（10人次）等14个主要旅游客源地或是区域行政中心，或是交通中心，或是经济中心，且这些客源地的旅游客源都有较大的增长，依然遵循区域政治、经济、交通地位越突出，作为国内主要旅游客源地的地位就越重要的规律性。此外，唐后期国内主要旅游客源地沿交通线分布的特征显著，出游量较多的客源地均分布在国内重要交通线及其周边，如大运河沿线、江南运河沿线、长安入蜀和南下荆襄

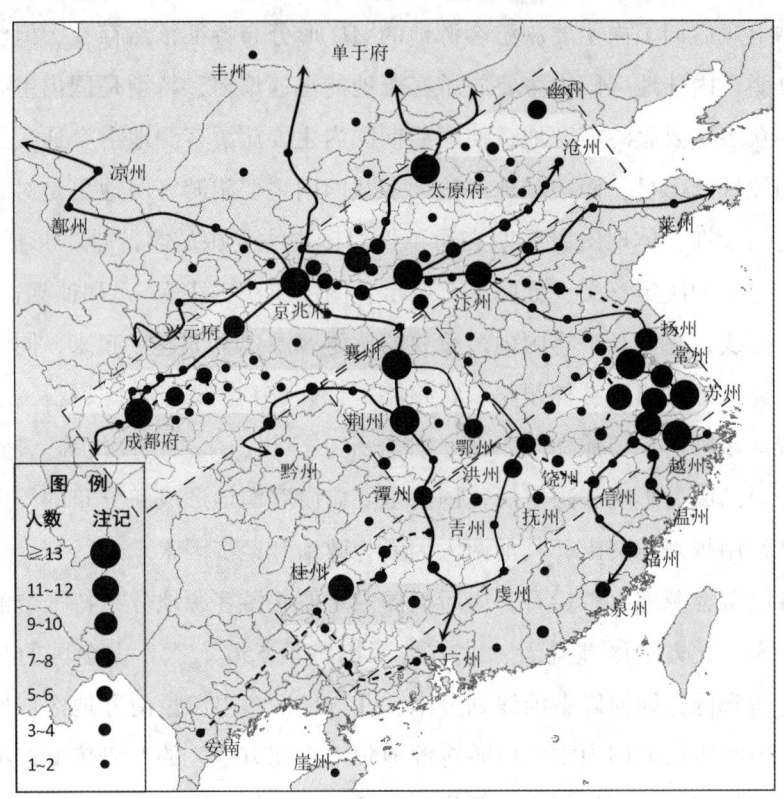

图3.2 唐后期国内主要旅游客源地分布图

的交通沿线、长江水道沿线等,且水路沿线的主要旅游客源地的地位和影响力普遍大于陆路沿线。总体上,已形成四个重要国内旅游客源区域:两京地区、浙西地区、长江中游沿岸地区和成都府地区,桂州和太原府则是两个相对独立的主要旅游客源地。

3. 唐代国内主要旅游客源地的变迁

综上,唐代国内主要旅游客源地的变迁大致有以下规律可循:第一,唐代国内主要旅游客源地不断发展和增多,尤其是政治、经济、交通中心即主要交通线周边地区逐渐发展成为国内主要旅游客源地;唐前、后期均有出游记录的国内主要旅游客源地有66个,出游量共计达1033人次,占唐代总出游量的82.11%,是全国最重要的客源地,尤以京兆府、河南府、成都府、太原府、襄州、荆州、润州、越州、苏州、湖州、宣州、杭州、桂州、汴州、河中府、扬州等全国和区域行政、经济和交通中心的客源地地位最为重要，出游量也最多；北方地区旅游客源地稳步发展，南方地区旅游客源地发展迅速，但唐代国内主要旅游客源地依然多集中于北方地区，总体上国内主要旅游客源地由唐前期的南北分异、各自发展态势逐步演化为以长安入蜀线、长江水道沿线、江南运河沿线和大运河沿线等环绕的面状综合发展态势。

第二，内陆地区主要旅游客源地增速快、扩散范围广，边疆地区发展缓慢且集中于交通线周边，总体上呈现向内陆地区集中的态势；唐后期不再有出游记录的42个国内主要客源地基本分布于偏远和边疆地区，唐后期新增的79个客源地则多分布于内陆地区，尤以江南道新增25个客源地为最多，占全部新增客源地的31.65%，且净增21个，其中还包括杭州这样重要的旅游客源地，内陆的山南和淮南也各净增8个和5个主要旅游客源地。

第三，关内道、河南道和江南道是唐代国内主要旅游客源地数量及其出游量最多的三道，前后期关内道客源地数量和出游量基本维持不变，河南道客源地数量保持不变但出游量上涨了71.88%，江南道客源地数量翻番，出游量也增长了两倍多，并大大超过河南道成为仅次于关内道的第二大国内主要旅游客源地；唐前后期山南道和剑南道客源地数量和出游量均近乎翻番，但前后期体量都不算大，两道客源地数量虽不少，后期更有大的发展和增多，但二者出游量之和仅与河南道相当，尚不及关内道的一半；河东、河北、岭南、淮南和陇右五道客源地数量和出游量都不大，尤其是陇右道衰退明显，河北、岭南也几乎停滞不前，河东道出游量虽有一定增长，但与其北都的行政地位不太相符，淮南道客源地数量和出游量增长明显是因为前期基础太薄弱，总体上唐后期河东、河北和陇右三道因地处北方御敌要冲，政局不稳、时有征伐或常脱离王朝实际控制，旅游客源地发展停滞甚至衰退。

唐代国内主要旅游客源地的南北分异模式逐渐被打破，逐渐沿主要交通线形成面状集聚区域，并在政治、经济、交通等因素的综合作用下，形成几个典型的旅游客源集聚区。

两京地区一直是全国最重要的旅游客源地。唐后期，京兆府出游量虽较前期小有下降，但其构成更为大众化，统计显示，唐前期较为常见的宫廷旅游和陪游已很少见，上层社会的别业、园林游赏和赋诗等活动，也逐渐被其他更趋于平民化的旅游形式所取代，唐后期旅游活动的大众化和平民化前文节日游憩部分已有述及，此不赘述，反映了京兆府作为旅游客源地的成长和转型，更体现了京兆府旅游活动更趋近于旅游本质，是旅游性的进步和提升；河南府一直是仅次于京兆府的全国最重要、最稳定的旅游客源地，其前后期占全国的客源比例较为恒定，其政治影响仅次于长安，不仅农业基础好，经济发展健康稳定，还是大运河入京的必经之地，某些重要物资需在此转运长安，控国势兴衰的咽喉要冲，交通地位可见一斑，同时又有灿烂浑厚的文化和底蕴，可以长期稳定地提供各类旅游客源，其旅游活动与京兆府极为相似，唐后期大众化程度迅速提高。总之，两京地区作为全国最大旅游客源地的地位较为稳固，唐后期，其客源结构更为合理，分布更为广泛。

浙西地区以浙西观察使辖区为中心，还包括与之毗邻的扬、宣、越等诸州之地，是全国旅游客源成长最快的区域，也是仅次于两京地区的最重要国内主要旅游客源地，唐前期该客源区域出游量还不到全国的5%，唐后期则几与河南道全道出游量相当，其全国占比也提升到13.44%，迅速成长为全国第二大旅游客源地。该区不仅经济发达、文化昌盛、环境优美、历史底蕴深厚、旅游资源丰富，还有江南运河的串联作用，大庾岭开通后，该区成为沟通南北的重要区域之一，正如向达所言："唐代由广州向中原，大都取道梅岭以入今江西，而集于洪州……（至洪州后）南下或北上者多取钱塘一道，不惟富春江上风景清幽，足供留连，旅途实亦较大江为平安也。至江苏后则集于扬州，由此转入运河以赴洛阳……然后再转长安"①，由中原南下广州亦有不少取此道者。经济、交通地位的迅速提升，人口的增加，丰富的旅游资源，稳定的社会环境等因素均是促使该区成为全国第二大旅游客源地的重要原因。

唐后期长江中游流域出游量大幅提升后，该区逐步发展成为唐代国内主要旅游客源区域之一。该区域位于全国水陆交通大动脉的交汇之处，荆襄线在襄州可南行由荆州入江，也可东南行经鄂州入江，再溯江由岳州南下，长江水道又是唐后期最重要的交通运输线，由此荆、襄、鄂、岳等长江中游沿岸城市出游量增加明显。唐前期，本区域尚未形成国内主要旅游客源区域，荆州、襄州、岳州各自成为本州主要旅游客源地，其他旅游客源地出游量极为有限；唐后期，荆、襄两

---

① 向达：《唐代长安与西域文明》，三联书店1957年版，第34页。

个主要旅游客源地发展成为本区域最重要的旅游客源地,并逐步与鄂州、岳州相融合,成为唐代典型国内旅游客源区域之一,并带动着周边的潭、江、洪等州出游量的增加,说明长江水道对唐代国内主要旅游客源区域形成与发展的巨大作用。

成都府地区正在失去国内主要旅游客源区域的地位。成都府、梓州、绵州是该区的国内主要旅游客源地,唐后期其出游量虽有一定增加,但与全国平均增量和增速相比,还存在一定差距,这与该区唐后期常受到吐蕃外部势力骚扰和地方割据斗争等不稳定政治与社会因素影响有较大的关系。

(三)唐代国内主要旅游客源地分级

1. 影响唐代旅游客源地分级的因素

如图 3.3 所示,在政治、经济、文化、交通、旅游资源等多种因素的综合影响下,唐代形成了几个典型的国内主要旅游客源地集聚区域,因主导因素及其作用力的不同,各集聚区域国内游客出游量体现出较大的差异性,并奠定了唐代旅游客源地分级的基础。

首先,政治因素是影响唐代旅游客源地分级的首要因素。从唐代国内主要旅游客源地出游量看,唐代最重要的旅游客源地均是大的行政中心,京兆、河南、河中、太原四地都自不必说,其他重要旅游客源地绝大多数是道治,如成都(剑南治)、荆州(荆南治)、襄州(山南治)、越州(浙东治)、桂州(桂管治)、润州(浙西治)、扬州(淮南治)、苏州(江东治)等。

其次,交通因素对唐代旅游客源地分级有决定性影响。唐代国内主要旅游客源地有沿交通线分布的规律,长江水道、大运河、江南运河几乎将所有重要旅游客源地串联起来,图 3.3 中不在这三条线或其周边的客源地,也多为区域交通中心,如桂州、梓州、幽州、太原府等,桂州路是唐代沟通广州、安南和长安的重要交通线,由桂州经永州可达衡州,经象州可达安南,经昭、梧、端等州可达广州,是西部地区北出中原的唯一捷径[①];梓州水陆交通非常发达,杜甫诗云"无数涪江筏,鸣桡总发时"即写梓州连通涪江的便利,梓州还是连通利州、阆州与

---

① 陈伟明:《唐五代岭南道交通路线述略》,《学术研究》1987 年第 1 期,第 53~58 页。

成都的重要通道①；幽州则是营州道的重要枢纽。

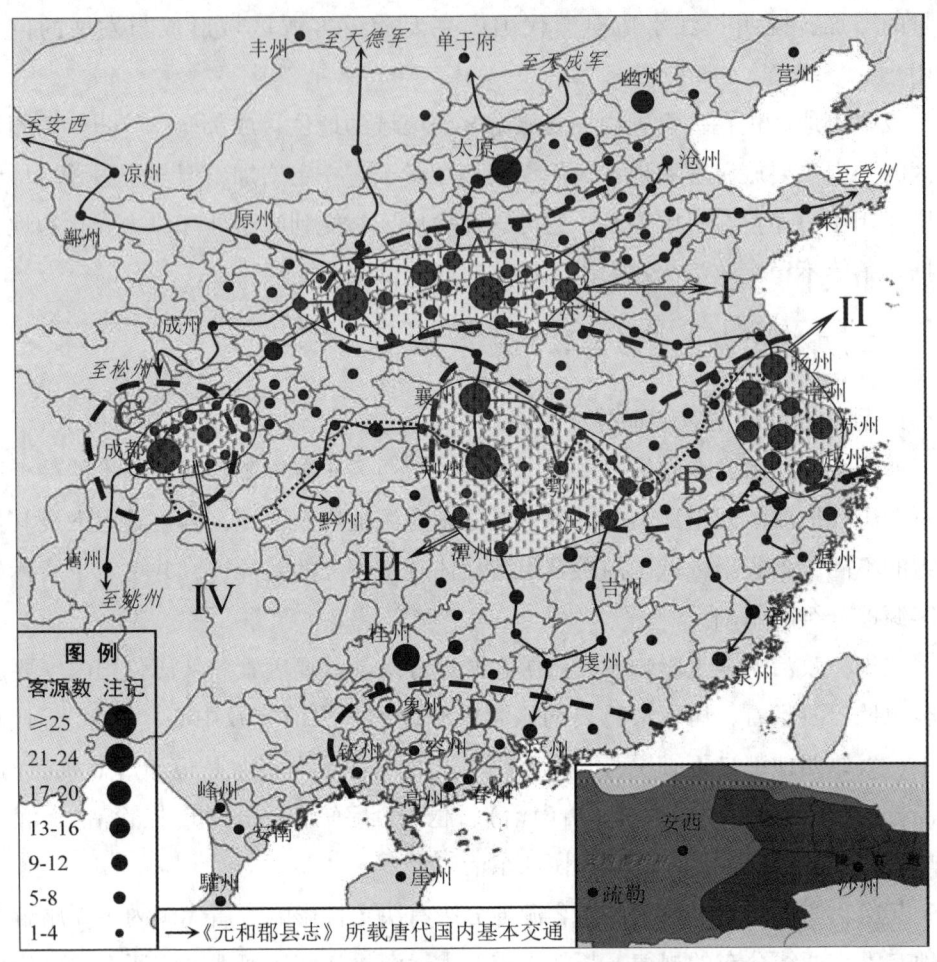

图 3.3　唐代国内主要旅游客源地分布图

再次，经济因素是影响唐代旅游客源地分级的核心因素。事实上，无论是政治因素还是交通因素，其根源还是经济，特别是唐后期，浙西地区迅速崛起成为全国第二大旅游客源区域，就是因为王朝的兴衰存亡全部要仰仗该区的财富，图3.3 中四个典型客源集聚区Ⅰ、Ⅱ、Ⅲ、Ⅳ全部位于唐代基本经济区 A、B、C、

---

① 严耕望：《唐代交通图考：第四卷》，台北坤记印刷有限公司1986年版，第1166~1168页。

D内，而A、B两个基本经济区便集中了全国近七成的客源，足以证明经济因素的重要性。

最后，旅游资源、社会、文化等因素也能对唐代旅游客源地分级产生重大影响。一是旅游资源丰富独特的区域出游量大，如浙西地区、桂州等；二是社会稳定的地区，旅游客源相对稳定充足，如内陆地区较边疆地区、南方地区较北方地区都更能产生旅游客源；三是文化不仅可形成地方性的旅游资源，也能潜移默化地影响区域游乐的风气。

2. 唐代国内主要旅游客源地的等级分布

（1）一级国内旅游客源地。从长安经洛阳至汴州的沿河一带是唐代一级国内旅游客源地（图3.3中Ⅰ区所示）。此区游风浓郁，长安"以不耽玩为耻""好事者赏芳辰、玩清景、联骑携觞，亹亹不绝"，天黑也不愿回家，杜奕云："青门几场送客，曲水竟日题诗。骏马金鞭无数，良辰美景追随"，大节里更是"贵游戚属及下俚工贾，无不夜游，车马骈阗，人不得顾"，洛阳也是"美人竞出，锦障如霞。公子交驰，珊鞍似月"①。统计显示，京兆府和河南府是全国最重要的两个国内旅游客源地，唐代京兆府出游量占全国的34.26%，唐前期更高达45.04%，后期出游量比例也占全国的27.52%；河南府出游量也相当稳定，其占全国出游量的比例达7.95%，唐前、后期出游量仅次于京兆府，远多于其他州府，为全国第二大国内旅游客源地；汴州是封禅线和大运河南下的交汇处，是南方财富输往两京地区的咽喉要冲，便利的交通使其成为唐代重要的国内旅游客源地，尤其是唐后期出游量迅速增加，并与两京地区融合成为全国最重要的国内旅游客源区域。

统计显示，该区是唐代国内游客出游量最多的地区，并迅速从唐前期的宫廷旅游和贵族陪游为主的功利旅游和上层阶级享乐的小众旅游，过渡到以社会中下层旅游者为主的理由主体结构多元化的大众旅游活动。不计近游，唐前期该区旅游客源主要沿长安经襄州南下的交通线流出；唐后期则发展出三个主要流向，按出游量多寡及重要性依次为，一是由长安经洛阳、汴州入运河沿线流动，二是沿长安入蜀沿线流动，三是由长安经襄州，沿长江及其支流沿线流动。浙西地区是该区客源最主要的流入地区，其次是成都府地区和荆襄一带。

---

① （唐）长孙正隐：《上元夜效小庾体同用春字并序》，见《岁时杂咏》卷7。

(2) 二级国内旅游客源地。浙西地区的润、宣、常、苏、湖、杭、越、扬等州之地形成唐代二级国内旅游客源地(图3.3中Ⅱ区所示)。此区游风也较浓,春天里"四方之人,无不酒乐游从,连春入夏,自旦及昏,闾里之间,殆于废业",重大节日里总是"灯火家家市,笙歌处处楼"①,日僧圆仁记述道,"十五日夜……其灯盏数不遑计知,街里男女不惮深夜,入寺看事……并从此夜至十七日夜,三日为期。"②唐代浙西地区国内旅游出游量大,该区没有类似京兆府或者河南府这样鹤立鸡群的客源地,各州府出游量均较大且相对均衡,总体上国内旅游客源稳定持续增长,占全国出游量的9.14%,且唐后期增速加快,成为仅次于两京地区的国内旅游出游量第二大区域。

统计显示,浙西地区国内旅游出游量大,旅游者结构较为合理,唐后期其客源流动性非常大,主要流向有沿运河北上两京,溯江而上到达长江沿岸地区,沿钱塘一线集于洪州后南下广州等三条,两京是该区客源最主要的流入地区,其次是江州、广州、鄂州、洪州等地。

(3) 三级国内旅游客源地。成都及其东北地区,以及长江中游流域的襄州—潭州—江州之间的区域并为唐代三级国内旅游客源地(图3.3中Ⅲ、Ⅳ区所示)。成都自古"俗尚嬉游,家多宴乐"③,自隋迄宋尤盛④,唐代更是"江山之秀,罗锦之丽,管弦歌舞之多……扬不足以侔其半"⑤;唐代荆州游风有类蜀中,"蜀土尤尚二月八日、四月八日,每至二时,四方大集,驰骋游遨",届时荆州也是"众聚如山,歌赞云会"⑥,僧俗官员齐集道场,百姓临街瞻仰、散施祈福,还有"踏歌""赛天王"等活动助兴。⑦ 成都地区旅游客源较为集中,以成都府和梓州

---

① (唐)白居易:《正月十五日夜月》,见《御定全唐诗》卷443。
② [日]圆仁撰,白化文等校注:《入唐求法巡礼行记校注》,花山文艺出版社1992年版,第97页。
③ 《全蜀艺文志》卷45《至道圣德颂》。
④ 如"多溺于逸乐……贫家不务储蓄,富室专于趋利,其处家室,则女勤作业,而士多自闲,聚会宴饮,尤足意钱之戏"。见《隋书》卷29《地理志上》。又如"蜀中百姓富庶,夹江皆创亭榭游赏之处。都人士女,倾城游玩,珠翠绮罗,名花异香,馥郁森列"。见《蜀梼杌》卷下。再如"所获多为遨游之费,踏青,药市之集尤盛,动至连月"。见《宋史》卷89《地理志》。
⑤ (唐)卢求:《成都记序》,见(清)董诰等编:《全唐文》卷744,中华书局1983年版,第7702页。
⑥ (唐)道宣:《续高僧传》卷35《释德山传》,卷27《释会通传》,http://www3.fosss.org/DZZJian/ShowArticle.asp?ArticleID=321&Page=30; http://www3.fosss.org/DZZJian/ShowArticle.asp?ArticleID=321&Page=32, 2010/7/11。
⑦ 张弓:《汉唐佛寺文化史(下)》,中国社会科学出版社1997年版,第952页。

为中心向东北方向沿长安入蜀交通线延伸,虽然该区偏寓一方,国内旅游出游量占全国的比例不高,但成都府作为区域国内旅游客源地的地位突出且较为稳定。长江中游流域作为国内旅游重要客源区域,其地位仅次于两京地区和浙西地区,出游量稳定持续,前期得益于荆襄线的作用,后期则得益于长江水道的作用,典型的交通因素驱动型的国内旅游客源区域,和全国重要的旅游集散区域,唐前、后期,荆、襄二州国内旅游出游量合计分别占山南道的61.3%和43.5%。

排除近游,成都府地区旅游客源主要沿长江流出,荆州、岳州、长安是主要流入地区;长江中游地区旅游客源主要沿襄州流往长安,也有一定量的客源沿江流向浙西地区和其他沿江重要交通节点城市。

此外,太原府、桂州、幽州和兴元府的旅游客源也比较多,但尚未形成区域化效应,且流动性不强。

第四章 唐代旅游资源地理

第一节 唐代旅游资源概况

一、北方诸道旅游资源统计

(一)关内道

关内道 18 个州(府)共 520 个旅游资源(点)有旅游者访问记录,其中地文景观类旅游资源 47 个,水域风光类 50 个,生物景观类 1 个,遗址遗迹类 17 个,建筑与设施类 383 个,人文活动类 2 个,其他类旅游资源 20 个,本道绝大多数旅游资源分布于京兆府、华州和商州。

表 4.1　　　　　关内道旅游资源及游览人次统计表

州府	地文景观		水域风光		生物景观		遗址遗迹		建筑与设施		人文活动		其他		合计	
	A	B	A	B	A	B	A	B	A	B	A	B	A	B	A	B
京兆	30	114	35	212	1	1	14	32	328	1028	2	8	8	180	418	1569
华州	6	50	4	14			2	4	22	83			1	1	35	152
商州	3	16	4	5					12	25					19	46
丰州	2	3	2	3			1	1	3	3			1	1	9	11
陇州	2	12							2	3					4	15
同州	1	1	1	1					5	6			2	2	9	10
胜州									2	5					2	5

续表

州府	地文景观		水域风光		生物景观		遗址遗迹		建筑与设施		人文活动		其他		合计	
	A	B	A	B	A	B	A	B	A	B	A	B	A	B	A	B
鄜州			2	2									2	2	4	4
泾州									2	2			1	1	3	3
原州	1	1	1	2					1	2					3	5
夏州									1	1			2	2	3	3
邠州									3	3					3	3
盐州	1	1	1	1											2	2
坊州									1	1			1	1	2	2
宁州	1	1													1	1
绥州													1	1	1	1
延州									1	1					1	1
灵州																
合计	47	199	50	240	1	1	17	37	383	1163	2	8	20	193	520	1834

说明：数据来自第二章的统计。旅游资源分类参考：国家标准 GB/T 18972—2003《旅游资源分类、调查与评价》。A 表示旅游资源数量，B 表示游客到访人次。以下各道旅游资源统计表同。

若从旅游资源的到访人次来判定该旅游资源的吸引力（等级），关内道曲江、慈恩寺、华山、华清宫、华岳庙、兴庆池、杏园、乐游原、潼关、昆明池、临渭亭、韦氏逍遥谷、安乐公主山庄、望春宫、马嵬驿等 15 个旅游资源最具旅游吸引力（到访人次≥20），其中地文景观类旅游资源 2 个，水域风光类 3 个，建筑与设施类 10 个，分布于京兆府的有 12 个，其他 3 个分布于华州，最具吸引力的五个旅游资源，京兆府占 3 个，华州占 2 个。

表 4.1 及统计显示，关内道旅游资源种类较为完整和齐全，缺乏天象与气候景观、旅游商品两大类旅游资源，以建筑与设施类旅游资源最为丰富，共有 383 处，占关内道旅游资源总量的 73.65%；水域风光和地文景观也是本道比较丰富的旅游资源类型，总量各在 50 个左右；此外，本道还有一定量的遗址遗迹类旅游资源，而生物景观和人文活动类旅游资源则十分有限。这反映了唐代旅游者对

于建筑与设施的偏好,也说明关内道开发建设相当充分,一些建筑技艺高超、功能特殊的建筑物受到广泛的推崇和喜好,甚至成为某种文化现象的代名词,如慈恩寺题名、槐衙等承载着唐代科举文化的旅游资源吸引着众多旅游者驻足游览;地文景观和水域风光也是本道旅游者非常喜欢游览的对象,乐山水自放,在寄游山水中观察和探索自然规律与秘密、感悟自然与人生哲理,既达到休闲放松和修身养性的目的,也促进了唐代自然科学的迅速发展,并深刻影响着唐代旅游者的生活方式和观念,如唐代成为中国古代节日活动"初因淡化"的第一个高峰期,众多严肃的节日活动从祭拜祝祷转化为逸兴娱乐活动,与唐代旅游者纵情山水、孜孜探索不无关系。

表4.2　　　　关内道各类最具吸引力旅游资源(前五)

资源类型及数量	五大最具吸引力旅游资源及游览量	游览量及其占比
地文景观(47)	华州华山(40)、京兆府乐游原(25)、骊山(19)、终南山(18)、商州商山(13)	115/199 57.79%
水域风光(50)	京兆府曲江(91)、兴庆池(29)、昆明池(23)、浐水(9)、龙首渠(8)	160/240 66.67%
生物景观(1)	京兆府端正树(1)	1/1 100%
遗址遗迹(17)	京兆府未央宫(9)、长安故城(6)、韩公堆(3)、隋宫(2)、华州华州城(3)	23/37 62.16%
建筑与设施(383)	京兆府慈恩寺(66)、华清宫(38)、杏园(26)、华州华岳庙(31)、潼关(24)	185/1163 15.91%
人文活动(2)	京兆府王维石刻(7)、李林甫壁画山水(1)	8/8 100%

此外,关内道旅游资源的集中性分布特征明显,本道520处旅游资源虽分布于18州(府)的广泛地理空间上,但京兆府集中了其中的418处,占本道旅游资源总量的80.38%,超过其他17州旅游资源总量的4倍,几乎是本道旅游资源总量第二多的华州的12倍。同时,本道旅游资源总量较多的州府绝大多数与京兆

府接壤，体现出从京兆府向周围以主要交通线为延伸逐步扩散并衰减的空间分布特征，其形成原因主要是政治因素对唐代，尤其是唐前期旅游活动的决定性影响，同时交通因素的影响也不可忽视。

从旅游资源类型角度看，关内道各类最具旅游吸引力的五大顶级旅游资源如表4.2所示，47处地文景观共吸引了199人次的旅游活动。华山、乐游原、骊山、终南山和商山均属山丘型旅游地，共集中了六成的地文景观游览量，而五大顶级水域风光以潭池和观光游憩河段为主，遗址遗迹则几乎均为人类活动遗址，它们也存在吸引六成以上游览量，以及曲江和未央宫等顶级旅游资源吸引超过两成游览量的情况。生物景观和人文活动因统计指标数量太少当另论，建筑与设施类旅游资源看似两项占比都不高，但若从该类共383处资源单体数量分析，5处（即1.31%）资源就占据了15.91%的游览量，也颇能反映一方面唐代旅游者对优异旅游资源的极度偏好及其游览活动的集中性特征，另一方面唐代旅游资源开发力度和程度还较为有限。

(二) 河南道

河南道共32个州(府)404个旅游资源(点)有旅游者访问的记录，其中地文景观类旅游资源46个，水域风光类63个，生物景观类2个，遗址遗迹类23个，建筑与设施类228个，人文活动类2个，其他类旅游资源40个。本道大多数旅游资源分布在河南府，同时兖州、虢州、陕州、汴州、汝州、泗州等地也有一定量的旅游资源。

表4.3　　河南道旅游资源及游览人次统计表

州府	地文景观		水域风光		生物景观		遗址遗迹		建筑与设施		人文活动		其他		合计	
	A	B	A	B	A	B	A	B	A	B	A	B	A	B	A	B
河南	24	96	26	64	1	3	5	7	125	221			8	103	189	494
虢州	2	4	3	4			2	2	10	16			3	6	20	32
汴州			2	3			4	11	7	12			3	8	16	34
陕州	4	5	3	3			3	4	7	10			2	9	19	31
汝州	1	3	3	6			1	1	9	14			2	5	16	29

续表

州府	地文景观 A	地文景观 B	水域风光 A	水域风光 B	生物景观 A	生物景观 B	遗址遗迹 A	遗址遗迹 B	建筑与设施 A	建筑与设施 B	人文活动 A	人文活动 B	其他 A	其他 B	合计 A	合计 B
泗州	1	1	4	5			1	1	8	10			1	3	15	20
宿州	1	1	2	2			1	1	4	5			1	4	9	13
滑州	1	3	1	1					6	8					8	10
兖州	4	31	1	1			3	5	16	23			1	1	25	61
郑州			8	8			1	1	5	5			1	2	15	16
徐州			1	2			1	1	5	5	2	2	2	2	11	12
郓州	1	1							4	5			3	3	8	9
宋州			2	3					6	9			2	5	10	17
蔡州									3	3			1	2	4	5
亳州									1	2			3	3	4	5
濠州	1	1								1					2	2
淄州									1	1			1	2	2	3
济州			3	4					4	5			1	1	8	10
青州	1	1	2	2											3	3
颍州									1	1					1	1
陈州													1	1	1	1
光州									1	1					1	1
莱州	1	1													1	1
孟州													1	1	1	1
申州													1	1	1	1
齐州	1	1	1	1	1	1			2	3					5	6
濮州							1	2	1	1					2	3
密州	1	1	1	1											2	2
仙州													1	1	1	1
海州	1	1													1	1
沂州	1	1													1	1
登州									1	1					1	1
合计	46	152	63	110	2	4	23	36	228	360	2	2	40	163	404	827

第一节 唐代旅游资源概况

若从旅游资源的到访人次来判定该旅游资源的吸引力(等级),河南道泰山、嵩山、龙门山、香山寺、嵩山石淙、天津桥、洛滨、裴度园池、平泉、龙门寺、上阳水滩、玉泉寺、福先寺、少林寺等14个旅游资源最具旅游吸引力(到访人次≥7),其中地文景观类旅游资源3个,水域风光类2个,建筑与设施类9个,兖州泰山吸引力最强,其他13个旅游资源(点)均分布于河南府。

与关内道相似,河南道旅游资源种类较为完整和齐全,缺乏天象与气候景观、旅游商品两大类旅游资源,建筑与设施类旅游资源共有228处,最为丰富,占河南道旅游资源总量的56.44%;水域风光(63处)、地文景观(46处)、遗址遗迹(23处)三大类旅游资源也是河南道比较丰富的旅游资源类型;生物景观和人文活动类旅游资源各有两例。从统计数据看,河南道旅游资源结构、类型、分布规律等与关内道几乎一致,这与两道十分密切的联系分不开,地理上二者十分相近,河南府又控制着进京的咽喉要道,交通也十分便利,政治上河南府扮演着重要陪都角色,唐王朝双都并行,某些年份很多政治活动甚至优先并持续在洛阳开展,这不仅使河南府政治、经济、文化等与京兆府相似相重,也促进它们的旅游功能和地位十分相似,并带动着二者之间交通线周边州府,如华州、虢州、陕州、蒲州等旅游业的发展和旅游功能的提升。

河南道旅游资源的集中性分布特征同样明显,本道404处旅游资源分布于32州(府),地理空间上较关内道更为广泛,但集中性较之也更集中,仅河南府就有189处旅游资源,其他州除兖州有25处旅游资源外均不超过20处,且大多数州不超过10个旅游景观,排除河南府,本道其他31州旅游资源分布较为均衡。此外,本道旅游资源总量较多的州与河南府并无接壤的必然联系,交通成为最重要的因素之一,如兖州的封禅线、汴州的运河线等沿线均是唐代旅游资源较为集中的地区,体现出本道旅游资源沿主要交通线分布的特征。

表4.4　　　　　　　河南道各类最具吸引力旅游资源(前五)

资源类型及数量	五大最具吸引力旅游资源及游览量	游览量及其占比
地文景观(46)	河南府嵩山(24)、龙门山(22)、少室(6)、王屋山(5)、兖州泰山(26)	83/152 54.61%

续表

资源类型及数量	五大最具吸引力旅游资源及游览量	游览量及其占比
水域风光(63)	河南府嵩山石淙(13)、洛滨(11)、龙门北溪(5)、坊口(古秦渠)(4)、汝州温汤(4)	37/110 33.64%
生物景观(2)	河南府赵村杏花(3)、齐州皂栎林(1)	4/4 100%
遗址遗迹(23)	河南府故洛城(3)、汴州成皋(4)、梁园(苑)(3)、兖州孔子旧宅(3)、濮州濮阳帝邱(2)	15/36 41.67%
建筑与设施(228)	河南府香山寺(19)、天津桥(12)、裴度园池(10)、平泉(9)、龙门寺(8)	58/360 16.11%
人文活动(2)	徐州竞渡(1)、打球(1)	2/2 100%

从旅游资源类型角度看，河南道各类最具旅游吸引力的五大顶级旅游资源如表4.4所示，46处地文景观共吸引了152人次的旅游活动，嵩山、龙门山、少室山、王屋山、泰山也均属山丘型旅游地，并集中本道54.61%的地文景观游览量，说明唐代旅游者对于"山"的偏好；同样，本道五大顶级水域风光旅游资源类型多样，有观光游憩河段、古河道段落、地热与温泉等多种类型；遗址遗迹类旅游资源则大多为废城与聚落遗迹，这些旅游资源小类集中了本类旅游资源大量的游览量。建筑与设施类旅游资源吸引力与游览量集中度和相关度的规律性与关内道如出一辙，即以2.19%的资源数量集中了本道建筑与设施类旅游资源16.11%的游览量，均能说明河南道与关内道旅游资源吸引力越强，旅游活动越多越集中的特征，这既符合唐代旅游发展现状，与现代顶级旅游资源更能吸引游客也一致，不过作为唐代旅游发展最好的两道，过分的集中也确实说明唐代旅游资源开发力度和程度的不足。

(三)河东道

河东道19个州(府)共127个旅游资源(点)有旅游者访问的记录，其中地文景观类旅游资源21个，水域风光类14个，遗址遗迹类3个，建筑与设施类76

个,其他类旅游资源13个。本道大多数旅游资源分布在河中府和太原府地区,绛州、泽州、潞州也有一定量的旅游资源。

若从旅游资源的到访人次来判定该旅游资源的吸引力(等级),河东道晋祠、太行山、雀鼠谷、白楼、蒲津关、中条山、逍遥楼、鹳雀楼、伯乐川、太原山亭、晋阳宫等11个旅游资源最具旅游吸引力(到访人次≥3),其中地文景观类旅游资源3个,水域风光类1个,建筑与设施类7个,这些旅游资源主要分布在河中(5个)、太原(4个)、泽州和汾州等地。

河东道旅游资源不仅单体数量较关内和河南两道少很多,而且资源类型也相对单一,以建筑与设施、地文景观和水域风光为主,外加太原府和磁州各有少量遗址遗迹。河东道旅游资源依然以建筑设施类旅游资源为主,占本道旅游资源总量的59.84%,其次是地文景观(21个)和水域风光(14个)类旅游资源,各占16.54%和11.02%。河东道旅游资源数量较少,空间分布较为均衡,除河中府、太原府、绛州有一定量的旅游资源外,其他16个州旅游资源总量都在7个以下,且多沿交通线分布,总体上体现出围绕河中府和太原府两个中心分布的特点,河中府是本道治所所在地,也是唐代的中都,太原府则是北都,这体现了政治因素对本道旅游资源分布具有较大的影响。

表4.5　　　　　　河东道旅游资源及游览人次统计表

州府	地文景观		水域风光		遗址遗迹		建筑与设施		其他		合计	
	A	B	A	B	A	B	A	B	A	B	A	B
河中	4	7	2	2			27	46	3	7	36	62
太原	4	4	5	7	2	2	16	33	1	11	28	57
并州							2	4	1	5	3	9
泽州	2	10					3	3	2	2	7	15
慈州							2	2			2	2
朔州			1	2			4	4			5	6
绛州	5	6	5	5			3	3			13	14
晋州							4	4			4	4
潞州	1	1					4	5	1	1	6	7

续表

州府	地文景观 A	地文景观 B	水域风光 A	水域风光 B	遗址遗迹 A	遗址遗迹 B	建筑与设施 A	建筑与设施 B	其他 A	其他 B	合计 A	合计 B
代州	1	1					2	3			3	4
汾州	1	9					2	2	1	1	4	12
邢州							2	2	1	1	3	3
洺州									1	1	1	1
隰州							1	1			1	1
忻州							1	1			1	1
磁州	1	1	1	1	1	1	3	3	1	6	7	12
岚州									1	1	1	1
石州	1	1									1	1
泰州	1	1									1	1
合计	21	41	14	17	3	3	76	116	13	36	127	213

从旅游资源类型角度看，河东道各类最具旅游吸引力的5大顶级旅游资源如表4.6所示。21处地文景观共吸引了41人次的旅游活动，中条山、太行山、黄颓山、石壁山均属山丘型旅游地，雀鼠谷属于谷地型旅游地，共集中本道60.98%的地文景观游览量，不过在空间分布上分属5个州府，较为松散；河东道5大顶级水域风光旅游资源小类有观光游憩河段、冷泉等类型；河东道建筑与设施类旅游资源也体现了吸引力与游览量集中度的相关性，但不如关内和河南两道明显，以6.58%的资源数量集中了本道建筑与设施类旅游资源25.86%的游览量。

表4.6　　河东道各类最具吸引力旅游资源(前五)

资源类型及数量	五大最具吸引力旅游资源及游览量	游览量及其占比
地文景观(21)	河中府中条山(4)，泽州太行山(9)，绛州黄颓山(2)，汾州雀鼠谷(9)，太原府石壁山(1)	25/41 60.98%

续表

资源类型及数量	五大最具吸引力旅游资源及游览量	游览量及其占比
水域风光（14）	太原府伯乐川(3)、汾水(1)、烈石泉(1)、朔州桑干河(2)、河中府征贻溪(1)	8/17 47.06%
遗址遗迹（3）	太原府燕城(1)、太原古战场(1)、磁州丛台(1)	3/3 100%
建筑与设施（76）	河中府蒲津关(6)、白楼(6)、逍遥楼(4)、鹳雀楼(4)、太原府晋祠(10)	30/116 25.86%

（四）河北道

河北道共20个州（府）63个旅游资源（点）有旅游者访问的记录，其中地文景观类旅游资源9个，水域风光类10个，遗址遗迹类6个，建筑与设施类27个，其他类旅游资源11个。本道旅游资源数量较为有限。

若从旅游资源的到访人次来判定该旅游资源的吸引力（等级），河北道渤海、北岳庙、栖岩寺、恒山、邺城、蓟门、碣石山、蓟丘、铜雀台等9个旅游资源最具旅游吸引力（到访人次≥3），其中地文景观类3个，水域风光类1个，遗址遗迹类1个，建筑与设施类4个，这些旅游资源主要分布在平州、相州和定州（各2个），以及蓟州、幽州和贝州（各1个）等地。

表4.7　　　　河北道旅游资源及游览人次统计表

州府	地文景观		水域风光		遗址遗迹		建筑与设施		其他		合计	
	A	B	A	B	A	B	A	B	A	B	A	B
蓟州					1	1			4	2	6	4	11
平州	1	4	1	8			3	4			5	16
幽州	2	4			1	1	2	3	1	7	6	15
贝州							2	6	1	2	3	8
相州	1	1			2	4	4	7	1	2	8	14
定州	1	5					1	6			2	11

续表

州府	地文景观 A	地文景观 B	水域风光 A	水域风光 B	遗址遗迹 A	遗址遗迹 B	建筑与设施 A	建筑与设施 B	其他 A	其他 B	合计 A	合计 B
卫州			3	3			2	3			5	6
易州	1	1	1	1			2	2			4	4
恒州	2	2	2	2							4	4
怀州			1	1			3	4			4	5
德州							1	1	1	1	2	2
冀州							2	2	1	3	3	5
魏州							1	1			1	1
营州			1	1					1	1	2	2
沧州									1	1	1	1
镇州							1	1			1	1
赵州			1	1			2	4	1	1	4	6
安东	1	1			1	1					2	2
景州									1	1	1	1
妫州					1	1					1	1
合计	9	18	10	17	6	8	27	48	11	25	63	116

河北道旅游资源类型与结构较为单一，总体上与河东道相仿，但旅游资源单体数量约为河东道的一半，本道旅游资源以建筑与设施、水域风光和地文景观为主，建筑与设施类旅游资源共有27处，占本道旅游资源总量的42.90%，地文景观和水域风光类旅游资源各有9处和10处，均散布于7个州，另外本道还有5个州共6个遗址遗迹类旅游资源。总体上本道旅游资源数量少，绝大多数州府旅游资源数量在4处以下，没有特别突出的旅游资源大州，体现出较为明显的交通指向性，说明唐代河北道区域开发和旅游发展尚显落后。

河北道各类最具旅游吸引力的5大顶级旅游资源如表4.8所示。25处地文景观共吸引了41人次的旅游活动，碣石山、蓟丘、恒山、西唐山均属山丘型旅游地，黍谷山邹衍谷属谷地型旅游地，共集中本道77.78%的地文景观游览量，但在空间分布上分属4个州府，资源分布较为松散；河北道5大顶级水域风光旅游资源有观光游憩海域、观光游憩河段、潭池、地热与温泉等小类;与其他道建筑与设施类旅游资源相似,河北道佛塔(寺观)、楼阁类旅游资源所占比例和游览量均较高,5大顶级旅游资源中,共占3处,并集中了5者60%的游览量,而5大顶级旅游资源也以18.52%的资源占有率便集中了本道建筑与设施类旅游资源41.67%的游览量,反映了唐代旅游者对于建筑与设施类旅游资源,尤其是对佛塔(寺观)、楼阁类旅游资源的偏好。

表4.8　　　　　　　　河北道各类最具吸引力旅游资源(前五)

资源类型及数量	五大最具吸引力旅游资源及游览量	游览量及其占比
地文景观(9)	平州碣石山(4),幽州蓟丘(3)、邹衍谷(1),定州恒山(5),相州西唐山(1)	14/18 77.78%
水域风光(10)	平州渤海(8)、卫州淇上(1)、百门陂(1)、阳河(1),恒州房山汤(1)	12/17 70.59%
遗址遗迹(6)	蓟州燕王台(1)、相州铜雀台(3)、金虎台(1),安东扶余县钓龙台(1),妫州轩辕台(1)	7/8 87.50%
建筑与设施(27)	蓟州蓟门(4),贝州栖岩寺(5),相州邺城(4),定州北岳庙(6),冀州紫云观(1)	20/48 41.67%

(五)陇右道

表4.9　　　　　　　　陇右道旅游资源及游览人次统计表

州府	地文景观		水域风光		遗址遗迹		建筑与设施		其他		合计	
	A	B	A	B	A	B	A	B	A	B	A	B
凉州			2	3	1	3	3	6	1	2	7	14
沙州	1	1									1	1
秦州	6	7					6	6	2	9	14	22
鄯州	1	1	1	2							2	3

续表

州府	地文景观 A	地文景观 B	水域风光 A	水域风光 B	遗址遗迹 A	遗址遗迹 B	建筑与设施 A	建筑与设施 B	其他 A	其他 B	合计 A	合计 B
岷州	1	1							1	1	2	2
伊州	1	2									1	2
河州							1	1			1	1
甘州	1	1	1	1			2	3			4	5
瓜州							1	6			1	6
肃州			1	1							1	1
渭州	1	1									1	1
合计	12	14	5	7	1	3	12	21	5	13	35	58

陇右道共11个州35个旅游资源(点)有旅游者访问的记录,其中地文景观类旅游资源12个,水域风光类5个,遗址遗迹类1个,建筑与设施类12个,其他类旅游资源5个。本道旅游资源数量有限,主要分布在秦州和凉州。

若从旅游资源的到访人次来判定该旅游资源的吸引力(等级),陇右道玉门、凉州城、古长城等3个旅游资源最具旅游吸引力(到访人次≥3),其中遗址遗迹类旅游资源1个,建筑与设施类2个,分布在瓜州和凉州。

表4.10　　　　　　陇右道各类最具吸引力旅游资源(前五)

资源类型及数量	五大最具吸引力旅游资源及游览量	游览量及其占比
地文景观(12)	秦州赤谷(2)、分水岭、铁堂峡、伊州天山(2)、渭州峡口山	7/14 50.00%
水域风光(5)	凉州灵云池(2)、黄河、鄯州青海(2)、甘州居延海、肃州金河	7/7 100%
遗址遗迹(1)	凉州古长城(3)	3/3 100%
建筑与设施(12)	凉州城(4)、甘州居延古城(2)、张掖古城、瓜州玉门(6)、秦州法镜寺	14/21 66.67%

陇右道旅游资源类型与结构单一,以建筑与设施、水域风光和地文景观为主,建筑与设施类旅游资源共 12 处,占本道旅游资源总量的 34.29%,地文景观和水域风光类旅游资源各有 12 处和 5 处,各散布于 7 个州和 4 个州,凉州的凉州城是本道为数不多的遗址遗迹类旅游资源。总体上本道旅游资源数量少,除秦州有 14 处、凉州有 7 处、甘州有 4 处旅游资源外,其他各州均只有一到两处旅游资源。此外,本道旅游资源的空间分布体现出十分明显的交通指向性,说明唐代陇右道区域开发和旅游发展不仅落后,而且对交通有十分严重的依赖性,反映了其旅游发展的初级阶段性。

陇右道各类最具旅游吸引力的 5 大顶级旅游资源如表 4.10 所示。12 处地文景观共吸引了 14 人次的旅游活动,分水岭、天山、峡口山均属山丘型旅游地,赤谷、铁堂峡则属谷地型旅游地,共集中本道一半的地文景观游览量,秦州是本道地文旅游资源最为集中的一个州;陇右道 5 大顶级水域风光旅游资源有观光游憩河段、潭池等小类,相对较为单一,这与其位于内陆地区有关;与其他道建筑与设施类旅游资源不同的是,陇右道城(堡)类旅游资源,特别是古城类旅游资源所占比例和游览量较高,反映了边境地区独有的旅游特色,5 大顶级旅游资源中,有 4 处旅游资源体现出了军事和城堡旅游的性质,并集中了 5 者 92.86% 的游览量。

总之,北方诸道旅游资源以建筑与设施、水域风光与地文景观为主,其中又以建筑与设施类旅游资源最多,共 726 处,占北方诸道旅游资源总量的 63.2%,水域风光类旅游资源有 142 处,地文景观类有 135 处,遗址遗迹类 50 处,人文活动类和生物景观类旅游资源分别仅有 4 处和 3 处。

从空间分布上看,关内道和河南道占据了大多数旅游资源,分别有 520 和 404 处,共占北方诸道旅游资源总量的 80.4%,河东道、河北道和陇右道分别有 127 处、63 处和 35 处。而关内道旅游资源绝大多数集聚于京兆府,河南道旅游资源大部分分布于河南府及其周边,北方诸道旅游资源多集中于两京地区的特征十分明显。此外,限于统计不足,除陇右道有 10 个州府未统计出旅游资源分布外,关内、河南、河东、河北诸道大多数州府均有旅游资源分布,此四道唐初 115 州府中,有旅游资源分布的州府达 110 个,其中关内、河北各有 4 个州和 5

个州无旅游资源分布记录，河东19州府全部有旅游资源分布；河南道唐初共28州府，统计显示有32州府发现旅游资源分布，此为州府省并所致，但也足够说明其旅游资源在各州分布的广泛性。

二、南方诸道旅游资源统计

(一) 山南道

表4.11　　　　　　　　　山南道旅游资源及游览人次统计表

州府	地文景观		水域风光		遗址遗迹		建筑与设施		人文活动		其他		合计	
	A	B	A	B	A	B	A	B	A	B	A	B	A	B
荆州	3	8	6	8	3	16	38	59			4	18	54	109
襄州	11	27	7	25	1	4	36	54			2	30	57	140
忠州	4	7	4	7			8	14			1	7	17	35
兴元	5	5	2	5			10	17			2	4	19	31
夔州	14	45	4	5			12	21			2	2	32	73
朗州	4	11	5	7	1	1	6	6	1	1	1	5	15	31
巴州	2	4	2	4			8	10			1	3	13	19
利州			1	2			10	19			1	2	12	23
峡州	5	10	2	2			3	3			1	1	11	16
邓州			4	4			3	5			3	8	10	17
兴州	2	7					4	6			1	1	7	14
金州			3	5			2	2					5	7
鄀州	1	1					4	4			1	2	6	7
归州	2	2	1	1			3	3			1	1	7	7
唐州	1	1	1	2							1	1	3	4
通州	1	1	1	1			1	2					3	4
复州							1	1			1	2	2	3
均州	1	1	1	1			1	1					3	3
壁州							2	2					2	2

续表

州府	地文景观		水域风光		遗址遗迹		建筑与设施		人文活动		其他		合计	
	A	B	A	B	A	B	A	B	A	B	A	B	A	B
蓬州	1	1					1	1					2	2
万州							1	2					1	2
成州	2	2	1	1			3	3					6	6
开州	1	1											1	1
渠州	1	1											1	1
隋州							5	5					5	5
洋州							1	1					1	1
渝州			1	1									1	1
凤州			1	2			1	1			1	1	3	4
房州	1	1	1	1									2	2
合计	63	138	48	84	5	21	161	242	1	1	23	84	301	570

　　山南道共29个州(府)301个旅游资源(点)有旅游者访问的记录,其中地文景观类旅游资源63个,水域风光类48个,遗址遗迹类5个,建筑与设施类161个,人文活动类1个,其他类旅游资源23个。本道旅游资源大多分布在荆州、襄州和夔州,忠州、兴元府和朗州等地也有一定量的旅游资源。

　　若从旅游资源的到访人次来判定该旅游资源的吸引力(等级),山南道巫山、岘山、汉江、渚宫、玉泉寺、景空寺、忠州东楼、桃源、三峡、白帝城、张明府海亭、巫峡、分水岭等13个旅游资源最具旅游吸引力(到访人次≥5),其中地文景观类旅游资源6个,水域风光类1个,遗址遗迹类1个,建筑与设施类5个,这13个旅游资源主要分布于襄州与夔州(各4个),荆州(2个),以及忠州、朗州和兴州等地。

　　山南道旅游资源种类较为完整和齐全,建筑与设施类旅游资源丰富,共有161个,占山南道旅游资源总量的53.49%;地文景观、水域风光类旅游资源各有63个和48个,各占本道旅游资源总量的20.93%和15.95%,也较为丰富;此外,山南道还有5个遗址遗迹类旅游资源和1个人文活动类旅游资源。从空间分布特征上分析,山南道旅游资源呈现出明显的沿交通线分布的规律性,旅游资源数量最多州府，几乎全部分布于荆襄线、长安入蜀线和长江水道沿线，旅游资源数量最多的荆州、襄州、夔州、兴元府等更是区域重要的交通枢纽和中心。

山南道旅游资源的集中性分布特征不同于关内道、河南道和河东道的过分集中少数几个州府，也不同于河北道和陇右道的过分分散的无中心化，而是体现出了一定的层次性，本道301个旅游资源分布于29个州(府)，地理空间上较为广泛。统计显示，作为全国性的交通枢纽，荆州和襄州旅游资源量相当，各有54个和57个，共占本道旅游资源总量的36.88%，是山南道最重要的旅游资源集聚中心；而长江水道上的夔州据荆楚上游，控巴蜀东门，杜甫夔州诗言及此地，叹水上交通繁忙、手工业和物产丰富，是本区域重要的政治、经济和交通中心，加上夔州雄踞瞿塘峡口、旅游景观独特、特色鲜明、吸引力极强，也成为唐代山南道重要的旅游资源大州和区域旅游中心；兴元府控巴蜀通秦川要道，来往的军旅、士民官商，无不在此驻歇，使兴元府不仅成为区域政治、经济、文化中心，也成为区域较为重要的旅游资源和旅游活动中心；此外，忠州、巴州、峡州、邓州等的交通地位也十分突出，并有力促进了区域旅游发展，成为山南道较为突出的旅游资源集聚中心；同样得益于交通条件而有较多旅游资源的州府还有兴州、归州、成州、鄂州、隋州、金州等。这些区域旅游资源集聚中心的形成，无一例外地受益于交通环境的巨大促进作用，除了说明山南道作为全国地理中心的无比突出的交通地位，更反映了山南道旅游资源集聚和旅游发展对交通的严重依赖性。

表 4.12　　　　　　　　山南道各类最具吸引力旅游资源(前五)

资源类型及数量	五大最具吸引力旅游资源及游览量	游览量及其占比
地文景观(63)	襄州岘山(15)，夔州巫山(16)、三峡(6)，朗州桃源(7)，兴州分水岭(5)	49/138 35.51%
水域风光(48)	襄州汉江(13)、万山潭(4)，忠州东涧(3)，兴元嘉陵江(3)，巴州巴江(3)	26/84 30.95%
遗址遗迹(5)	荆州渚宫(11)，龙山落帽台(4)，古阳云台，襄州王粲石井栏(4)，朗州司马错故城	21/21 100%

续表

资源类型及数量	五大最具吸引力旅游资源及游览量	游览量及其占比
建筑与设施（161）	荆州玉泉寺(9)，襄州景空寺(8)、张明府海亭(5)，忠州东楼(7)，夔州白帝城(6)	35/242 14.46%
人文活动（1）	朗州沅江竞渡	1/1 100%

山南道各类最具旅游吸引力的5大顶级旅游资源如表4.12所示，63处地文景观共吸引了138人次的旅游活动，岘山、巫山、桃源、兴州分水岭均属山丘型旅游地，三峡属谷地型旅游地，5者共集中了本道35.51%的地文景观游览量，说明唐代旅游者对于"山"的偏好；48处水域风光类旅游资源共吸引了84人次的旅游活动，5大顶级水域风光类旅游资源包括观光游憩河段、潭池等类型，共集中了本道30.95%的水域风光游览量；山南道遗址遗迹类旅游资源则有废城与聚落遗迹、历史事件发生地等类型。山南道建筑与设施类旅游资源最为丰富，161个旅游资源共吸引了242人次的游览量，从本类5大最具吸引力旅游资源看，其类型依然以佛塔寺观、楼阁、城(堡)等景观建筑与附属型建筑为主，但游览量的集中度总体上较为均衡，旅游活动较为分散。

（二）淮南道

淮南道共8个州(府)78个旅游资源(点)有旅游者访问的记录，其中地文景观类旅游资源13个，水域风光类14个，生物景观类3个，遗址遗迹类1个，建筑与设施类38个，人文活动类1个，其他类旅游资源8个。本道旅游资源大多分布在扬州，而滁州、和州、楚州、舒州等地也有一定量的旅游资源。

表4.13 淮南道旅游资源及游览人次统计表

州府	地文景观		水域风光		生物景观		遗址遗迹		建筑与设施		人文活动		其他		合计	
	A	B	A	B	A	B	A	B	A	B	A	B	A	B	A	B
扬州	2	5	4	7	1	3	1	3	21	31	1	1	1	45	31	95

续表

州府	地文景观		水域风光		生物景观		遗址遗迹		建筑与设施		人文活动		其他		合计	
	A	B	A	B	A	B	A	B	A	B	A	B	A	B	A	B
滁州	1	2	2	4					5	6			1	1	9	13
和州	2	2	2	2					5	6			1	2	10	12
楚州			1	1	1	1			3	4			3	6	8	12
舒州	3	5	1	1					4	6					8	12
庐州	4	4	1	1									1	1	6	6
寿州	1	1	2	2	1	1							1	1	5	5
巢州			1	1											1	1
合计	13	19	14	19	3	5	1	3	38	53	1	1	8	56	78	156

若从旅游资源的到访人次来判定该旅游资源的吸引力（等级），淮南道扬子津（亭）、大明寺、瓜步、扬子江、禅智寺芍药圃、隋苑、琅琊溪、山谷寺等 8 个旅游资源最具旅游吸引力（到访人次≥3），其中地文景观类旅游资源 1 个，水域风光类 3 个，生物景观类 1 个，遗址遗迹类 1 个，建筑与设施类 2 个，这 8 个旅游资源中有 6 个分布于扬州，分布于滁州、舒州者各 1 个。

淮南道是全国国土面积最小、领州府数量最少的一个道，唐初共领 14 个州府，因此本道旅游资源总量较其他"大道"要少得多，但其旅游资源结构却与关内道一样，是全国最为完善者，仅缺乏旅游商品、天象与气候景观类旅游资源。本道旅游资源以建筑与设施类最多，共 38 个，占本道旅游资源总量的 48.72%；水域风光、地文景观类旅游资源分别有 14 处和 13 处，各占 17.95% 和 16.67%；生物景观、遗址遗迹、人文活动类旅游资源数量有限。本道因地处淮南江北，又有大运河贯穿南北，因而水域风光类旅游资源分布最广，各州均有分布，说明本道旅游资源具有"水"的特色。

淮南道旅游资源集中性分布特征明显，一是扬州为本道最大旅游资源集聚中心，统计显示其共有 31 个旅游资源，占本道旅游资源总量的 39.7%；二是本道旅游资源沿水路交通要道分布的特征较鲜明，扬州交通地位自不必说，和州、滁州、楚州、舒州、庐州、寿州等均有便利的水路交通环境；三是本道旅游资源分布较均衡，除扬州旅游资源总量一枝独秀，巢州旅游资源量较为有限外，其他各州旅游资源数量相当，且均有一定的规模，最少的寿州也有 5 个，占本道旅游资源总量的 6.41%。

表 4.14　　　　　　淮南道各类最具吸引力旅游资源（前五）

资源类型及数量	五大最具吸引力旅游资源及游览量	游览量及其占比
地文景观（13）	扬州瓜步(4)，滁州琅琊山(2)，舒州司空山(2)、皖山(2)，庐州龙池山	11/19 57.89%
水域风光（14）	扬州扬子江(3)，扬州南塘(2)，滁州琅琊溪(3)、椒陵陂，和州乌江	10/19 52.63%
生物景观（3）	扬州禅智寺芍药圃(3)，楚州淮阴县婆罗树，寿州连理树	5/5 100%
遗址遗迹（1）	扬州隋苑(3)	3/3 100%
建筑与设施（38）	扬州扬子津(亭)(6)、大明寺(5)、法云寺(2)，舒州山谷寺(3)，滁州怀嵩楼(2)	18/53 33.96%
人文活动（1）	扬州竞渡	1/1 100%

淮南道各类最具旅游吸引力的 5 大顶级旅游资源如表 4.14 所示，13 处地文景观共吸引了 19 人次的旅游活动，瓜步、琅琊山、司空山、皖山、龙池山均属山丘型旅游地，5 者共集中了本道 57.89% 的地文景观游览量，也能反映唐代旅游者对于"山"的偏好；14 处水域风光类旅游资源共吸引了 19 人次的旅游活动，5 大顶级水域风光类旅游资源包括观光游憩河段、潭池等类型，共集中了本道 52.63% 的水域风光游览量；本道 38 个建筑与设施类旅游资源共吸引了 53 人次的游览量，占本道游览量的 33.97%，其类型以佛塔寺观、楼阁、建筑小品等景观建筑与附属型建筑为主。淮南道生物景观、遗址遗迹和人文活动类旅游资源较为有限。

表 4.15　　江南道旅游资源及游览人次统计表

州府	地文景观 A	地文景观 B	水域风光 A	水域风光 B	生物景观 A	生物景观 B	遗址遗迹 A	遗址遗迹 B	建筑与设施 A	建筑与设施 B	人文活动 A	人文活动 B	其他 A	其他 B	合计 A	合计 B
润州	22	40	14	21			6	19	45	76			4	39	91	195
苏州	12	22	15	30			5	12	31	73			1	15	64	152
江州	11	45	16	50					28	58			2	11	57	164
杭州	3	9	8	24					31	75	1	1	4	23	47	132
越州	12	27	12	41	3	3	2	4	48	77			3	23	80	175
永州	10	17	10	21					18	27			3	8	41	73
常州	9	11	5	8	1	1	2	3	28	37			4	5	49	65
湖州	5	21	7	15					22	23			1	9	35	68
岳州	8	16	7	34					15	32	2	3	2	19	34	104
宣州	17	30	14	23			2	2	28	45	1	1	3	8	65	109
潭州	3	4	3	8			1	2	15	24			3	13	25	51
道州	7	10	5	11	1	1			11	13			1	7	25	42
鄂州	12	16	4	5			3	8	12	21			4	12	35	62
洪州	2	6	5	9					9	15			4	10	20	40
衡州	5	16	2	2			2	2	9	13			3	11	21	44
连州	5	5	1	1					2	3			1	2	9	11
睦州	2	4	3	7			1	6	4	4			2	5	12	26
温州	9	9	4	6					6	8			1	1	20	24
池州	4	11	6	12			1	1	9	11					20	35
袁州	1	2	1	1					5	6			2	9	9	18
信州	3	5	2	3	1	1	1	1	3	3			2	2	12	15
郴州	1	2	2	2			1	1	3	3			1	6	8	14
黄州	1	1	2	2			1	1	4	4	1	1	1	3	10	12
衢州	2	5							5	7					7	12
饶州	1	1							8	10			2	3	11	14
福州							1	3	7	10			2	2	10	15
建州	2	2	3	4					4	5					9	11

172

续表

州府	地文景观 A	地文景观 B	水域风光 A	水域风光 B	生物景观 A	生物景观 B	遗址遗迹 A	遗址遗迹 B	建筑与设施 A	建筑与设施 B	人文活动 A	人文活动 B	其他 A	其他 B	合计 A	合计 B
台州	6	13	1	1					4	5					11	7
泉州	1	1	1	2	1	1			4	4			1	2	8	9
婺州	1	1	2	3					5	7			1	1	9	12
抚州	1	1							6	8					7	9
明州	1	2							5	5					6	7
蕲州			1	2					4	5			1	1	6	8
吉州									5	5			1	1	6	6
处州	5	5	1	1					2	2			2	2	10	10
漳州	1	1							2	4					3	5
安州	3	3	2	2					3	3			1	1	9	9
涪州	1	1											1	3	2	4
澧州	1	1							2	2			1	1	4	4
邵州	2	2	1	1											3	3
洒州	1	1	1	1					2	2			2	2	6	6
虔州	1	1	1	1					1	1					3	3
黔州			1	1					1	1					2	2
溪州	1	2													1	2
汀州									1	1			1	1	2	2
辰州	1	1	1	1									1	1	3	3
歙州	2	2							1	1					3	3
叙州									1	1			1	1	2	2
合计	198	363	164	355	7	7	29	65	459	740	5	6	70	263	932	1799

(三)江南道

江南道共48个州932个旅游资源(点)有旅游者访问的记录,其中地文景观类旅游资源198个,水域风光类164个,生物景观类7个,遗址遗迹类29个,建筑与设施类459个，人文活动类5个，其他类旅游资源70个，这些旅游资源主要分布在本道东北部的润、常、苏、湖、杭、越、宣等浙西观察使地区，江州、永州、鄂州、岳州等地也有一定量旅游资源。

若从旅游资源的到访人次来判定该旅游资源的吸引力(等级)，江南道庐山、天竺寺、洞庭湖、彭蠡湖、镜湖、武丘寺、东林寺、西湖、衡山、陈后宫/齐宫/吴宫、茅山、岳阳楼、惠山寺、灵岩寺、虎丘山、松江、溢口、若耶溪、剡溪、云门寺、顾渚山、黄鹤楼、天台山、敬亭山、清溪等25个旅游资源最具旅游吸引力(到访人次≥7)，其中地文景观类旅游资源7个，水域风光类9个，遗址遗迹类1个，建筑与设施类8个，这25个旅游资源分布于越州、苏州、江州(各4个)，润州、岳州、杭州(各2个)，以及常州、湖州、宣州、鄂州、衡州、池州、台州(各1个)等地。

与关内道相似，江南道旅游资源种类较为完整和齐全，仅缺乏天象与气候景观、旅游商品两大类旅游资源，以建筑与设施、地文景观和水域风光类旅游资源最丰富，共占江南道旅游资源总量的88.09%，其中，建筑与设施类旅游资源共有459处，为全国之最，占本道旅游资源总量达49.25%；地文景观、水域风光两大类旅游资源各有198和164处之多，分别占江南道旅游资源总量的21.24%和17.60%；本道遗址遗迹类旅游资源共29个，占3.11%；生物景观和人文活动类旅游资源有限，各有7个和5个。从各州府旅游资源结构看，江南道有旅游资源分布的48个州府中，只有4个州府没有建筑与设施类旅游资源见诸统计，有6个州没有地文景观见诸统计，有35个州均有水域风光类旅游资源，遗址遗迹、生物景观、人文活动类旅游资源量虽不大，但分布也较为分散，反映了本道各州旅游资源丰富，开发利用也较为全面。

江南道旅游资源的广泛性和集中性分布特征明显，本道51个州府中，仅有3个州府未有统计出旅游资源，说明唐代江南道旅游资源开发利用较为广泛。江南道旅游资源的集中性分布规律较为特殊，如江南运河连通的浙西地区、地处全国交通十字大动脉上的鄂岳潭朗地区，以及江洪饶地区、永桂连地区等，除显示出沿交通线分布的规律外，还呈现出旅游资源面状集中的特征，这种集中度又与经济、政治等紧密相关，经济发展越好、政治地位越高的地区，旅游资源面状集中的区域范围就越大。如浙西地区的润越常苏宣杭湖温等州紧密相连，不仅各自旅游资源量为本道最大,而且相对较为均衡,此八州旅游资源量就占本道旅游资源总量的48.39%,成为全国旅游资源最为集中的典型区域。

表4.16 江南道各类最具吸引力旅游资源(前五)

资源类型及数量	五大最具吸引力旅游资源及游览量	游览量及其占比
地文景观(198)	润州茅山(10),苏州虎丘山(8),江州庐山(27),湖州顾渚山(8),衡州衡山(12)	65/363 17.91%
水域风光(164)	苏州松江(8),江州彭蠡湖(17),杭州西湖(14),越州镜湖(15),岳州洞庭湖(22)	76/355 21.41%
生物景观(7)	越州重台莲,常州含桃圃,道州菊圃,信州芒洲花园,泉州欧阳秬木龙	5/7 71.43%
遗址遗迹(29)	润州陈后宫/吴宫(11),苏州长洲苑(4)、吴门(4),鄂州鹦鹉洲(4),睦州严陵钓台(6)	29/65 44.62%
建筑与设施(459)	苏州武丘寺(14),江州东林寺(14),杭州天竺寺(27),常州惠山寺(9),岳州岳阳楼(10)	74/740 10.00%
人文活动(5)	岳州竞渡(2)、赛神,宣州当涂粉图山水,黄州竹径图,杭州钱塘湖竞渡	6/6 100%

江南道各类最具旅游吸引力的5大顶级旅游资源如表4.16所示,198处地文景观共吸引了363人次的旅游活动,茅山、虎丘山、庐山、顾渚山、衡山均属山丘型旅游地,5山共集中本道17.91%的地文景观游览量,但在空间分布上分属5个不同的州府,资源分布较为松散。江南道5大顶级水域风光类旅游资源包括观光游憩河段、观光游憩湖区等小类,尤以观光游憩湖区最受旅游者青睐。与其他道建筑与设施类旅游资源相似,一是江南道佛塔(寺观)、楼阁类旅游资源所占比例和游览量均较高,5大顶级旅游资源中,有4个为寺观,1个为楼阁类旅游资源,游览量均较高,但也不至于过度集中于某几个特定旅游资源;二是相对分散于众多建筑与设施类旅游资源中,既反映了江南道旅游者对于建筑与设施类旅游资源,尤其是对佛塔(寺观)、楼阁类旅游资源的偏好,也说明江南道旅游资源开发利用较为充分,众多旅游资源共同发挥出良好的旅游功能和作用,共同推

动江南道旅游活动的全面发展和兴盛。

（四）剑南道

剑南道共20个州府201个旅游资源(点)有旅游者访问的记录，其中地文景观类旅游资源33个，水域风光类36个，生物景观类1个，遗址遗迹类4个，建筑与设施类112个，人文活动类3个，其他类旅游资源12个，这些旅游资源主要分布在成都府和梓州地区，阆州、绵州、嘉州、剑州、汉州、蜀州、彭州等地也有一定数量的旅游资源。

表4.17　　　　　　　　剑南道旅游资源及游览人次统计表

州府	地文景观 A	地文景观 B	水域风光 A	水域风光 B	生物景观 A	生物景观 B	遗址遗迹 A	遗址遗迹 B	建筑与设施 A	建筑与设施 B	人文活动 A	人文活动 B	其他 A	其他 B	合计 A	合计 B
成都	6	6	8	15	1	1	2	2	36	52	1	1	4	27	58	104
剑州	2	12	3	3					5	7					10	22
绵州	3	3	2	3					10	20			2	2	17	28
阆州	3	5	7	7					10	15			2	2	22	29
嘉州	3	5	3	3			1	1	5	10					12	19
汉州	1	1	2	4					3	4			2	2	8	11
梓州	6	9	6	7					32	39			1	1	45	56
彭州	2	2	2	2					2	2					6	6
合州			1	4											1	4
茂州	1	1							2	2					3	3
遂州													1	2	1	2
普州	1	1							1	1					2	2
蜀州			1	1					5	5			1	1	7	7
眉州									1	1					1	1
戎州			1	1											1	1
松州	1	1													1	1
应州	1	1											1	1	2	2
渝州	2	2													2	2

续表

州府	地文景观		水域风光		生物景观		遗址遗迹		建筑与设施		人文活动		其他		合计	
	A	B	A	B	A	B	A	B	A	B	A	B	A	B	A	B
资州	1	1													1	1
果州							1	1							1	1
合计	33	50	36	50	1	1	4	4	112	158	3	3	12	36	201	302

若从旅游资源的到访人次来判定该旅游资源的吸引力(等级),剑南道剑门、摩诃池、越王楼、花将军庙、武侯庙、锦楼、筹笔驿、杜甫草堂、西溪(嘉陵水)、张恶子庙、玉台观、青山驿、峨眉、玄武山、陈子昂故宅、梓州城等16个旅游资源最具旅游吸引力(到访人次≥3),其中地文景观类旅游资源3个,水域风光类2个,建筑与设施类11个,这16个旅游资源主要分布于成都府(4个),梓州(3个),以及剑州、绵州、阆州、嘉州(各2个)和合州等地。

与江南道类似,剑南道旅游资源种类较为完整和齐全,缺乏旅游商品、天象与气候景观类旅游资源,尤以建筑与设施类旅游资源丰富,共有112个,占剑南道旅游资源总量的55.72%;地文景观、水域风光类旅游资源各有33个和36个,各占本道旅游资源总量的16.42%和17.91%,也较为丰富;剑南道还有4个遗址遗迹类旅游资源、3个人文活动类旅游资源和一个生物景观类旅游资源。从空间分布特征上分析,剑南道旅游资源分布与山南道十分相似,呈现出明显的沿交通线分布的规律性,旅游资源数量最多州府,几乎全部分布于长安入蜀线和长江水道沿线,旅游资源数量最多的成都府、梓州、阆州、绵州等均是区域重要的交通中心。

剑南道旅游资源的广泛性和集中性分布特征也较为明显,本道201个旅游资源分布于20个州(府),地理空间上较为广泛,但又体现出鲜明的面状和点状集聚分布的规律。成都府偏寓一方,经济富庶,旅游资源独特而优秀,又得长江水道的交通便利,成为区域旅游资源集聚中心;梓州交通同样发达,不仅能控长安入蜀重要通道,还能利用水道东南行汇入长江运输线,成为紧邻成都府的有一旅游重镇,并与阆州、绵州、剑州、汉州等形成一个典型旅游资源集聚区域,旅游资源总量共占剑南道九成以上;其他旅游资源较多的州府,也大多分布于主要交通线沿线及其周边,颇能反映剑南道旅游资源集聚和分布对交通的依赖性。

表 4.18 剑南道各类最具吸引力旅游资源(前五)

资源类型及数量	五大最具吸引力旅游资源及游览量	游览量及其占比
地文景观(33)	剑州剑门(11)、阆州玉台(12)、锦屏山(2)、嘉州峨眉(3)、梓州玄武山(3)	21/50 42.00%
水域风光(36)	成都府摩诃池(7)、绵州芙蓉溪(2)、汉洲房公西湖(3)、梓州涪江(2)、合州西溪(嘉陵江)(4)	18/50 36.00%
生物景观(1)	成都府蜀桐	1/1 100%
遗址遗迹(4)	成都府琴台,严君平古井,嘉州犍为县古城,果州相如琴台	4/4 100%
建筑与设施(112)	成都府武侯庙(5)、锦楼(4)、绵州越王楼(7)、筹笔驿(4)、嘉州花将军庙(6)	26/158 16.46%
人文活动(3)	成都府韦皋图形,绵州泛舟,绵州竞渡	3/3 100%

剑南道各类最具旅游吸引力的5大顶级旅游资源如表4.18所示,33个地文景观共吸引了50人次的旅游活动,剑门、玉台、锦屏山、峨眉、玄武山均属山丘型旅游地,5者共集中了本道42.00%的地文景观游览量,说明剑南道旅游者对于"山"的偏好,也说明剑南道地文景观类旅游资源具有"山"的特色;36处水域风光类旅游资源共吸引了50人次的旅游活动,5大顶级水域风光类旅游资源包括观光游憩河段、潭池等类型,共集中了本道36.00%的水域风光类旅游资源游览量;剑南道遗址遗迹类旅游资源主要为历史事件发生地,也有废城与聚落遗迹。剑南道建筑与设施类旅游资源丰富,112个旅游资源共吸引了158人次的游览量,从本类5大最具吸引力旅游资源看,其类型依然以佛塔寺观、楼阁等景观建筑与附属型建筑为主,游览量的集中度总体上较为均衡,旅游活动较为分散,没有明确的资源偏好和集中性。

(五)岭南道

岭南道共21个州108个旅游资源(点)有旅游者访问的记录,其中地文景观类旅游资源41个,水域风光类24个,建筑与设施类32个,其他类旅游资源11个,主要分布在韶州、桂州和柳州等地。

表4.19　　　　　　　　　　岭南道旅游资源及游览人次统计表

州府	地文景观		水域风光		建筑与设施		其他		合计	
	A	B	A	B	A	B	A	B	A	B
桂州	7	16	2	8	7	9	1	2	17	35
柳州	8	8	5	6	2	3	1	2	16	19
韶州	7	11	6	7	9	9	1	1	23	28
端州	3	9	2	2	3	8	1	1	9	20
广州	6	9	1	1	4	5	1	3	12	18
循州	2	4			1	1	1	1	4	6
梧州			2	2	1	1	1	1	4	4
邕州	2	3	2	2	1	1			5	6
昭州	1	1	2	2					3	3
象州	1	2							1	2
钦州					1	1	1	1	2	2
容州	1	2							2	3
潮州					1	1			1	1
高州	1	1							1	1
崖州					1	1			1	1
驩州					1	1	1	2	2	3
陆州			1	1					1	1
融州	1	1							1	1
交州					1	1	1	1	1	1
藤州					1	1	1	1	1	1
春州	1	1							1	1
合计	41	68	24	32	32	41	11	16	108	157

若从旅游资源的到访人次来判定该旅游资源的吸引力(等级),岭南道桂林山水、石室山、端州驿、大庾岭、南溪山、訾家洲、隐山、隐仙亭、罗浮山等9个旅游资源最具旅游吸引力(到访人次≥3),其中地文景观类6旅游资源个,水域风光类1个,建筑与设施类2个,这些旅游资源主要分布于桂州(5个),端州(2个),以及韶州和广州等地。

岭南道是全国领州数最多的一个道,共领70州(府),但统计显示,仅21州有旅游资源分布,而且旅游资源总量并非各道中最少者(多于淮南、河北和陇右),但其结构却为各道中最不完善者,仅有建筑与设施、地文景观和水域风光三大类旅游资源,同时,其他各道旅游资源均以建筑与设施类旅游资源为主,唯有岭南道旅游资源以地文景观为主,说明岭南道开发最晚最不深刻,对旅游发展有一定的影响,旅游资源的"人工痕迹"不甚明显,旅游资源开发和利用程度总体上不高。岭南道以地文景观类旅游资源最多,共有41个,占本道旅游资源总量的37.96%;建筑与设施、水域风光类旅游资源各有32个和24个,各占本道旅游资源总量的29.63%和22.22%,也相对丰富;本道尚缺乏遗址遗迹、生物景观、人文活动、旅游商品、天象与气候景观类旅游资源。从空间分布特征上看,岭南道旅游资源分布呈现出明显的经济和交通指向性特征,旅游资源数量最多韶州、桂州、柳州、广州和端州,均是本道重要的经济、交通中心,同时韶州、桂州、柳州旅游资源也很丰富,还得到了较好的宣传。

岭南道旅游资源的广泛性和集中性分布特征也较为明显,本道108个旅游资源分布于21个州,分布的地理空间较为广泛,但多集中于本道中南部地区,并体现出集聚分布的特征。韶州是区域交通中心,张九龄凿通梅关古道后,旅游者南下广州以及北上中原,无论取陆路还是走江南运河,韶州几乎为必经之地,再加上韶州旅游资源丰富又得张九龄作诗文和图经大力宣传,促使韶州成为本道旅游资源集聚中心;桂州和柳州交通同样发达,是西部地区北出中原的唯一捷径,同时旅游资源丰富,得到莫休符、柳宗元、元结等人的大力开发和宣传,成为本道旅游资源较为集中的地区;广州和端州交通发达,广州不仅是区域政治和经济中心,也是重要的对外口岸,外商最为集中,货物贸易和人口流动性强,成为一方旅游重镇。这均能反映岭南道旅游资源集聚和分布对交通的依赖性。

表 4.20　　　　　　　　　岭南道各类最具吸引力旅游资源(前五)

资源类型及数量	五大最具吸引力旅游资源及游览量	游览量及其占比
地文景观(41)	桂州南溪山(5)、隐山(3)、韶州大庾岭(5)、端州石室山(6)、广州罗浮山(3)	22/68 32.35%
水域风光(24)	桂州桂林山水(6)、漓江(2)、柳州雷塘(2)、韶州始兴江口(2)、曲江溪	13/32 40.63%
建筑与设施(32)	桂州隐仙亭(3)、柳州城楼(2)、端州驿(5)、江亭(2)、广州津亭(2)	14/41 34.15%

岭南道各类最具旅游吸引力的 5 大顶级旅游资源如表 4.20 所示，41 个地文景观共吸引了 68 人次的旅游活动，南溪山、隐山、大庾岭、石室山、罗浮山均属山丘型旅游地，5 者共集中了本道 32.35% 的地文景观游览量；24 处水域风光类旅游资源共吸引了 32 人次的旅游活动，5 大顶级水域风光类旅游资源包括观光游憩河段、潭池、河口与海面等类型，共集中了本道 40.63% 的水域风光类旅游资源游览量；建筑与设施类旅游资源共 32 个，吸引了 41 人次的游览量，类型以楼阁、城(堡)、建筑小品、交通建筑等景观建筑与附属型建筑为主，游览量的集中度总体上较为均衡，旅游活动较为分散，没有明确的资源偏好和集中性。

南方诸道旅游资源结构和分布与北方诸道情况较为相似，详见表 4.21。

表 4.21　　　　　　　　　唐代各道旅游资源及其游客量

道名	地文景观		水域风光		生物景观		遗址遗迹		建筑与设施		人文活动		其他		合计	
	A	B	A	B	A	B	A	B	A	B	A	B	A	B	A	B
关内	47	199	50	240	1	1	17	37	383	1163	2	8	20	193	520	1834
河南	46	152	63	110	2	4	23	36	228	360	2	2	40	163	404	827
河东	21	41	14	17			3	3	76	116			13	36	127	213
河北	9	18	10	17			6	8	27	48			11	25	63	116
陇右	12	14	5	7			1	3	12	21			5	13	35	58

续表

道名	地文景观		水域风光		生物景观		遗址遗迹		建筑与设施		人文活动		其他		合计	
	A	B	A	B	A	B	A	B	A	B	A	B	A	B	A	B
北方	135	424	142	391	3	5	50	87	726	1708	4	10	89	430	1149	3048
山南	63	138	48	84			5	21	161	242	1	1	23	84	301	570
淮南	13	19	14	19	3	5	1	3	38	53	1	1	8	56	78	156
江南	198	363	164	355	7	7	29	65	459	740	5	6	70	263	932	1799
剑南	33	50	36	50	1	1			112	158	3	3	12	36	201	302
岭南	41	68	24	32					32	41			11	16	108	157
南方	348	638	286	540	11	13	39	93	802	1234	10	11	124	455	1620	2984
合计	483	1062	428	931	14	18	89	180	1528	2942	14	21	213	885	2769	6032

说明：A 表示旅游资源数，B 表示接待的游客人次。

南方诸道旅游资源以建筑与设施、地文景观与水域风光类旅游资源为主，尤以建筑与设施类旅游资源最多，共 802 个，占南方诸道旅游资源总量的 49.51%，地文景观有 348 处，占 21.48%，水域风光类旅游资源有 286 处，占 17.65%，遗址遗迹类旅游资源有 39 个，人文活动类和生物景观类旅游资源分别有 10 个和 11 个，相对较少。

空间分布上看，江南道旅游资源数量占绝对优势，共有 932 个，占南方诸道旅游资源总量的 57.53%；山南道旅游资源也较丰富，共有 301 个，占南方诸道旅游资源总量的 18.58%；剑南道、岭南道和淮南道旅游资源总量分别有 201 个、108 个和 78 个。岭南道有大量州府未统计出旅游资源分布，剑南道有 13 个州府未统计出旅游资源分布，约占本道总州数的 39.39%；淮南道有 6 个州府未统计出旅游资源分布，约占本道总州数的 42.86%；山南、江南两道各仅有 4 个州和 3 个州无旅游资源分布记录，即此二道唐初 84 州府中，有旅游资源分布的州府达 77 个，说明山南道和江南道旅游总体发展水平较高，旅游资源开发利用较为充分，淮南道因领州数太少不论，处于边疆的剑南、岭南旅游资源开发和利用明显不足，说明人类活动频繁地区、区域开发较为充分地区、社会环境相对安定地区，旅游资源开发利用也相应较充分和频繁。

唐代各道旅游资源结构如图 4.1 所示，显然，唐代最典型的旅游资源类型是建筑与设施类、地文景观类和水域风光类旅游资源，在十道各类旅游资源中，数量及游览量均稳居前三位，尤其是建筑与设施类旅游资源，除岭南道地文景观类旅游资源较建筑与设施类多、陇右道二者持平外，其他八道建筑与设施类旅游资源数量均一枝独秀；统计中出现的比较模糊或难以界定类型的旅游资源，全部归入"其他"类旅游资源，此类旅游资源多为笼统介绍旅游者在某一个州或某一范围进行旅游活动，属于有较为清晰的游览地（州府）但未明确说明游览对象或旅游资源的情形，此类旅游资源数量多达213个，游览量也高达885人次，分别占全国的7.69%和14.67%。

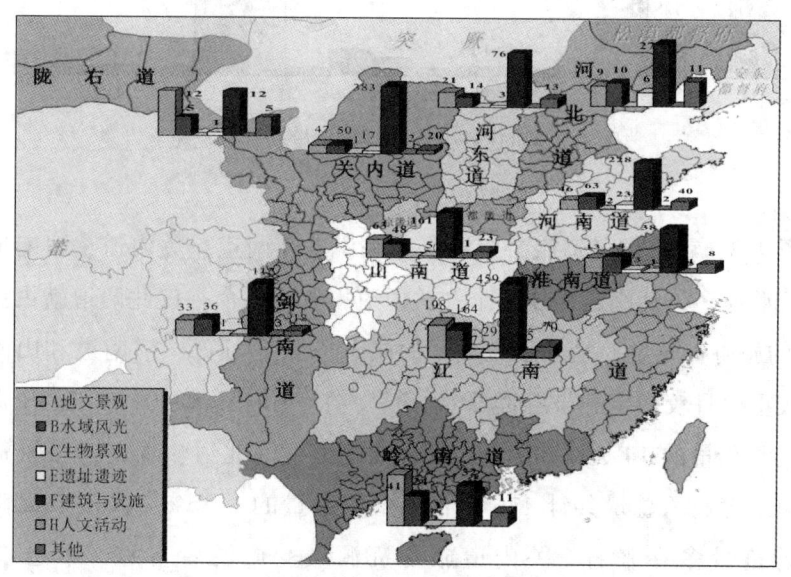

图4.1　唐代各道旅游资源构成图

如图4.2所示，就全国范围而言，唐代建筑与设施类旅游资源数量及其游览量占绝对优势，资源量共1528个，占全国旅游资源总量的55.18%，共吸引了2942人次的游览量，占全国游览量的48.77%；其次为地文景观类旅游资源，共有483个，占全国旅游资源总量的17.44%，共吸引了1062人次的游览量，占全国游览量的17.61%；水域风光类旅游资源有428个，占全国旅游资源总量的15.46%，共吸引931人次的游览量，占全国总游览量的15.43%；此三类旅游资源总量占全国的88.08%，游览量占全国的81.81%，是唐代最重要的三类旅游资源，尤其是建筑与设施类旅游资源，数量超全国总量半数，游览量也近全国半数。全国遗址遗迹类旅游资源有 89 个，人文活动和生物景观类旅游资源各有 14 个，游览量分别为 180 人次、21 人次和 18 人次，资源量和游览量均较有限。

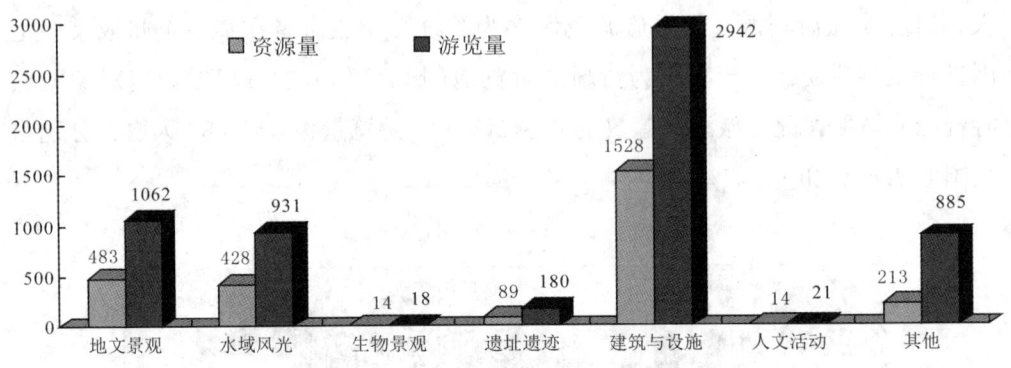

图 4.2　唐代各类旅游资源总量及其游览量

如图 4.3，就全国各道旅游资源多寡来说，江南道、关内道、河南道和山南道旅游资源最多，江南道达 932 个，关内道也有 520 个，仅此两道就占据了全国 52.44%的旅游资源量，是全国最重要的旅游资源"大道"；河南道和山南道一直是全国较重要且较稳定的旅游资源"大道"，各有 404 个和 301 个旅游资源，分别占全国资源总量的 14.59%和 10.87%；淮南道、河北道、陇右道旅游资源量最少，三道旅游资源总量共计 176 个，占全国总量的 6.36%，尚不及河南道的一半。从游览量多寡来看，关内道旅游资源最受旅游者青睐，本道以占全国 18.78%的旅游资源量，吸引了全国 30.40%的游览量，彰显了关内道作为全国旅游资源开发利用核心区的地位；江南道旅游资源总量虽占全国的 33.66%，但其游览量只占全国的 29.82%，其旅游资源开发利用状况也较为理想，但程度上暂不及关内道高；淮南道辖地虽小，但得益于便利的交通，其旅游资源开发利用处于全国较高水平，以占全国 2.82%的旅游资源量，吸引力全国 2.57%的游览量；河南道和山南道旅游资源游览量分别为 13.71%和 9.45%，比例略低于各自资源量占比，旅游资源开发利用总体上较为充分合理；剑南、河东、岭南三道分别以占全国 7.26%、4.59%和 3.90%的旅游资源量，吸引了全国 5.10%、3.53%和 2.60%的游览量，旅游资源开发利用状况一般；河北、陇右两道旅游资源开发利用尚显不足。

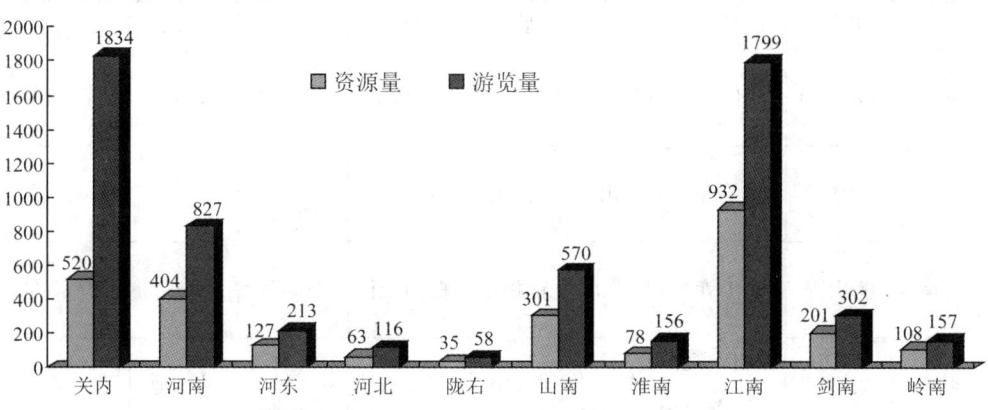

图 4.3　唐代各道旅游资源总量及其游览量

如果按各道旅游资源的基本类所吸引的游览量梳理唐代各道前、后期最具旅游吸引力的旅游资源，可得表 4.22，显然，唐代佛塔（寺观）、山岳、楼阁（亭台）、潭池和园林休闲区域吸引唐代旅游者游览量最多。

表 4.22　　　　唐代前、后期各道最具旅游吸引力的旅游资源

道名	佛塔寺观		山岳		楼阁亭台		潭池和园林休闲区域	
	前期	后期	前期	后期	前期	后期	前期	后期
关内	慈恩寺	慈恩寺	骊山	华山	临渭亭	月灯阁	韦氏逍遥谷	曲江
河南	龙门寺	香山寺	泰山	嵩山	流杯亭	天宫阁	上阳水㿻	裴度园池
河东	晋祠	晋祠	太行山	中条山	逍遥楼	白楼	晋阳宫	绛守居园池
河北	北岳庙	栖岩寺	恒山	碣石山	铜雀台	燕王台	韩家园	——
淮南	西灵塔	大明寺	司空山	琅琊山	杨子江楼	怀嵩楼	——	隋苑

续表

道名	佛塔寺观		山岳		楼阁亭台		潭池和园林休闲区域	
	前期	后期	前期	后期	前期	后期	前期	后期
剑南	花将军庙	武侯庙	玄武山	剑门山	张超亭	越王楼	摩诃池	摩诃池
江南	东林寺	天竺寺	庐山	庐山	黄鹤楼	武丘寺望海楼	——	剡溪
岭南	峡山寺	峡山寺	罗浮山	南溪山	韶州城楼	隐仙亭	王六东阁	訾家洲
陇右	法镜寺	凉州七级浮图	赤岭	天山	秦州东楼	窦侍御灵云南亭	灵云池	灵云池
山南	景空寺	玉泉寺	岘山	巫山	荆州城楼	忠州东楼	张明府海亭	武陵桃源

说明：资料来源参见本书唐代前、后期旅游资源统计表。

第二节　唐代旅游资源特征

中国古代旅游资源的专门记述整理工作，可追溯至班固《汉书·地理志》对各地山川古迹的记载。魏晋时期，"风土记"记述区域旅游资源之风始兴，至唐而盛，莫休符《桂林风土记》、颜真卿《吴兴地记》等推为个中翘楚，唐代此类著作众多，[①] 惜多已亡佚。宋代地理总志始改《汉书》之风，王象之《舆地纪胜》独开"风俗形胜""景物""古迹""诗"诸门，以略于沿革，合于"纪胜"[②]。祝穆《方

[①] 如陆广微《吴地记》、张谓《长沙风土记》《荆楚风土记》(作者不详)、段公路《北户杂录》、刘恂《岭表录异》、房千里《南方异物志》、孟管《岭南异物志》等。

[②] 王象之(1163—1230年)精通史地之学，感慨宋以前诸多地理书均是"辨古今、析同异，考山川之形势，稽南北之离合"，于是倾其一生，著成《舆地纪胜》，以"收拾山河之精华""使骚人才士于寓目之顷，而山川俱若效奇于左右"，舍弃了四至八到、户口、物产、贡赋等门类，而专注于景物(山水井泉、亭堂楼阁、佛寺道观等)、古迹等。《舆地纪胜》是否开古代旅游资源整理的滥觞尚待考辨，但就对后世地理志编纂体例、风格及旅游资源整理的影响来说，无出其右者，陈振孙、刘文淇、岑建功、邹逸麟等均给予高度评价。

舆胜览》更是记载区域形胜古迹、亭台楼阁等旅游资源的佳作。至明末，除地理总志外，还出现了专门记载区域旅游资源及其分布的类书，如王圻与王思义《三才图会》、何镗与慎蒙《名山胜记》等，它们还是"通俗的民间读物"①。

近代以来，学术界关于中国古代旅游资源的研究主要有五个方面：一是关于古代特定时期旅游资源结构与分布的研究，如任唤麟等对晚明旅游资源类型结构与地域分布的论述；二是关于古代特定区域旅游资源的研究，如方国瑜对唐代西南山川名胜的论述②、李小波对唐宋三峡地区旅游景观的研究；③ 三是关于古代特定类型旅游资源分布利用的研究，如龚胜生探讨了宋代以前中国矿泉的分布及其旅游开发利用；④ 四是对古代各类代表性旅游资源的梳理，如章必功取山水、温泉、花木、陵墓、楼台、园林、历史遗址、道观、佛寺、祠庙等各举一知名者加以论述；⑤ 五是对特定古籍涉及的旅游资源进行整理，如竞鸿与陆力对《全唐诗》吟咏对象按类编排，其中旅游、游艺、山、水、名城、名胜等类型均涉及唐代旅游资源。⑥

唐代旅游资源的结构与分布研究主要依赖于两点：一是史料的翔实记载，然当时无类似《名山胜记》的著作，而今见之唐代"风土记"甚少，李泰《括地志》、李吉甫《元和郡县志》等地理总志记载的各州县山川、古迹等，更多的是潜在旅游资源；二是当前取得的研究基础，纵观前贤研究，多定性研究，绝少定量分析，因史料和研究方法的局限性，该领域的研究瓶颈较为明显，自20世纪80年代以来，并无实质性突破，研究视角和范围虽较广泛，但总体依然薄弱。就全国旅游资源整体状况的研究而言，类型研究、区域研究、典型旅游资源研究、特定资料整理等，都不及定量的旅游资源调查有说服力。但就计量史学研究而言，仅见周振鹤⑦、魏向

---

① 任唤麟、龚胜生、周军：《晚明旅游资源类型结构与地域分布——以〈三才图会·地理〉与〈名山胜记〉为数据来源》，《地理研究》2011年第3期，第477~485页。
② 方国瑜：《中国西南历史地理考释》，上海中华书局1987年版。
③ 李小波：《唐宋时期三峡地区的志记、咏记、游记与历史旅游景观的研究》，《中国地方志》2004年第10期，第60~63页。
④ 龚胜生：《中国宋代以前矿泉的地理分布及其开发利用》，《自然科学史研究》1996年第4期，第343~352页。
⑤ 章必功：《中国旅游史》，云南人民出版社1992年版。
⑥ 竞鸿、陆力：《全唐诗佳句类典》，海口南海出版公司1992年版。
⑦ 周振鹤：《从明人文集看晚明旅游风气及其与地理学的关系》，《复旦学报（社会科学版）》2005年第1期，第72~78页。

东与朱梅①、任唤麟②等人在类似领域做过尝试。因而该领域的研究除对指导当今旅游资源开发、丰富旅游文化内涵、加深理解旅游资源的空间格局和变迁、制定区域旅游资源规划战略等具有较大价值外，在旅游史、旅游地理学等学科的创新研究方法和思路、拓展研究内容等方面还具有较大的学术价值。

一、唐代旅游资源的结构特征

据统计，唐代旅游资源总量共计2769处，其中唐前期1105处，但宫廷和贵族旅游旺盛，唐后期旅游活动大众化程度急剧增强，新开发了众多旅游资源，总量达1935处，其中仅有271处旅游资源为唐前期已经得到开发并继续被唐后期旅游者利用，若按唐前、后期旅游资源总量进行对比统计，而对这271处重复利用的旅游资源不作单独处理，则唐代共有旅游资源3040处，且均是"可作为独立观赏或利用的旅游资源基本类型的单独个体，包括独立型旅游资源单体和由同一类型的独立单体结合在一起的集合型旅游资源单体"③，详见表4.23。

表4.23中，唐代自然旅游资源共1064个，占全国旅游资源总量的35.00%，其中地文景观563个，水域风光487个，生物景观14个；人文旅游资源1887个，占全国旅游资源总量的62.07%，其中遗址遗迹103个，建筑与设施1770个，人文活动14个，其他难以归类者89个，占全国旅游资源总量的2.93%。唐后期旅游资源总量较前期增加不少，人文旅游资源被逐步开发出来，花卉地和民间习俗类旅游资源，还是前期不见统计的。

（一）唐代旅游资源结构较为完善，主体较为鲜明

从《桂林风土记》《吴兴地记》《括地志》《元和郡县志》等对旅游资源的罗列看，唐人划分旅游资源结构的意识尚浅，但套用国标GB/T 18972—2003来看，

---

① 魏向东，朱梅：《晚明时期我国历史旅游客流空间集聚与扩散研究》，《人文地理》2008年第6期，第118~123页。

② 任唤麟：《明代旅游地理研究》，华中师范大学城市与环境科学学院博士学位论文，2010年6月。

③ 中华人民共和国质量监督检验检疫总局：中华人民共和国国家标准《旅游资源分类、调查与评价》(GB/T 18972—2003)。

唐代旅游资源结构较为完善。表 4.23 和图 4.4 显示，唐代旅游资源无 D 类(天象与气候景观)和 G 类(旅游商品)。对于前者，唐代旅游者不乏关注，仅《全唐诗》中就有不少关于雾、雪、雷、电、霓虹、蜃景的诗文。而关于旅游商品，唐代丝绸、瓷器、茶叶等的贸易流通比较频繁，其中包含旅游商品，已为众多学者接受。《太平广记》也有数处胡人购买珠宝后回国的记载①，姚合也曾购买太湖石②。唐代存在天象与气候景观类旅游资源和旅游商品是肯定的。

表 4.23　　　　　　　唐代旅游资源分类统计表(单位：处)

主类	亚类	基本类型	前期		后期		合计	
A 地文景观	AA 综合自然旅游地	AAA	189	A 21.81%	239	A 16.7%	428	自然 35.00%
		AAB	27		25		52	
		AAD	5		5		10	
	AC 地质地貌过程形迹	ACE，ACF	12		34		46	
		ACK，ACL	2		12		14	
	AE 岛礁	AEA，AEB	6		7		13	
B 水域风光	BA 河段	BAA	111	B 18.10%	101	B 14.8%	212	
	BB 天然湖泊与池沼	BBA，BBB	33		22		55	
		BBC	31		94		125	
	BC 瀑布	BCA，BCB	6		24		30	
	BD 泉	BDA，BDB	13		41		54	
	BE 河口与海面	BEA	6		5		11	
C 生物景观	CA 树木	CAB，CAC	3	C 0.27%	4	C 0.57%	7	
	CC 花卉地	CCA，CCB	0		7		7	

---

① 如卷 34《神仙三十四·崔炜》："(胡人买到宝物后)遽泛舶归大食去"；卷 402《宝三·青泥珠》："胡得珠，纳腿肉中，还西国"，《宝三·径寸珠》："(波斯人购得径寸珠)以刀破臂腋，藏其内，便还本国"。

② (唐)姚合《买太湖石》："我尝游太湖，爱石青嵯峨……奇哉卖石翁……"见《御定全唐诗》卷 499。

续表

主类	亚类	基本类型	前期		后期		合计	
E 遗址遗迹	EB 社会经济文化活动遗址遗迹	EBB、EBE	12	E 2.90%	29	E 3.67%	41	
		EBC、EBF	19		39		58	
		EBG	1		3		4	
F 建筑与设施	FA 综合人文旅游地	FAB、FAD	112	F 54.66%	119	F 60.3%	231	人文 62.07%
		FAC	44		95		139	
		FAE、FAG	47		98		145	
	FB 单体活动场馆	FBA	13		27		40	
	FC 景观建筑与附属型建筑	FCA	144		306		450	
		FCC	157		271		428	
		FCD	1		1		2	
		FCH	1		5		6	
	FD 居住地与社区	FDC	4		6		10	
		FDD	14		44		58	
		FDE、FDF	3		6		9	
	FE 归葬地	FEA、FEB	14		41		55	
	FF 交通建筑	FFA	9		18		27	
		FFB、FFC、FFE	35		115		150	
	FG 水工建筑	FGB	2		3		5	
		FGC	2		7		9	
		FGD	2		4		6	
H 人文活动	HB 艺术	HBB	3	H 0.27%	3	H 0.57%	6	
	HC 民间习俗	HCD	0		8		8	
其他		包括各地游览的笼统描述，以及据分类表难以归类的资源，如镇州山川、符离、两铜驼等	22	/	67	/	89	/
合计	20	52	1105	36.35%	1935	63.65%	3040	100%

说明：本表框架据：中华人民共和国质量监督检验检疫总局：中华人民共和国国家标准GB/T 18972—2003《旅游资源分类、调查与评价》。基本类型代码所对应的旅游资源名称未列出，请参考该标准。

第二节 唐代旅游资源特征

图4.4中,建筑和设施类旅游资源(F)是唐代最主要的旅游资源,占旅游资源总量的半数以上。地文景观(A)和水域风光(B)也具有一定的数量。综合自然旅游地(AA)是唐代最主要的地文景观,河段(BA)、天然湖泊与池沼(BB)共占水域风光旅游资源总量的八成以上,综合人文旅游地(FA)、景观建筑与附属型建筑(FC)类旅游资源约占建筑与设施类旅游资源的八成。上述5者构成了唐代旅游资源的主体,共占全部旅游资源数的75.1%。

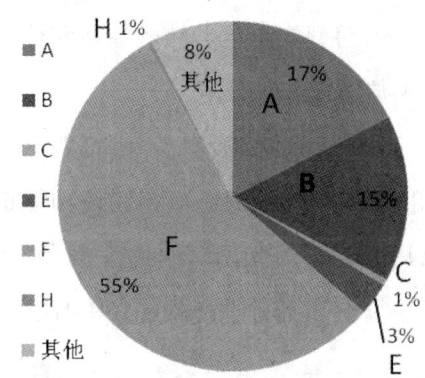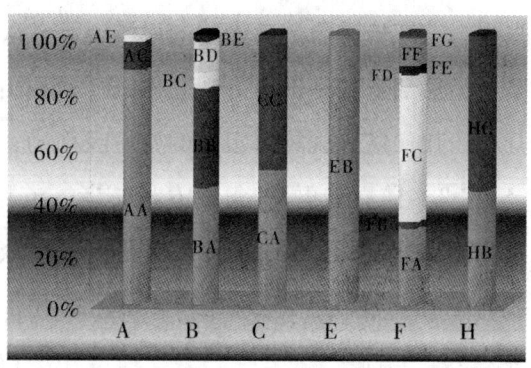

说明:A为地文景观　B为水域风光　C为生物景观　E为遗址遗迹　F为建筑与设施　H为人文活动　AA为综合自然旅游地　AC为地质地貌过程形迹　AE为岛礁　BA为河段　BB为天然湖泊与池沼　BC为瀑布　BD为泉　BE为河口与海面　CA为树木　CC为花卉地　EB为社会经济文化活动遗址遗迹　FA为综合人文旅游地　FB为单体活动场馆　FC为景观建筑与附属型建筑　FD为居住地与社区　FE为归葬地　FF为交通建筑　FG为水工建筑　HB为艺术　HC为民间习俗

图4.4　唐代旅游资源结构图

(二)唐代人文旅游资源占据优势,地位还在提升

唐代自然和人文旅游资源占全部旅游资源的比例分别为35.00%和62.07%。前期自然和人文旅游资源数量比约为3:5,唐后期,人文旅游资源总量已超过自然旅游资源总量的两倍。其中,增量最大的景观建筑与附属型建筑、交通建筑、综合人文旅游地类旅游资源,均属人文旅游资源;而数量减少者,如谷地型旅游地、观光游憩河段、湖区和海域、沼泽与湿地等均是自然旅游资源。从时间

发展看，唐代人文旅游资源的主体地位越来越突出。

（三）佛塔寺观、山岳型旅游地、楼阁亭台类旅游资源最为丰富

据表4.23，唐代佛塔寺观、山岳型旅游地、楼阁亭台类旅游资源的数量均超过400处，远远多于其他类旅游资源，共占唐代旅游资源总量的42.2%。其次，唐代康体游乐休闲度假地、园林游憩区域、观光游憩河段、港口渡口与码头、栈道等旅游资源也较丰富。唐代旅游者对佛塔寺观和楼台亭阁的偏好，较为恒定而强烈。前期最受旅游者青睐的旅游资源依次是：山岳型旅游地、佛塔寺观和楼阁亭台，后期依次是佛塔寺观、楼阁亭台和山岳型旅游地。

唐代佛塔寺观具有很强的旅游吸引力，佛宇道观"多游览者"[1]"游览者罕不经历"[2]，慈恩寺更是"每岁春秋游者，道路相属"[3]。其旅游住宿和接待功能也很突出，"州县公私，多借寺观居止"[4]"众僧房堂，诸俗受用"[5]"佛寺宿会"还成为一种普遍的社会现象[6]，如白居易"山寺每游多寄宿"，黄滔"寻幽频宿寺"等。

置亭以观景是唐代旅游资源开发的重要手段，如李渤在桂林开发南溪山、隐山等，均有置亭的做法；元晦更将置亭作为开发山岳旅游资源的必需，如叠彩山之流杯亭，于越山之越亭，宝积山之岩光亭，堪称"筑凿之盛"。而从唐代"风土志"的记载来看，亭与山是同等重要的旅游资源。具有宗教色彩的台阁也颇能吸引游客，白居易记游天宫阁道："无限游人遥怪我，缘何最老最先来。"[7]崇山理念和山水信仰流行于唐代社会，许多旅游景点也建立在山中或因

---

[1] 《唐语林》卷7《补遗》。
[2] 《剧谈录》卷下《慈恩寺牡丹》。
[3] 《关中胜迹图志》卷7《古迹祠宇》。
[4] （唐）李豫：《禁断公私借寺观居止诏》，见（清）董诰等编：《全唐文》卷46，北京中华书局1983年版，第508页。
[5] （唐）道宣：《四分律删繁补阙行事钞》卷下《僧像致敬篇第二十》，大藏经在线阅读网（http：//www3.fosss.org/DZZJian/ShowArticle.asp?ArticleID=588&Page=11），2010年12月11日。
[6] 张弓：《汉唐佛寺文化史（下）》，中国社会科学出版社1997年版，第1019~1021页。
[7] （唐）白居易：《早春独登天宫阁》，见《御定全唐诗》卷457。

山就势,《吴兴地记》更以三县六山一湖作为纲目。而唐代山水诗画的繁荣,源于旅游者,尤其是诗人画家山水意识的变化,"草木已盛,且江嶂若画,赏盈前途,自然屏间坐游,镜里行到,霞月千里,足供文章之用哉!"①山水正是他们创作的源泉。

(四)唐代各道旅游资源结构相似,但丰富性不同

唐代各道旅游资源结构大致如前文所述,抛开天象与气候景观类和旅游商品类旅游资源不论,就类型完整性和丰富性而言,岭南道旅游资源最单一,缺乏生物景观、遗址遗迹和人文活动类旅游资源;其次是陇右道、河东道和河北道,均无生物景观和人文活动类旅游资源;山南道则缺乏生物景观类旅游资源;关内道、河南道、淮南道、剑南道和江南道旅游资源类型和结构最全面。

关内道旅游资源丰富,但近四分之三的旅游资源属建筑与设施类,且八成以上的旅游资源分布于京兆府。京兆地区开发程度较高,长安是全国最重要的政治、经济、文化中心,造成了该道旅游资源偏重于人造景观和过分集中的状况。因开发历史悠久,农业经济发达,洛阳的政治和交通地位特殊,河南道旅游资源也以人文景观为主,结构较为合理,遗址遗迹类旅游资源开发利用居全国前列。唐代经济重心南移至东南地区,财富的聚集、便利的交通和相对安定的环境等,使江南道,尤其是今江浙一带各类旅游资源均得到较好的开发利用,唐后期,江南道旅游资源数量位居诸道之首,且半数以上分布于浙西地区。因历史时期受外族骚扰和方镇割据的影响较为严重,河东道、河北道和陇右道旅游资源数量和类型均较为有限。剑南道旅游资源虽然丰富,但唐后期受吐蕃、南诏以及割据斗争的影响,其旅游资源开发利用遭到严重破坏。岭南道旅游资源直到唐末才得到较为有效的开发利用。

综上,唐代旅游资源类型较为全面,以人文旅游资源为主,特别是建筑和设施类旅游资源最为丰富,其次是地文景观。从旅游资源的基本类型看,唐代最受旅游者青睐的旅游资源是佛塔寺观、楼阁亭台和山岳型旅游地。

---

① (唐)李白:《早夏于江将军叔宅与诸昆季送傅八之江南序》,见(清)董诰等编:《全唐文》卷349,北京中华书局1983年版,第3537页。

二、唐代旅游资源的分布特征

(一)唐前后期旅游资源分布的变迁

如图4.5和图4.6所示,唐前期,全国旅游资源基本分布于长江沿岸及其以北地区,两京地区是当时全国旅游资源最集中的地区。开发相对较晚的长江以南地区,很难找到代表性的旅游资源集中区域,成都府地区和浙西地区开始逐渐形成旅游资源集聚区。唐后期,这种局面有了较大的改变:一是南方地区旅游资源总量已经超过北方地区;二是北方地区旅游资源集聚区无太大变化,而南方地区则形成了浙西地区、长江中游地区、永桂地区、成都府地区等典型旅游资源集聚区;三是不仅新开发利用的旅游资源大多来自南方地区,而且唐后期新增的40余个有旅游资源分布的州府,绝大多数地处长江以南地区。

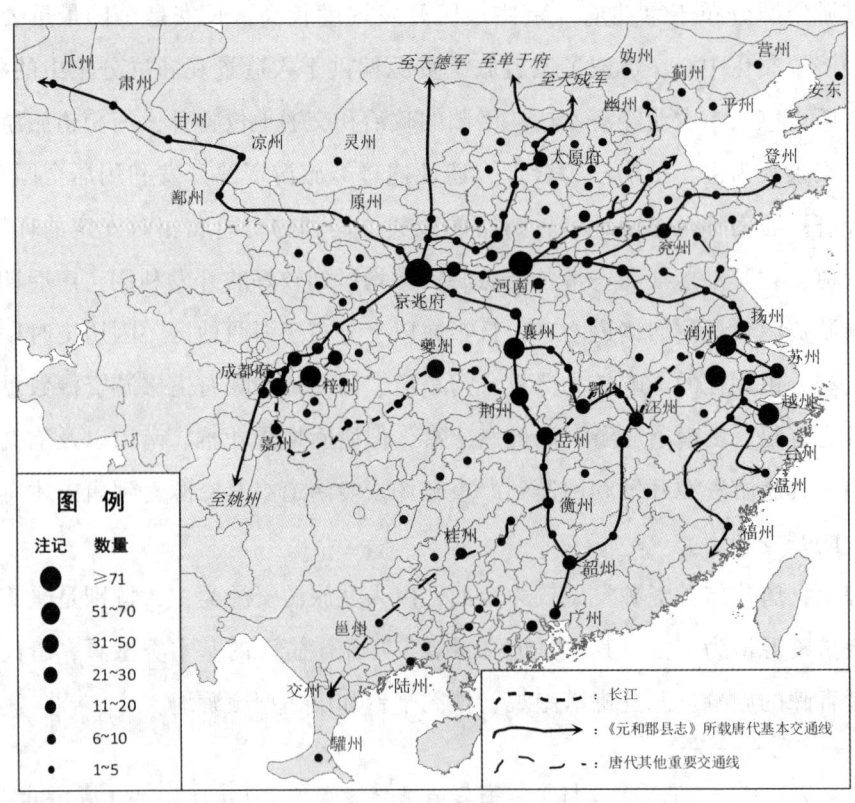

图4.5 唐前期旅游资源分布图

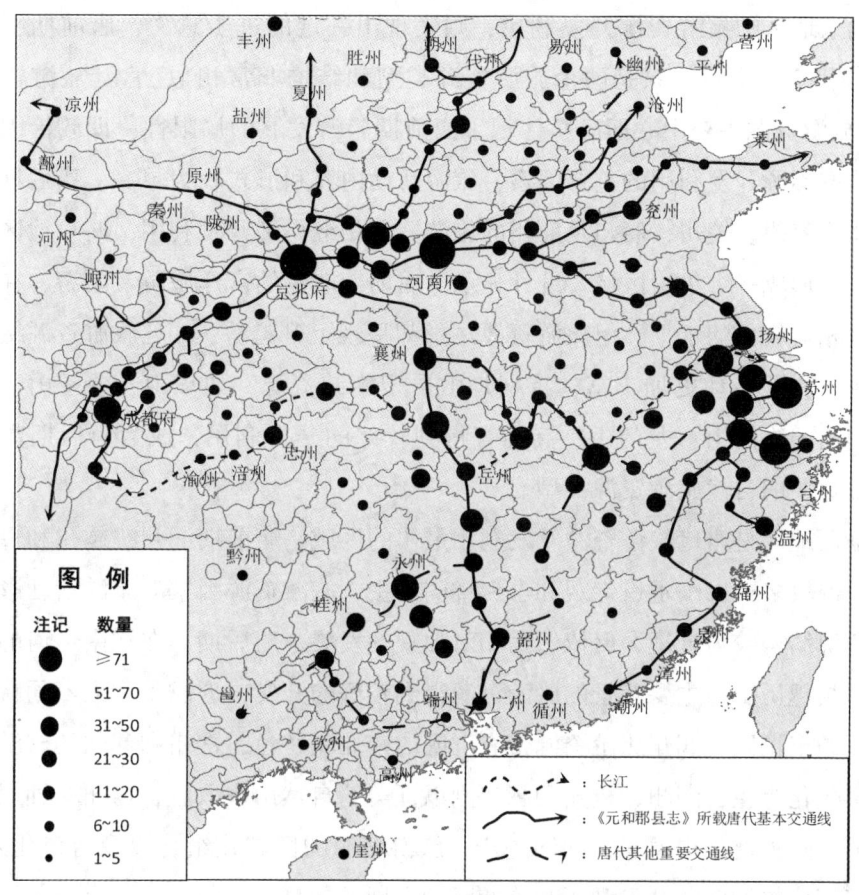

图 4.6 唐后期旅游资源分布图

除两京地区外,封禅线以北地区的旅游资源分布,在唐前后期几乎没有发生改变,而且,这些地区尚未形成稳定的集聚中心,也没有特色鲜明的旅游资源区,说明这些地区旅游资源开发和利用,仍处于一种松散而无序的状态,旅游发展尚处于低级阶段。结合唐代历史发展特征,唐前期,全国旅游活动的发展水平都十分有限,北方地区开发的历史较早,太原是王朝崛起的地方,兖州是歌功颂德的封禅之所,幽州则是永济渠的终点,它们之间的区域(除两京),均匀分布的少量旅游资源,仅是人类活动频繁的一种反映,旅游资源开发利用非常有限。唐后期,在藩镇割据和征伐战争的威胁下,旅游资源开发利用自然缓慢,该区前后期旅游资源的数量有微小的增加,但远低于全国平均水平,旅游发展和旅游资源开发利用处于一种相对停滞状态。

两京地区的旅游资源开发利用,则表现出一定的进步意义,唐前期所谓的"两京地区",实际上只是两个旅游资源类型和结构非常相似(宫廷旅游资源为主)的旅游资源集聚中心而已,体现了唐前期旅游发展的局限性,即政治因素是推动旅游资源开发利用的重要因素,旅游活动内容和形式较为单一。唐后期,由于华州、陕州、虢州、蒲州及商州的旅游资源相继得到开发利用,两京地区旅游资源真正形成一个集聚区域。统计显示,唐前期浩荡的宫廷旅游及陪游,在后期下降到相对较低的水平,但旅游资源总量却呈现上升趋势,① 且旅游资源结构更加完善,旅游活动更加丰富,特别是山岳型旅游资源,如华山、中条山、首阳山、商山、终南山、龙门山、嵩山等得到较好的开发利用,成为唐后期数量最多、最重要的自然旅游资源类型。

浙西地区是唐代旅游资源开发利用最快的区域。唐前期润州、越州和宣州的旅游资源较多,以山水、寺观和亭台楼阁为主,旅游资源因素对旅游活动影响较大,资源结构较为合理,但依然是相对独立的发展。唐后期,在江南运河的串联下,以吴越历史为主要背景的旅游资源得到较好的开发,形成了几大不同特质的旅游资源集聚区,润州旅游资源带有鲜明的南北朝特色,常州和苏州的旅游资源则以吴文化为主,湖州、杭州和越州则以优美的自然山水取胜,扬州有灿烂的城市文明,且彼此相得益彰,共同进步,旅游资源的区域化组合以及特色化发展,代表了唐代旅游资源开发利用和旅游活动发展的最高水平。

唐后期,长江沿岸地区的旅游资源得到了进一步的开发利用,尤以荆州、岳州、鄂州和江州最为典型。荆州以楚文化和三国文化为背景,并逐步取代襄州,成为区域旅游资源集聚中心。交通因素对旅游资源分布的影响减弱,旅游资源开发利用逐步走向成熟。岳州的旅游资源在唐前期便得到较好的开发,唐后期处于相对稳定的利用状态。鄂州的旅游资源则得到进一步的开发利用,以祢衡为代表的三国文化是其主要背景。得益于优质的旅游资源组合和便捷的交通,江州的旅游资源开发利用也较为迅速,庐山具有较强的不可替代性,不仅山下有山、湖、

---

① 唐前期,仅京兆府的宫廷旅游资源利用,就出现近 70 次,占旅游资源总量的 36.6%,而后期只有 20 余处宫廷旅游资源被利用,占比 9%。唐前后期,京兆府旅游资源数量由 191 变为 277,河南府则由 69 变为 147。

江的组合，山上也有优越的山水和宗教景观的组合。剑南道的旅游资源开发利用呈现出萎缩的态势，除了成都府还能勉强维持唐初的旅游资源数量之外，梓州、阆州、绵州的旅游资源数量都出现了较大幅度的下降，边境战争威胁和割据斗争对其影响十分明显。

唐后期南方地区，尤其是永州、道州、桂州等地的旅游资源开发利用取得了一定的进展，随着南方地区的开发加强，其优美独特的自然旅游资源逐渐被人们认识，元结、柳宗元、韦瓘、李渤、元晦等地方官员对于南方地区旅游资源的开发均作出了较大贡献。

综上，唐后期旅游资源空间分布变迁体现出如下特征：①长江以南地区的旅游资源得到较好开发利用，分布较前期更广更普遍，数量和规模更大；长江以北地区的旅游资源开发利用较为缓慢，但两京地区依然是全国最重要的两大旅游资源集聚区之一，总体上唐后期旅游资源分布更广、集聚中心东移南迁。②两京地区、浙西地区和长江中游地区形成了真正意义的旅游资源集聚区，尤其是浙西地区，已超过两京地区，发展成为全国最重要的旅游资源集聚区。③成都府及其东北地区的旅游资源集聚效应开始减退，仅成都府的旅游资源数量得到维持。④永州、桂州和道州的旅游资源得到较大的开发利用，并逐步走向集聚化。

(二)唐代旅游资源分布的特征

1. 唐代旅游资源集中于政治、经济、文化、旅游资源等中心

唐代旅游资源的分布，体现出明显的政治、经济、文化中心和旅游资源禀赋的依赖性。统计显示，拥有超过50个旅游资源(点)的州府，均为唐代重要的政治、经济、文化中心或旅游资源禀赋优越的州府，如两京、润州(浙西治)、越州(浙东治)、苏州(江南东道治)、襄州(山南东道治)、荆州(荆南治)、成都府(剑南西川治)、江州和宣州(旅游资源禀赋优越)等。作为最大的两个政治、经济和文化中心，长安和洛阳更是集中了全国20.8%的旅游资源，前者的比例更高达14.2%。其他旅游资源较多的州府，也多为政治中心或旅游资源优越地区，如华州、蒲州、梓州、兴元、鄂州、岳州、永州、扬州、常州、湖州、杭州等。这体现出唐代人类活动对旅游资源分布有着重要的影响，人类活动越频繁、区域可进入性越强、旅游资源禀赋越好，旅游资源就越集中。

2. 唐代旅游资源沿主要交通线分布

图 4.7 显示，唐代旅游资源有沿主要交通线分布的特征，其他旅游资源丰富的地区，也多有便捷的交通，如桂州、梓州、徐州和长江沿线。由桂州经永州可达衡州，经象州可达安南，经昭、梧、端等州可达广州，是西部地区北出中原的唯一捷径①。梓州更有"无数涪江筏，鸣桡总发时"②的景象。由利州经阆州、梓州达成都的交通也很便捷③。徐州则有古汴河和泗水，联系宋州和泗州十分便捷。唐代长江发挥着重要的交通作用，众多旅游资源富集地区被其串联起来。全国近九成的旅游资源分布在上述交通线上，其中最要者六：①封禅线。即由长安出发，经华州、虢州、洛阳、郑州、汴州至兖州一线。②长安入蜀线。即由长安，经兴元、利州、剑州、绵州、汉州到益州(即成都府)一线。③长安南下桂州线。即由长安经商州、邓州、襄州、荆州、岳州、潭州、衡州、永州至桂州。④江南运河线。由扬州经润州、常州、苏州、湖州至杭州，再分别前往越州和衢州。⑤长江沿线。由益州顺江而下，经夔州、荆州、岳州、鄂州、江州至润州。⑥大庾岭线。即通过江南运河，由杭州沿浙江、余水、赣水(经睦州、衢州、信州、饶州、洪州、吉州、虔州)，上大庾岭至韶州和广州。前三条主要沿陆路交通线分布，后三条主要沿水路交通线分布，这几条线大致形成一个"中"字形。另外，重要的交通节点城市(如长安、洛阳、汴州、襄州、润州、益州等)、通航河流汇流的地方(如岳州、鄂州等)、有湖泊调蓄的州县(如江州)，交通线上旅游资源特别突出的区域(如夔州)等，旅游资源也较集中。旅游资源的这种分布规律，说明交通因素对旅游资源的开发利用有至关重要的作用，也说明唐代旅游资源的开发程度较为有限。

3. 唐代旅游资源在基本经济区集聚分布

唐代的基本经济区如图 4.7④ 中的四个细虚框阴影所示，唐代旅游资源集聚区如图 4.7 中的五个虚框范围所示。五个旅游资源集聚区中，两京地区、浙西地

---

① 陈伟明：《唐五代岭南道交通路线述略》，《学术研究》1987 年第 1 期，第 53~58 页。
② (唐)杜甫：《奉使崔都水翁下峡》，见《御定全唐诗》卷 694。
③ 严耕望：《唐代交通图考：第四卷》，台北坤记印刷有限公司 1986 年版，第 1166~1168 页。
④ 冀朝鼎著，朱诗鳌译：《中国历史上的基本经济区与水利事业的发展》，中国社会科学出版社 1981 年版，开篇插图。

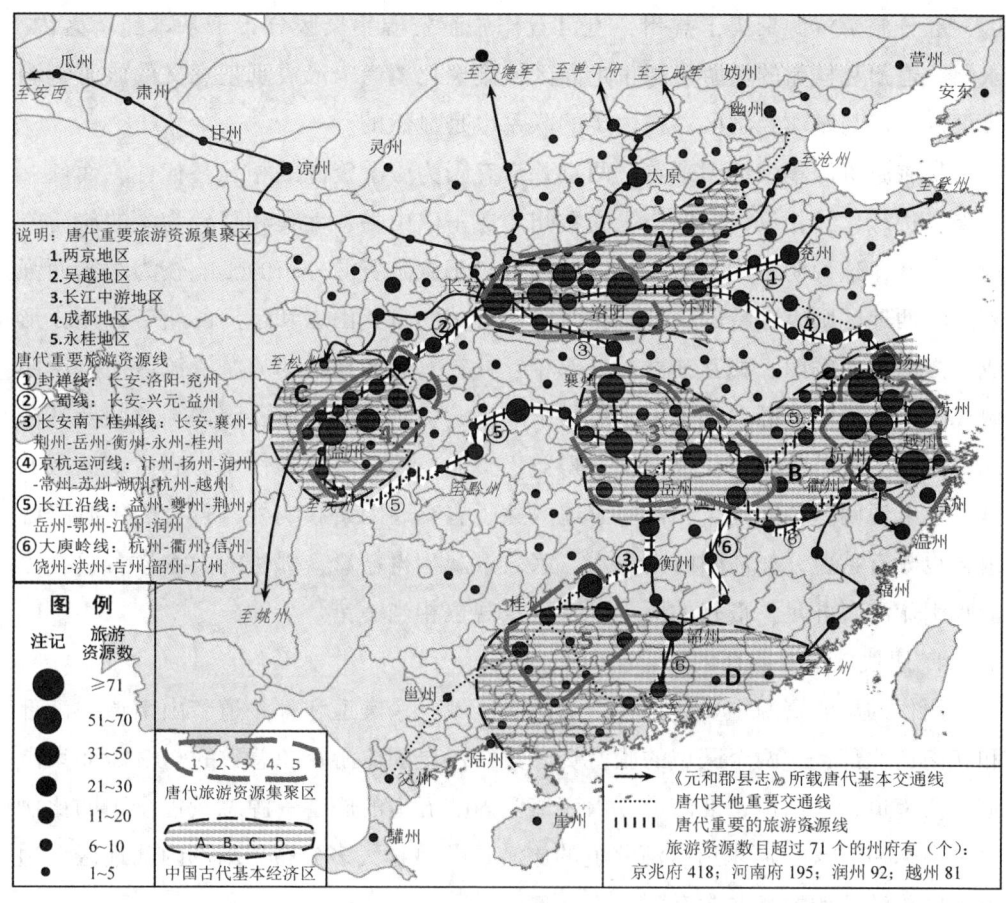

图 4.7 唐代旅游资源分布图

注：1. 底图据谭其骧：《中国历史地图集：第五册》，中国地图出版社 1996 年版，第 32~37 页绘制。

2. 四个细虚框阴影部分所示为冀朝鼎 1936 年所绘"中国历史上各个时期基本经济区位置图"，见冀朝鼎著：《中国历史上的基本经济区与水利事业的发展》，朱诗鳌译，中国社会科学出版社 1981 年版，开篇插图(本书译自伦敦乔治·艾伦和昂温有限公司 1936 年第一版)。

区和长江中游地区①在整个唐代都是较为恒定的旅游资源集聚区，大致上分布在基本经济区内；益州及其东北地区与基本经济区有一定的出入，但在唐后期，该

---

① 本书浙西地区含润州、越州、苏州、湖州、杭州、常州、宣州、扬州(淮南)；长江中游地区含襄、隋、安、鄂、峡、荆、复、沔、朗、澧、岳、鄂、黄、蕲、江、洪等州。下同。

区大部分旅游资源聚集于益州，也可看作旅游资源集聚区分布于基本经济区内。永州、道州和桂州的旅游资源正走向区域集聚化，尚未形成真正意义的旅游资源集聚区，但与基本经济区存在一定的联系也是显然的。

从旅游资源集聚动因来看，两京并没有因为旅游资源的相互替代性，而使一方走向边缘化，相反，它们与之间数州形成了以山岳、寺观和亭台为主的旅游资源集聚区，这说明唐代政治、经济等因素对于旅游资源分布的影响较为恒定而强烈。浙西地区则因独特的历史文化背景、奇美的自然山水和运河的纽带作用，形成了内部特色鲜明、相互独立，外部相互补充，紧密相连的旅游资源区。这说明唐代交通、旅游资源禀赋等因素也是影响旅游资源分布的重要因素。益州及其东北地区旅游资源的集聚化也是主要得益于交通、经济因素的作用，唐后期该区的衰落也能说明这个问题。长江中游地区除了有交通因素影响外，自身的旅游资源组合也颇有特色。如江州的山、水、宗教景观相得益彰，鄂岳的山水楼台组合也能吸引旅游者驻足，荆州的历史、宗教景观也相当不错。

4. 唐代旅游资源在内陆集中分布

唐代的旅游资源主要分布在内陆两大区域：京畿道和都畿道、山南道中南部和江南道北部，这两个区域的旅游资源数约占全国旅游资源总数的60%。而京畿道、河南道、江南道、淮南道、山南道等内陆五道的旅游资源总量占全国的比例更是高达80.7%，河东道、河北道的旅游资源也是大多分布于南部内陆地区，边疆地区旅游资源数量非常有限。

总体上，唐代已形成五大旅游资源富集区（如图4.7中五个粗虚框1、2、3、4、5所示）和两大旅游资源带。

①两京地区的旅游资源富集，主要得益于政治、经济、文化等因素的作用，其建筑与设施类旅游资源占绝对优势。

②浙西地区旅游资源富集，则是众多因素影响的结果，如经济重心南移、交通便捷、历史文化底蕴深厚等，但最值称道的是其旅游资源禀赋，如杭州"环以湖山，左右映带。外带涛江涨海之险，内抱湖山竹林之胜"，越州"南面连山万重，北带沧海千里，八山四水，三山对峙。山川之美使人应接不暇"，苏州、润州有着厚重的历史积淀、扬州有着灿烂的城市和商业文明，八个州的旅游资源各有特色、相得益彰，所谓"山川之美……实是欲界之仙都"①，"登览宴游之地，

---

① 《梁文纪》卷9《陶弘景·答谢中书书》。

不可胜计"①。其旅游资源以建筑设施类为主,地文景观和水域风光类旅游资源也较丰富。

③长江中游地区交通便捷,加之峻峭秀丽、山川如画,"有长江巨湖为之浸,有灵岳名山为之镇""山川灵秀,山水秀怪",所谓"湖南清绝地,万古一长嗟",且多临观之美。② 成为唐代又一旅游资源富集区。该区以水域风光、建筑与设施类旅游资源为主。

④成都府地区素有天府之国的美称,偏隅一方,历史底蕴深厚,且俗尚嬉游,溺于逸乐,③ 唐代更是"江山之秀,罗锦之丽,管弦歌舞之多……扬不足以侔其半"④,旅游资源较为富集,但唐后期受政治军事影响较大,旅游资源开发利用呈萎缩态势。该区以建筑与设施类旅游资源为主,有一定量的水域风光和地文景观。

⑤永桂地区旅游资源富集,主要得益于其优越的旅游资源禀赋。其地文景观最多,其次为建筑与设施和水域风光类旅游资源。

两大旅游资源带即封禅线旅游资源带和长江流域旅游资源带。封禅线旅游资源带指从长安至兖州的交通沿线地带,其旅游资源结构和分布体现了鲜明的政治色彩,不仅有众多政治和宗教名山,如华山、嵩山、泰山等,更有许多皇家汤泉园林,如华清宫、蓝田大兴汤院、岐州凤泉汤、同州北山汤、虢州蒙泉汤、河南陆浑汤、汝州广成汤、兖州乾封汤等。而建筑与设施类旅游资源占据绝对优势,也反映了政治因素对此带旅游资源结构的影响。长江流域旅游资源带的形成主要缘于长江的交通功能及其独特的旅游资源禀赋。唐代长江及其支流发挥着重要的旅游交通功能,"凡东南郡邑无不通水,故天下货利,舟楫居多……故曰'朝发白帝,暮彻江陵'"⑤,"自扬、益、湘南,至交、广、闽中等州,公家运漕,私

---

① 《永乐大典(残卷)》卷 2538《雪斋》。
② 《五百家注昌黎文集》卷 13《新修滕王阁记》。
③ 《全蜀艺文志》卷 45《至道圣德颂》。
④ (唐)卢求:《成都记序》,见(清)董诰等编:《全唐文》卷 744,北京中华书局 1983 年版,第 7702 页。
⑤ 《唐国史补》卷下。

行商旅，舳舻相继"①，因此，唐代众多旅人不计远近，绕道旅行②，韦庄等人迂回万里入蜀和进京，李翱、白居易等人的出游线路选择，戴叔伦广陵送赵主簿自蜀归绛州均是如此，受流水切割作用，长江上游形成典型的峡江风光。巫峡"两岸连山，略无阙处……春冬之时，则素湍绿潭，回清倒影，绝巘多生怪柏，悬泉瀑布，飞漱其间，清荣峻茂，良多趣味。每至晴初霜旦，林寒涧肃，常有高猿长啸，属引凄异，空谷传响，哀转久绝"，西陵峡"叠崿秀峰，奇构异形，固难以辞叙。林木萧森，离离蔚蔚，乃在霞气之表。仰瞩俯映，弥习弥佳，流连信宿，不觉忘返"③。长江中下游除有巨湖灵岳等自然旅游资源，还有丰富的人文旅游资源，如江南三大名楼，二林寺等。总体上，此带旅游资源丰富，中上游以自然旅游资源为主，出三峡后，越往下游，人文旅游资源越丰富。

第三节 唐代旅游资源的开发保护

一、唐代旅游资源开发利用的基本状况

唐代旅游资源的开发利用较为全面，各类旅游资源均有开发利用的事例。随着时间推移，也有一些旅游资源逐渐淡出旅游者的视线。表4.24是对唐代旅游资源开发利用状况的统计。

（一）唐代旅游资源开发力度大

除陇右道和剑南道外，唐后期各道七大类旅游资源开发力度大，数量增长快。如表4.24下斜线底纹部分所示，不算合计栏，从各道七大类共56组旅游资源数量对比和组合看，仅河东道水域风光类、河北道地文景观与其他类旅游资源在数量上唐后期不及唐前期，只有3种组合，表明除陇右道和剑南道外，唐后期全国各地旅游资源均得到较大程度的开发。而陇右道和剑南道唐后期地文景观

---

① 《元和郡县志》卷5《关内道五》。
② 史念海：《隋唐时期运河和长江的水上交通及其沿岸的都会》，《中国历史地理论丛》1994年第4期，第1~33页。
③ 《水经注》卷34《江水》。

类、水域风光类、建筑与设施类旅游资源数量,均不及唐前期的数量,且这三大类旅游资源均是两道最主要的旅游资源,其他各类旅游资源数量极少,总体上唐后期陇右道新开发旅游资源尚不足其唐前期的一半,而剑南道新开发旅游资源也只占其唐前期旅游资源总量的63.96%,说明唐后期陇右道和剑南道各类旅游资源开发严重不足,印证了唐后期此二道严酷的政治、军事和交通环境对旅游活动巨大的阻碍作用,前文已多有述及。

表4.24　　　　　唐代各类旅游资源的区域分布(单位:处)

道名	A地文景观			B水域风光			C生物景观			E遗址遗迹			F建筑与设施			H人文活动			其他			合计		
	前	后	重	前	后	重	前	后	重	前	后	重	前	后	重	前	后	重	前	后	重	前	后	重
关内	10	25	12	17	27	6	0	1	0	5	10	2	113	226	44	1	1	0	7	11	2	153	301	66
河南	19	20	7	21	36	6	1	1	0	2	19	2	67	146	15	0	2	0	6	26	6	116	250	36
河东	9	11	1	8	6	0	0	0	0	1	2	0	19	54	3	0	0	0	3	8	2	40	81	6
河北	5	2	2	4	5	1	0	0	0	2	3	1	8	14	5	0	0	0	6	3	2	25	27	11
山南	26	30	7	19	26	3	0	2	2	2	7	2	56	93	12	0	0	0	5	11	7	107	163	31
淮南	3	9	1	4	10	0	1	2	0	0	1	0	1	35	2	0	0	0	1	5	2	10	63	5
江南	58	117	23	46	100	18	1	6	0	7	18	4	83	352	24	1	0	0	10	47	16	206	644	85
陇右	8	4	0	3	1	1	0	0	0	0	0	0	9	2	1	0	0	0	0	3	2	21	10	4
剑南	21	7	4	21	10	5	0	0	0	0	2	0	61	43	8	1	2	0	5	6	1	111	71	18
岭南	9	26	6	10	13	1	0	0	0	0	2	0	11	21	0	0	0	0	7	2	2	37	62	9
合计	168	251	63	153	234	41	3	11	0	21	57	11	428	986	114	3	7	0	50	122	42	826	1672	271

说明:本表据第一节各道统计数据、唐前后期旅游资源统计表统计而来。"前"指唐前期独有之旅游资源数,"后"指唐后期新开发之旅游资源数,"重"指唐前后期均有利用之旅游资源数。本表与表4.23有一定出入,体现为本表数据普遍小于表4.23的数据,但旅游资源总数(2769个)是相同的。有两个主要原因,其一,本表中的"其他"类旅游资源单独列出进行统计,而表4.23则酌情将其归入各类(A、B、C、E、F、H)旅游资源或旅游活动中,实在无法归类者则单独列出。其二,表4.23合计列是前后期旅游资源的相加,未作处理,而实际上前后期有271个旅游资源是重复的,即前后期都有旅游者游览记录。

(二)唐代新开发利用旅游资源是主流

唐前后期旅游资源利用的延续性不强,新开发和利用旅游资源是主流。如表4.24粗框线所示,不计其他类旅游资源(因本身界定较为模糊),各道六大类共

60组旅游资源数量对比和组合看，仅有关内道地文景观类、山南道遗址遗迹类、淮南道建筑与设施类旅游资源3种组合，为唐代持续被利用旅游资源的数量，较仅唐前期被利用旅游资源的数量多，且数量极其有限，尤其是后二者，被唐代持续利用的旅游资源均仅2处，而前期"独有"的旅游资源则均仅1处。其他57种组合，均是被唐代持续利用的旅游资源数量远不及唐前期或唐后期"独有"的旅游资源数量，同时，唐后期新开发利用的旅游资源与未再被利用的旅游资源数量比例大致为2∶1，说明一是整体上唐代旅游资源处于逐渐被开发出来的状态，旅游资源开发利用处于上升发展期；二是唐前后期旅游资源开发利用的延续性不强，众多旅游资源被不断开发利用起来，同时也有众多旅游资源逐渐淡出旅游者的视野，新开发和利用旅游资源是主流；三是唐前后期旅游者对于旅游资源的偏好发生了较大的转变，这与唐代旅游发展状况相吻合，尤其是唐后期旅游活动大众化程度迅速加强，唐后期虽仍有不少宫廷和贵族旅游，但显然早已不是唐代旅游活动的主流，显示了唐后期大众化旅游活动及其旅游资源开发利用的广泛性、深刻性，体现了唐后期旅游活动的纯粹性，更能体现其旅游本质特征。

(三) 唐代旅游资源开发利用的区域差异明显

唐代内陆和东南沿海地区旅游资源开发利用活跃且充分，边疆地区旅游资源开发利用不足且不断萎缩。一是陇右、剑南、河北等边疆地区旅游资源开发利用不足。因政治、军事、交通等环境的恶化，中央政权控制力和影响力减弱，外族入侵和内部藩镇割据等因素影响，陇右道、剑南道的旅游资源开发利用处于萎缩状态，不仅后期新开发的旅游资源数量远不及唐前期，且唐前期已有旅游资源也多未被持续利用，以致唐后期旅游资源数量出现大滑坡；河北道旅游资源开发利用则基本处于停滞状态，无论是新开发旅游资源，还是唐前期"独有"旅游资源的数量均相当有限，仅多于陇右道，占全国旅游资源总量不足2.28%，但其唐前后期开发利用的旅游资源数量较为稳定，未出现明显滑坡。二是内陆地区旅游资源得到稳定的开发利用，河南、河东、关内、岭南和山南内陆五道的旅游资源开发利用均相当于全国的平均水平，但在内部也体现了集聚性特征，河南、河东、关内旅游资源开发利用以两京地区为中心，岭南和山南旅游资源开发利用则沿国内主要交通线延伸；唐后期内陆五道新开发利用旅游资源迅速增多，其中河南、河东、关内新开发利用旅游资源总量较唐前期数量接近翻番,山南和岭南也有较大幅度增长,但被持续利用旅游资源量依然很少。三是淮南道和江南道等沿江沿河地区旅游资源得到迅速开发利用,淮南道区域范围有限,因而旅游资源总量相对有限,唐前期其开发利用的旅游资源数量极少,仅占全国旅游资源总量的1.37%,但随着唐后期大运河的作用愈发凸显,淮南道旅游资源得到迅速开发利用,新增旅游资源数量已经超过陇右、河北、岭南三道,接近剑南和河东的新增旅游资源量,州均旅游资源量也由唐前期的1处左右迅速上升为4.86处,位居十道第五位,而且淮南道旅游资源多为新开发利用旅游资源,新增幅度超过唐前期旅游资源量的4倍;得益于经济重心的东移南迁,以及长江、江南运河等交通线的影响,江南道旅游资源开发利用程度大且迅速,尤其是浙西观察使及其周边区域,旅游资源得到了充分的开发利用,新增旅游资源数量438处,为各道最多,占唐后期全国新开发利用旅游资源总量的26.20%,州均旅游资源量由5.71处迅速增长为14.29处,十分接近关内道的水平。

(四)唐代旅游资源开发对象和区域较为集中

建筑与设施类、地文景观类和水域风光类旅游资源是唐代旅游资源开发利用的主要对象,江南道、关内道和河南道是旅游资源开发利用的主要区域。建筑与设施类旅游资源主要以佛塔寺观和楼阁亭台的开发利用为主,地文景观类旅游资源的开发利用主要以山岳型旅游地为主,水域风光类的观光游憩河段和湖泊的开发利用力度较大。如表4.24双线框区域所示,从数量上看,唐后期开发利用的建筑与设施类旅游资源新增幅度达到102.95%,数量增长高达558处,占新开发利用旅游资源总量的65.96%,尤以江南道(+269)、关内道(+113)、河南道(+79)新开发利用建筑与设施类旅游资源最多,较三道唐前期各自旅游资源总量增长了251.40%、71.97%和96.34%,唐前期淮南道建筑与设施类旅游资源数量太少,增幅虽大,但总量不高;唐后期新开发利用的地文景观类旅游资源同样主要来自江南道,数量较唐前期增长了59处,增幅达72.84%,关内道和岭南道也有一定的增长;唐后期新开发利用的水域风光类旅游资源也主要来自江南道,数量较唐前期增长了54处,增幅达84.36%,河南道和关内道也各自增长了55.56%和43.48%;唐后期新开发利用的遗址遗迹类旅游资源同样多来自河南道、江南道和关内道,各自增长了 17 处、11 处和 5 处,但总量依然不多。此外,唐代生物景观类和人文活动类旅游资源数量十分有限,唐后期仍未得到较好的开发利用。

二、唐代旅游资源开发利用事例

(一)地文景观的开发利用

唐代地文景观类旅游资源的开发多为地方官员的行为,以山岳型旅游地为主。以江南道为例,据表 4.24 和统计显示,在唐后期才得到开发利用的地文景观类旅游资源共 117 处,其中,不下 70 处是山岳型旅游地。

唐代山岳型旅游地的开发利用,大多会建设一些观景设施,其中置亭、引泉种花、修路等是最主要的手法。如李渤开发南溪山,"桂水漓山,右汇阳江,数里余得南溪口,溪左屏外崖巘,鬭丽争高,其孕翠曳烟,逦迤如画。左连幽墅,园田鸡犬,疑非人间。溯流数百步至岩,岩下有湾壖沮洳,因导为新泉……遂命发潜敞深,磴危宅,既翼之以亭榭,又韵之以松竹,似燕方丈,似升瑶台,丽如也,畅如也。以溪在郡之南,因目为'南溪',兼赋诗以纪之。"①

置亭对于开发山岳型旅游地有着重要意义。不仅南溪山,李渤在桂林开发隐山也有置亭的做法。"李渤游于州之西山,其溪谷、潭洞皆人所未尝至者,遂名之曰隐山,构亭树于其上"②,元晦开发叠彩山,更是将山与亭结合得紧密,如叠彩山之"莲池,流杯亭,花药院",于越山与越亭,宝积山与岩光亭,堪称"筑凿之盛"。此外,裴行立也曾在訾家洲建起亭台楼榭以观景,太平公主"于(乐游)原上置亭,游赏其地"③,韦虚舟在衡州府治西建望岳亭"东望清湘,北瞻碧岳"④等。

唐代引泉和种植花木以雕饰山岳型旅游地也是旅游资源开发的重要手法。高元裕"忽于玉台观前,瞻望山东丛林之上,见有异气披榛,径往,果有嵌窦悬泉,在峭岩之曲,乔木之下,有石壁奇文自然老君之状……乃翦薙芜翳,创为斋宫,

---

① (唐)李渤:《南溪诗并序》,见《御定全唐诗》卷 473。
② 《宝刻丛编》卷 19《广南西路·静江府·唐新开隐山六洞记》。
③ 《山堂肆考》卷 10《时令·上巳·少陵作歌》。
④ 《山堂肆考》卷 172《望岳》。

立碑以纪其事，于悬泉之下堰为方塘，引水注为流杯小池，植花木松竹，遂成胜赏。"①

在山岳型旅游地开发过程中，修路也是一件重要的事情，元晦在桂林开发景点，大多将修路作为重要工作之一；柳宗元在永州也有修路之举，"然而薪蒸筱簜，蒙杂拥蔽，吾意伐而除之，必将有见焉……遂命仆人持刀斧，群而剪焉。丛莽下颓，万类皆出，旷焉茫焉，天为之益高，地为之加辟……乃取官之禄秩，以为其亭，其高且广，盖方丈者二焉"②"即更取器用，铲刈秽草，伐去恶木，烈火而焚之，嘉木立，美竹露，奇石显"③等。

(二) 水域风光的开发利用

唐代对于水域风光类旅游资源的开发利用以观光游憩河段和湖泊最为典型。

曲江风景区是唐代最有名的旅游景区。"曲江本秦隑洲，唐开元中疏凿为胜境，江故有泉，俗谓之'汉武泉'，又引黄渠之水以涨之……欧阳詹《曲江记》其略曰：'兹地循原北峙，回冈旁转，圆环四匝，中成坎窞，寧夿港洞，生泉翕源。东西三里而遥，南北三里而近。崇山浚川，钩结盘护，不南不北，湛然中停。荡恶含和，厚生蠲疾，涵虚抱景，气象澄鲜，涤虑延欢，栖神育灵'。观此可得其概矣。唐进士新及第者，往往泛舟游宴于此……太和九年，发左右神策军三千人疏浚，修紫云楼、彩霞亭，仍敕诸司有力建亭馆者，官给闲地，任营造焉。"④对于曲江仅仅疏浚是不够的，政府鼓励于江侧构置亭馆，并给予各种优惠，最终与南部的紫云楼、芙蓉苑，西部的杏园、慈恩寺等景观组合成花开环周，烟水明媚的景区。

唐人对泉水，特别是温泉旅游资源的开发也取得一定的成果。如咸亨二年在昭应县有置温泉宫，天宝六年更名华清宫，治汤井为池，环山列宫室，又筑罗城，置百司及十宅⑤，委房琯经理疏岩剔薮，以广游览焉。形成了甫迩京邑的皇家温泉旅游地。"帝王时所游幸。玄皇于骊山置华清宫，每年十月车驾自京而出，

---

① 《云笈七签》卷118《道教灵验记·自然石文老君降雨验》。
② 《柳河东集》卷28《记祠庙·永州法华寺新作西亭记》。
③ 《柳河东集》卷29《记山水·钴鉧潭西小丘记》。
④ 《游城南记》。
⑤ 《新唐书》卷37《地理志》。

至春乃还……山上起朝元阁,上常登眺,命群臣赋诗。"①陪驾的群臣有时也能"赐浴汤池、给香粉兰泽"。唐代已经开发出来的这种皇家汤池尚有新丰温汤、凤翔府郿县凤泉汤、虢州弘农县蒙泉汤等,每游幸,"百官羽卫,并诸方朝集,商贾繁会,里闾阗咽焉"②,带动旅游相关行业发展十分明显,颇有全域旅游的效应和风采。

　　唐代"海内温汤甚众,有新丰骊山汤、蓝田石门汤、岐州凤泉汤、同州北山汤、河南陆浑汤、汝州广成汤、兖州乾封汤、邢州沙河汤"③等。皇家温泉毕竟有限,很多温泉对于一般旅游者也是开放的,其功用主要是治病、旅游和灌溉。如"石门汤在县西南四十里石门谷口……掘之,果有汤泉涌出,遂置舍两区,凡有病者,浴多痊愈……明皇时,赐名'大兴汤院'"④。黄山汤"色红,可以澡瀹"⑤,前文也已提及李敬方为治头风多次光顾黄山汤院,并写下长诗歌颂其疗效"洁斋齐物主,疗病夺医门……禅家休问疾,骚客罢招魂"⑥,热情洋溢地为它作旅游宣传。沈传师"京路马骎骎,尘劳日向深。蒙泉聊息驾,可以洗君心"⑦,说明弘农蒙泉汤开发出来以后,不仅对外开放,还可能发挥了健康旅游的功能。张嘉贞有《房山汤记》记载了恒州房山县西北五十里的房山汤,它早在汉代就已经被开发出来。庐山山南黄龙峰汤泉也颇有名气,白居易题诗曰:"一眼汤泉流向东,浸泥浇草暖无功",说明唐代温泉有可能开发用于灌溉和暖地,发挥着重要的农业用途。此外,温泉有可能伴随神话传说,使其更富旅游色彩,《荆州记》曰:"新阳县惠泽中有温泉,冬月未至数里,遥望白气浮蒸如烟,上下采映,状若绮疏,又有车轮双辕形,世传昔有玉女乘车自投此泉,今人时见女子姿仪光丽,往来倏忽",李白曾赋诗《安州应城玉女汤作》,说它"分浇宋玉田,可以奉巡幸",也印证了唐代开发温泉进行灌溉和旅游的事实。

　　至于其他泉水的开发事例就更多,如"寿安县有喷玉泉、石溪,皆山水之胜

---

① 《南部新书》卷8。
② 《南部新书》卷8。
③ 《封氏闻见记》卷7《温汤》。
④ 《长安志》卷16《县六·蓝田》。
⑤ 《永乐大典》卷822《二支诗·诗话六十四·新安志》。
⑥ (唐)李敬方:《题黄山汤院并序》,见《御定全唐诗》卷508。
⑦ (唐)沈传师:《蒙泉》,见《御定全唐诗》卷466。

绝者也，贞元中，琯以宾客辞为县令，乃划翳荟，开径隧，人闻而异焉。"①"唐冯立为广州都督，见贪泉曰：'此岂隐之所酌耶，吾虽日饮此水，庸易吾性哉'。"②其他得到开发利用的还有骊山灵湫、商州寿泉、苏州白云泉、济源孔山泉、闻喜县野狐泉③、庐山云液泉④、美原神泉⑤等，恕不一一举例。

（三）建筑与设施的开发利用

唐代建筑与设施类旅游资源的开发利用主要有两个方面，一是佛塔寺观，二是私人园林，其中楼阁亭台又往往是它们重要的景观建筑。

唐代"佛宇道观，游览者罕不经历"⑥。寺观成为激发旅游者旅游动机的重要吸引物，不仅是因为寺观具备重要的旅游服务、接待、食宿以及宗教等功能，还因为寺观开发旅游吸引功能的全力以赴，前文（节日旅游）已多有述及，在此简述唐代佛塔寺观旅游开发利用如次。

其一，植树种花。如慈恩寺抓住游客喜欢牡丹的特性，错开牡丹花开的最盛季节，成为全国最有特色的游赏牡丹之地，"长安三月十五日，两街看牡丹甚盛，慈恩寺元果院花最先开，太平院开最后"⑦。润州鹤林寺杜鹃每春末花烂漫，"一城士庶，四方之人，无不酣乐游从，连春入夏，自旦及昏，阖里之间，殆于废业……及九日，烂漫如春，乃以闻奏，一城士庶，惊异之，游赏复如春夏间"⑧，居然让杜鹃在重阳节开放，其着力不谓不大。

其二，起塔登高。这也是抓住了唐代旅游者崇尚登高的旅游习俗和行为习惯。如大雁塔初惟五层，砖表土心，效西域窣堵波……长安中摧倒，天后及王公施钱，重加营建，至十层……塔自兵火之余，止存七层，长兴中，西京留守安重

---

① 《太平广记》卷201《好尚·房琯》。
② 《山堂肆考》卷22《石门贪泉》。
③ （唐）杜甫《奉同郭给事汤东灵湫作》，（唐）白居易《重过寿泉忆与杨九别时因题店壁》《白云泉》《游坊口悬泉偶题石上》，（唐）元稹《野狐泉柳林》，见《御定全唐诗》卷216、卷434、卷462、卷445、卷411。
④ 《宗玄集》卷中《庐山云液泉赋》。
⑤ 《金石文字记》卷3《唐·美原神泉诗并序》。
⑥ 《唐语林》卷7《补遗》。《剧谈录》卷下《慈恩寺牡丹》。
⑦ 《唐诗纪事》卷52《裴潾》。
⑧ 《续仙传》卷下《殷文祥》。

霸再修之，判官王仁裕为之记。长安士庶，每岁春时，游者道路相属。《天竺记》达嚫国有迦叶佛迦蓝，穿石山作塔五层，最下一层作雁形，谓之雁塔①。连名字都与达嚫国雁塔一样，却修成十层，恐亦含便于登高望远的因素。

其三，建筑华丽。唐代佛教以功创寺宇为功德，《洛阳伽蓝记》载，永宁寺高十丈，去洛阳百里已遥见之，饰以金银，加之珠玉，庄严焕炳，世所未闻。唐代沿袭了这样的奢华建寺的传统，并雕饰以碑碣、经籍、钟磬、壁画、石窟等，给旅游者强烈的冲击和吸引力。

其四，园林化建设。唐代从寺院选址开始，就十分注重环境的清幽典雅，如"玉泉寺在当阳县西南二十里玉泉山，寺雄于一方，殿前有金龟池，山水之胜甲天下，张曲江、孟浩然辈尝托于诗，以写其胜"②。《太平寰宇记》载，梓州郪县西南二里牛头山下有牛头寺，唐代楼阁烟花，为一方胜概。加之唐代寺院逐渐成为一种重要的社交和游赏场所，势必推动其景观建设。如唐代僧社兴盛，无论文人士大夫还是僧人都以入社为荣，而僧社的主要活动就是游赏赋诗，对寺院的园林化发展有较大推动作用，反过来这种园林化又强烈吸引着游客的到来，唐代二林僧社声名远扬，大抵与此有关。

其五，寺观的对外开放。与印度寺院闭关清修不同，为吸引人们的到来，唐代的寺院"逐步开放为公众游乐的场所"③，这也是唐代佛塔寺观类旅游资源得到充分开发利用的根源。

唐代私人园林除供园主休憩疗养外，游赏和社交功能特别重要。如裴度"为意东都，立第于集贤里，筑山穿池，竹木丛翠，有风亭水榭，梯桥架阁，岛屿回环，极都城之胜，又于午桥创别墅，花木万株，中起凉台，暑馆名曰'绿野堂'，引甘水贯其中，酾引脉分，暎带左右，度视事之隙，与诗人白居易、刘禹锡酣宴终日，高歌放言，以诗酒琴书自乐，当时名士皆从之游"。对于裴度来说，这不是旅游活动，但对于从之游的名士来说，则具有旅游活动的性质。作为这种旅游

---

① 《游城南记》。
② 《方舆胜览》卷29《荆门军》。
③ 席建超等：《古代佛教旅游发展及其启示》，《人文地理》2006年第4期，第68～73页。

第三节 唐代旅游资源的开发保护

资源开发利用的园林,包括公署园池、寺观园林和私家别业等,蔚为繁盛①。仅贞观、开元间,洛阳公卿贵戚开馆列第千余邸,"居止稀少,惟园林滋茂耳"。沣、镐、鄠、杜之地,贵游之士争买②。筑山穿池、植木种花、构亭建榭等是园林构建主要的手段。

第一,筑山穿池。齐已《假山并序》很好概括了其过程:"信手成重迭,随心作蔽亏。根盘惊院窄,顶耸讶檐卑。镇地那言重,当轩未厌危。巨灵何忍擘,秦政肯轻移。晓觉莎烟触,寒闻竹籁吹。蓝灰澄古色,泥水合凝滋。引看僧来数,牵吟客散迟。九华浑髣髴,五老颇参差。蛛网藤萝挂,春霖瀑布垂。加添双石笋,映带小莲池。旧说雷居士,曾闻远大师。红霞中结社,白壁上题诗。顾此诚徒尔,劳心是妄为。经营惭培塿,赏翫愧童儿。会入千峯去,闲踪任属谁。"③安乐公主定昆池"累石为山,以象华岳,引水为涧,以象天津……每日士女游观,车马填噎"④。袁象山园"自东大渠引水注园中,清泉细流,涓涓无不通处"。牛僧儒归仁园占尽归仁一坊之地,其大池冠绝河南,"园尽此一坊,广轮皆里许,北有牡丹、芍药千株,中有竹百亩,南有桃李弥望"⑤等。在园林里面营造山水组合的景观,成为唐代最普遍的园林构筑思想,所谓"攒石当轩倚,悬泉度牖飞""瓮泉教咽咽,垒石放巉巉""引水香山近,穿云复绕林""清浅可狎弄,昏烦聊潄涤"⑥,即其事也。

第二,植木种花,李德裕平泉别墅的奇花异草繁盛,虽未明言布局,亦颇能反映唐代园林旅游资源开发的思想。"木之奇者,有天台之金松、琪树,稽山之海棠、榧桧,剡溪之红桂、厚朴,海峤之香柽、木兰,天目之青神、凤集,锺山之月桂、青飔、杨梅,曲房之山桂、温树,金陵之珠柏、栾荆、杜鹃,茆山之山桃、侧柏、南烛,宜春之柳柏、红豆、山樱,蓝田之栗梨、龙柏。其水物之美

---

① 据统计,唐代有名可循的园林就有千余座。见李浩:《唐代园林别业考论》,西北大学出版社1996年版。
② 《柳河东集》卷29《永州八记·钴鉧潭西小丘记》。
③ 《白莲集》卷6《假山并序》。
④ 《朝野佥载》卷3。
⑤ 《洛阳名园记》。
⑥ (唐)杜审言《和韦承庆过义阳公主山池五首》、(唐)皮日休《江南书情二十韵寄……二同年》、(唐)卢纶《观袁修侍郎涨新池》、(唐)白居易《官舍内新凿小池》,见《御定全唐诗》卷62、卷612、卷279、卷445。

者，荷有苹洲之重台莲、芙蓉湖之白莲、茅山东溪之芳荪……己未岁，又得番禺之山茶、宛陵之紫丁香、会稽之百叶木芙蓉、百叶蔷薇、永嘉之紫桂、簇蝶、天台之海石楠……是岁又得锺陵之同心木芙蓉、剡中之真红桂、稽山之四时杜鹃、相思紫苑、贞桐、山茗、重台蔷薇、黄槿、东阳之牡桂、紫石楠、九华山药树天蓼、青枥、黄心□□先子、朱杉、龙骨（阙二字）。庚申岁，复得宜春之笔树、楠稚子、金荆、红笔、密蒙、勾栗木，其草药又得山姜、碧百合""其伊洛名园所有，今并不载"①，说明当时植木种花在园林旅游资源开发利用中的普遍性。

第三，构亭建榭。亭台楼阁是园林中最重要的人工景观，唐代的构筑技术已经十分高超。如王鉷自雨亭子，"檐上飞流四注，当夏处之，凛若高秋"②。玄宗凉殿也采用了相同的开发技巧，但更为先进，"时暑毒方甚，上在凉殿，座后水激扇车，风猎衣襟。知节至，赐坐石榻，阴霤沈吟，仰不见日，四隅积水成帘飞洒，座内含冻，复赐冰屑麻节饮"③。不过亭台的最主要功能当属观景或休憩，楼阁则用于登高望远、供佛藏书等。李绅《新楼诗二十首》大致描述了越州的公署园池，有新楼、海榴亭、杜鹃楼、满桂楼、东武亭、水寺、灵泛桥等，北楼有樱桃花、城上蔷薇、南庭竹、琪树、海棠梨等植物，④亭台楼阁与花木、山水相映成趣。其中杜鹃楼和满桂楼均为李绅新建，前者自西轩延架城隅，楼前植其杜鹃，因以为名。后者架州城西南，临眺于外，尽见湖山，别开水扉，通杜鹃楼，不启重扃清夜，可以开宴，因以满桂为名也。由此也可略见唐代旅游者对园林亭台楼阁旅游功能的开发。

唐代园林旅游资源的开发利用，并不是孤立的景观创造，各种景观的组合凸显了唐代园林布局合理、主题突出、内容丰富等特征。表4.25显示了唐代园林组景中的一些特点，一是偶数组景，反映了他们的追求平衡、和谐的思想；二是山水园亭的结合，说明他们回归自然、追求天人合一的心理；三是自然景观的成分偏大，人文景观多因地制宜，就自然形势而改造，反映了他们敬畏自然、尊重

---

① （唐）李德裕：《平泉山居草木记》，见《会昌一品集·别集》卷9。
② 《封氏闻见记》卷5《第宅》。
③ 《唐语林》卷4《豪爽》。
④ 海榴亭在新楼北，花开最早，所望更高。东武亭在镜湖上，即元稹所建，亭至宏敞，春秋为竞渡大设会之所，李绅增以板槛，延入湖中，足加步廊，以列环卫。灵泛桥在越州城内，原有石桥二，勾践论功于此。

自然的人地观。这种旅游资源开发利用的观念，至今依然非常重要。

表 4.25　　　　　　　　　唐代典型园林组景

名称	小景
辋川别业	孟城坳、华子冈、文杏馆、斤竹岭、鹿柴、木兰柴、茱萸沜、宫槐陌、临湖亭、南垞、欹湖、柳浪、栾家濑、金屑泉、白石滩、北垞、竹里馆、辛夷坞、漆园、椒园
平泉山居	书楼、瀑泉亭、流杯亭、东溪、西园、双碧潭、竹径、花药栏、钓台、西岭
海阳湖园	吏隐亭、切云亭、云芙潭、玄览亭、裴溪、飞练瀑、蒙池、梦丝瀑、双溪、月窟
履道里宅园	粟廪、书库、琴亭、西平桥、中高桥、三岛径、中岛亭、三岛
盛山园林	宿云亭、梅溪、茶岭、流杯渠、盘石磴、桃坞、竹岩、琵琶台、葫芦沼、隐月岫、绣衣石榻、上士泉
虢州三堂	新亭、竹洞、月台、渚亭、竹溪、北湖、花岛、柳溪、西山、竹径、荷池、稻畦、柳巷、花源、北楼、镜潭、孤屿、方桥、梯桥、月池
燕喜亭	竢德之丘、谦受之谷、振鹭之瀑、黄金之谷、秩秩之瀑、寒居之洞、君子之池、天泽之泉

资料来源：李浩：《唐代园林别业考论》（修订版），西北大学出版社 1998 年版，第 52~53 页。

唐代这种旅游资源开发利用当然不独宗教和园林专有，在其他领域，甚至是孤立的景观开发，也多见于前文的统计之中，诸如曲江亭、临渭亭、梦谢亭、见山亭、合江亭、万石亭、永安水亭、九迭楼，高远亭等不胜枚举。李蔚"自大梁移镇淮海……以其郡寡胜游之地，且风亭月观，既以荒凉，花圃钓台，未惬深旨。一旦命于戏马亭西，连玉钩斜道开剟池沼，构葺亭台，挥斤既毕，号曰'赏心'。栽培花木，蓄养远方，奇禽异畜，毕萃其所。芳春九旬，居人士女，得以游观"[①]。白居易盛赞杨汉公黎民善政与山水胜概兼而有之，"昔谢柳为郡，乐山

[①]《太平广记》卷 204《觱篥·李蔚》。

水，多高情，不闻善政。龚黄为郡，尤黎民，有善政，不闻胜概"，并开发白苹洲五亭的壮举。①

(四) 其他旅游资源的开发利用

唐后期生物景观、遗址遗迹的开发利用和人文活动的开展亦有较大进步。

唐代生物景观开发利用前文唐代生物与旅游部分已多有论及，不妨再补充一两例，洛城东赵村有杏花千余树，颇有时名，白居易等人多有游赏，其《洛阳春赠刘李二宾客》曰："水南冠盖地，城东桃李园。雪销洛阳堰，春入永通门。淑景方霭霭，游人稍喧喧"，《游赵村杏花》诗曰："赵村红杏每年开，十五年来看几回？七十三人难再到，今春来是别花来"，可略见赵村杏花作为旅游资源开发利用非常成功，颇有时名。另外，唐代盛产郁金香的芒洲花园的开发利用也较成功，在贵溪治东里许，花园为唐诗人吴武陵所刱。②

遗址遗迹的开发利用如池州废林泉寺，杜牧《池州废林泉寺》曰："废寺林溪上，颓垣倚乱峰。看栖归树鸟，犹想过山钟。石路寻僧去，此生应不逢"，又《游池州林泉寺金碧洞》："袖拂霜林下石棱，潺湲声断满溪冰。携茶腊月游金碧，合有文章病茂陵"，说明林泉寺作为宗教寺庙的主要功能逐渐退化，并已能作为旅游资源吸引旅游者前来游赏了。唐后期才有游览记述的遗址遗迹类旅游资源达57处之多，较前期增长明显，说明其开发利用程度较大。

人文活动的开展主要以竞渡、观灯等民间健身活动与赛事为主，尤其是竞渡遍于全国，见诸统计的就有长安、徐州、武陵、岳州、杭州、绵州、扬州等地，有的地方还成为固定的"体育旅游"习俗，吸引众多旅游者参与和观看，如杭州"其俗端午习竞渡于钱塘湖……观者叹骇"③，"杜亚为淮南节度使，盛为奢侈，江南风俗，春中有竞渡之戏，方舟并进，以急趋疾进，前者为胜，亚乃命以漆涂船底，贵其速进，又为罗绮之服，涂之以油，令舟子衣之，入水不濡"④，《大唐传载》亦载："杜亚为淮南，竞渡、采莲、龙舟、锦缆、绣帆之戏，费金数千万。

---

① 五亭者：白苹亭、集芳亭、山光亭、朝霞亭、碧波亭。见《白氏长庆集》卷71《白苹洲五亭记》。
② 《江西通志》卷40《古迹·广信府》。
③ 《金华子杂编》卷上。
④ 《册府元龟》卷454《将帅部·奢侈》。

于頔为襄州，点山灯，一上油二千石。李昌夔为荆南，打猎、大修、富饰，其妻独孤氏亦出女队二千人，皆着红紫锦绣袄子，此三府亦因而空耗。"此外，打球、艺术品等亦有不同程度的开发利用。

从区域角度来说，唐代旅游资源开发已经涉及天南海北，如从边塞的热海大漠到岭南的天涯海角，从剑南的巴山蜀水到淮南的雨后山光等，均有开发利用。从类型来说，无论是暴雪狂沙还是流水人家，无论是春和景明还是秋高气爽，无论是晨雾缭绕还是夕阳残照……都被唐人以独到的审美视角予以赞扬宣传，也正是无数诗人的无边漫游，造就了唐代旅游资源开发利用的宏大场景。而对于既无景致，又乏历史的事物，唐人也可以开发成旅游资源，如唐人的柳槐情节，一见到柳树，即触发离别的伤感；长安的槐树更成为唐代科举文化、追怀先人等的重要载体，"天街两畔槐树，俗号为槐衙。曲江池畔多柳，亦号为柳衙，意谓其成行列如排衙也"①。

从宣传角度看，唐代旅游资源开发已有"炒作"的萌芽，刘禹锡在"巴山楚水凄凉地"混迹23年，从政之余，便是游山玩水，其中武陵桃花源为最爱，他声称这里就是陶渊明所说的桃花源，写下大量诗文描写自己到桃花源探奇旅游的经历，大力歌颂宣传，并与韩愈上演"炒作"桃花源的大戏。刘禹锡和时任朗州刺史窦常请画匠画了一幅《桃源图》寄给尚书卢汀，韩愈则写下"神仙有无何渺茫，桃源之说诚荒唐"讽刺刘窦二人，说"武陵太守好事者，题封远寄南宫下"，顺势帮助刘禹锡"炒作"了一把桃花源，暗助《桃源图》引起天子注意。

三、唐代旅游资源的保护

唐代"虞部郎中、员外郎掌天下虞衡、山泽之事，而辨其时禁。凡采捕、畋猎，必以其时。冬、春之交，水虫孕育，捕鱼之器，不施川泽。春、夏之交，陆禽孕育，□（铩）兽之药，不入原野。夏苗之盛，不得蹂藉。秋实之登，不得焚燎。若虎豹豺狼之害，则不拘其时，听为槛阱，获则赏之，大小有差。凡京兆、河南二都，其近为四郊，三百里皆不得弋猎、采捕。（每年五月、正月、九月皆禁屠杀、采捕）凡五岳及名山能蕴灵产异，兴云致雨，有利于人者，皆禁其樵

---

① 《陕西通志》卷98《拾遗一·语林》。

采。"①专人看护、定期开放等，尽管并非针对旅游资源保护，但对于旅游资源的可持续利用却非常重要。

　　唐人对待旅游资源的态度与前代有很大的差别。儒家要求积极入世、佛道崇尚回归自然，天人合一，更重要的是，唐人可以在其中任意跳转，毫无拘束。从旅游资源保护思想看，柳宗元认为旅游要为社会服务，要造福于民。它可以提高工作效率、肃清社会风气，还可以发展地方经济，但开发旅游资源要"逸其人，因其地，全其天"，即量力而行，节省开支，因地制宜，保护自然环境，少匠意，多野趣。而"全其天"也可以理解为对自然环境和旅游资源的保护，他对旅游资源与环境关系的理解与诠释已经非常进步。从旅游资源保护的实践来看，唐代长安有些公共园林，如曲江风景区并非随时对外开放，公共园林之所以定期开放，保护环境，让风景区自然环境发挥最大的自净能力，恐怕也是重要原因。如此还有"其用物不支所司者，皆供之，若有防堰损坏，随时修筑之，凡王公已下，至於庶人，汤泉馆室有差，别其贵贱，而禁其踰越。凡近汤之地，润黢所及，瓜果之属，先时而育者，必为之园畦，而课其树艺，成熟则苞，匦而进之，以荐陵庙。"②

　　对旅游资源的破坏，也有扼腕长叹和愁心不已者，如许棠《曲江三月三日》曰："满国赏芳辰，飞蹄复走轮。好花皆折尽，明日恐无春。鸟避连云幄，鱼惊远浪尘。如何当此节，独自作愁人。"又如会昌灭佛虽可减少浪费，增加劳动力，增加政府财赋收入，发展农业等，但也带来破坏，尤其是宗教旅游资源的破坏非常严重，"汉州开元寺有菩萨像，自顶及焰光坐跌，都是一段青石，洁腻可爱，雕琢极工，高数尺。会昌毁寺时，佛像多遭摧折刐缺"③，时人充满惋惜与遗憾，郑嵎曰："庆山污潴石瓮毁，红楼绿阁皆支离，奇松怪柏为樵苏，童山智谷亡岐巇，烟中壁碎摩诘画，云间字失明皇诗。"④因而从中进行保护的行为显得尤为可贵，"名画在寺壁者，唯存一、二。当时有好事，或揭取陷于屋壁，已前所记者，存之盖寡"⑤，李德裕"当会昌废毁之际，奏请独存（甘露寺），因尽取管内废寺

---

① 《唐六典》卷7《尚书工部》。
② 《唐六典》卷19《温泉汤监》。
③ 《因话录》卷6《羽部》。
④ （唐）郑嵎：《津阳门诗并序》，见《御定全唐诗录》卷88。
⑤ 《历代名画记》卷3。

中名贤画壁，置之甘露。乃晋顾恺之、戴安道、宋谢灵运、陆探微、梁张僧繇，隋展子虔，唐韩干、吴道子画。"①

总之，唐代已经出现了非常接近现代的旅游资源保护的思想，尽管尚处萌芽期，要让大众接受并在全国范围内推行还不太现实，但在政策、思想和实践上的进步已非常可贵。

---

① 《图画见闻志》卷5《会昌废壁》。

第五章 唐代旅游媒介

第一节 唐代旅游交通概述

一、唐代基本交通状况

唐代水路交通十分发达,"天下诸津,舟航所聚,旁通巴汉,前指闽越,七泽十薮,三江五湖,控引河洛,兼包淮海,弘舸巨舰,千轴万艘,交贸往还,昧旦永日"①,陆路也是"州郡干路,往还交织""东至于海,南至于岭,皆外户不闭,行旅不赍粮,夹道列肆待客,酒馔丰溢。东至宋汴,西至岐州,夹路列店肆,待客酒馔丰溢,每店皆有驴赁客乘,倏忽数十里,谓之驿驴。南诣荆襄,北至太原、范阳,西至蜀川、凉府,皆有店肆,以供商旅,远适数千里,不持寸刃。"②唐代享国二百八十九年,大一统的局面促进交通的稳定发展,形成了四通八达的交通运输网。而域外交通也发展较快,尤其是海运发展迅速。但唐代交通最大的特征还是运河的开凿和使用。

(一)唐代国内交通路线

1. 唐代的基本交通线

唐代盛时"东极海,西至焉耆,南尽林州南境,北接薛延陁界,凡东西九千五百一十里,南北万六千九百一十八里"③。唐有驿1639所,按照"驿三十里一

---

① 《旧唐书》卷94《崔融》。
② 《通典》卷7《食货七·历代盛衰户口》。
③ 《旧唐书》卷38《地理一》。

置",唐代应有驿路近五万里。根据《元和郡县志》,唐代的主要交通路线有六条:第一,上都西北行至陇右道鄯州驿路;第二,上都西行至剑南道松州驿路;第三,上都西南行至剑南道益州的驿路;第四,上都东北行至河东道河中府驿路;第五,上都东行至东都洛阳驿路;第六,上都东南行至山南东道襄州的驿路(如图5.1所示)。

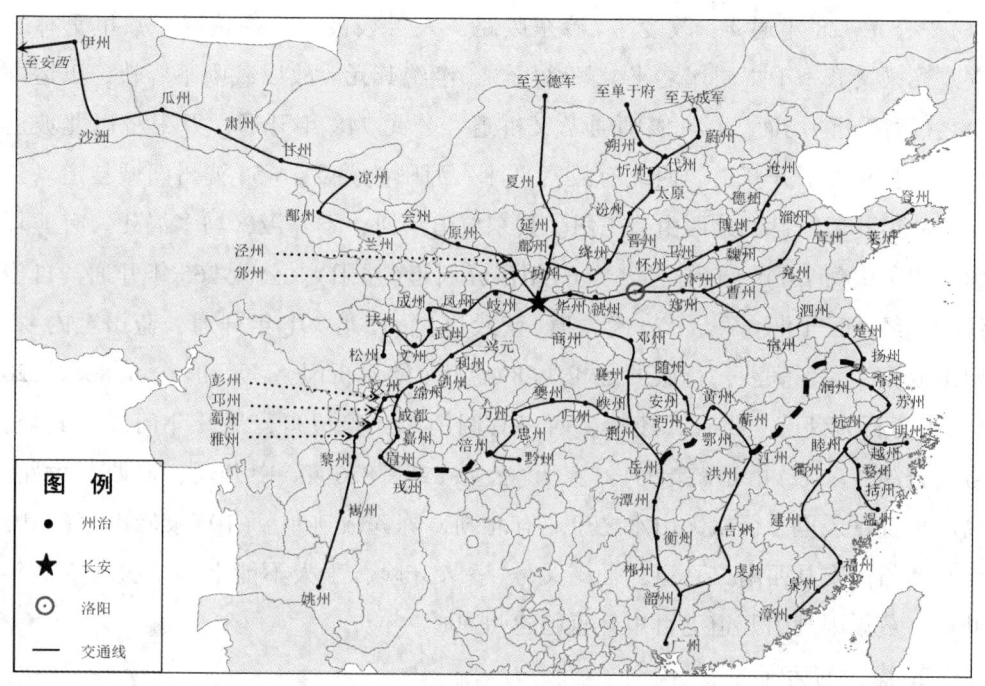

图 5.1 《元和郡县志》所载唐代基本交通图

《太平寰宇记》载入塞三道:自周秦汉魏以来,前后出师北伐,惟有三道,其中道正北发太原,经雁门、马邑、云中出五原塞,直向龙城,即匈奴单于十月大会祭天之所也。一道东北发向中山,经北平、渔阳、向日檀辽西,历平冈,出卢龙塞,直向匈奴左地,即左贤王所理之处。一道西北发自陇西、武威、张掖、酒泉、敦煌,历伊吾塞,匈奴右地,即右贤王所理之处。自晋阳以北地势渐寒,平城、马邑、凌源二丈,云中、五原积水四五十尺,唾出口成冰,牛冻角折而畜牧滋繁。据前文统计及论述,唐代的边塞游客众多,出塞入塞的三条道路均有旅游者选择,走中道和西道者居多。

另外，据《新唐书·地理志》，唐代新筑的道路亦有不少，同样发挥着重要的旅游交通功能。

(1) 骆谷道。公元 624 年开通，东北自鄠县，经周至，入骆谷，出谷入洋州兴势县，以通梁州。骆谷在长安西南，南口曰傥谷，北口曰骆谷①。(2) 参天可汗道(参天至尊道、回鹘道)。公元 647 年，于回纥以南，突厥以北开通，谓之参天可汗道，置六十八驿，各有马及酒肉以供过使②。(3) 大庾岭新路(韶州始兴)。公元 728 年通③，改变了"岭东废路，人苦峻极。行径寅缘，数里重林之表。飞梁嶫截，千丈层崖之半。颠跻用惕，渐绝其元。故以载则不容轨，以运则负之以背"④的局面。(4) 偃师通孝义桥道。公元 748 年开通，尹韦济以北坡道迂，自县东山下开新道。西北有故富平津、河阳故关⑤。(5) 虢州湖城县道。公元 749 年开通，自稠桑西由晋王斜。县东故道滨河，不井汲，马多渴死。有熊耳山，覆釜山(荆山)，上阳宫⑥。(6) 望浮驿新道(益阳)。公元 765 年开通，自望浮驿，经浮丘至湘乡⑦。(7) 武关道(蓝武道)。公元 791 年开通，蓝田至内乡。回山取涂，人不病涉，行旅便之⑧。(8) 盘道(歙州祁门)。元和(公元 806—820 年)中凿石为盘道，西有武陵岭，西南有阊门滩，善覆舟，旻开斗门以平其隘，号路公溪⑨。(9) 甬道(余杭)。宝历(公元 825—826 年)中开通，通西北大路，高广径直百余里，行旅无山水之患。有北湖，陈浑故迹⑩。(10) 泉岭山道(泉岭山在衢州信安县西南二百里，仙霞关号"一人守险，千人不能上")。公元 878 年开通，黄巢因刊山开道七百里，直趋建州。⑪

2. 唐代的运河

如前文所述，唐代通航的河流众多。若渭、洛、汾、济、漳、淇、淮、汉、

---

① 《元和郡县志》卷 25《洋州》。
② 《资治通鉴》卷 198《太宗纪》。
③ 《新唐书》卷 43 上《地理志·岭南道·韶州·始兴》。
④ (唐)张九龄撰，熊飞校注：《张九龄集校注》，北京中华书局 2008 年版，第 890 页。
⑤ 《新唐书》卷 38《地理志·河南道·河南府·偃师》。
⑥ 《新唐书》卷 38《地理志·河南道·虢州·湖城》。
⑦ 《新唐书》卷 41《地理志·江南西道·潭州·益阳》。
⑧ 《新唐书》卷 37《地理志·关内道·商州》。
⑨ 《新唐书》卷 41《地理志·江南西道·歙州·祁门》。
⑩ 《新唐书》卷 41《地理志·江南东道·杭州·余杭》。
⑪ 《新唐书》卷 225 下《逆臣·黄巢》。

江、钱塘皆互达方域，通济舳舻。岭南的西江、北江、东江、韩江和珠江也都有舟楫之利。但这些天然的河流都会受到自然地理条件的限制，而且多是东西流向。为了沟通重要的经济、物资、文化等都会，唐人非常重视运河开凿及利用，也正是这些运河使唐代成为中国水运事业的繁荣期①。

唐代大运河继承隋代而来，隋代大运河由通济渠、山阳渎（山阳往南经宝应、高邮、江都、扬州）、孟渎（丹徒、武进、无锡、苏州、嘉兴、杭州）和永济渠联络而成。通济渠（广济渠）开于公元605年，永济渠开于公元608年，隋炀帝开运河的最主要目的并非游幸江南，更多的是政治和军事的需要。到了唐初，东南的物资都是经由扬州、山阳渎、淮河、通济渠、黄河、渭水运达京师。高宗以后，大运河逐渐成为唐王朝最倚重的交通线②，"汴水通淮利最多，生人为害亦相和。东南四十三州地，取尽脂膏是此河"③。不仅东南，全国的物资都可以运抵长安，刘晏说："漕引潇湘、洞庭、万里几日，沧波挂席，西指长安，三秦之人，待此而饱，六军之众，待此而强。"④

除了大运河，唐代的河渠还有：（1）广通渠：长安至潼关三百余里⑤；（2）新漕渠：公元688年开通，南通于淮，北通海、沂、密等州⑥；（3）直河：公元712年开，引淮水至黄土岗，以通扬州⑦；（4）贵乡西渠：公元737年，移通济渠，自石灰窠引流注于城西夹水，制楼百余间，以贮江淮之货⑧；（5）嘉陵江：元和（公元806—820年）中疏浚三百里，焚巨石，沃醯以碎之，通漕以馈成州戍兵⑨；（6）新源水：公元732年，因蜀王秀故渠开通，漕西山竹木，至

---

① 房仲甫、李二和：《中国水运史》，新华出版社2003年版，第146~170页。
② 《新唐书》卷53《食货志》："及田悦、李惟岳、李纳、梁崇义拒命，举天下兵讨之，诸军仰给京师，而李纳、田悦兵守涡口，梁崇义搤襄、邓，南北漕引皆绝，京师大恐……会李纳将李洧以徐州归命，淮路通而止"。
③ （唐）李敬方：《汴河直进船》，见《御定全唐诗》卷508。
④ 《旧唐书》卷123《刘晏传》。
⑤ "引渭水自大兴城东至潼关三百余里，名曰'广通渠'，转运通利，关内赖之"。见《隋书》卷24《食货志》。
⑥ 《新唐书》卷38《地理志·河南道·涟水》。
⑦ 《新唐书》卷38《地理志·河南道·盱眙》。
⑧ 《太平寰宇记》卷54《河北道三·魏州》。
⑨ 《新唐书》卷40《地理志·兴元府·兴州顺政郡》。

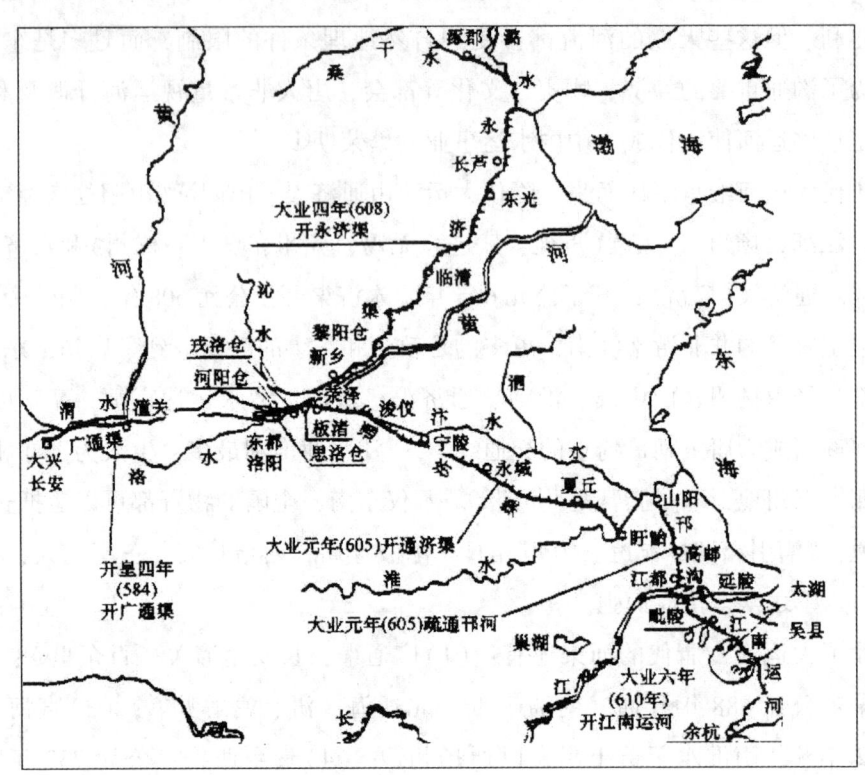

图 5.2　隋唐大运河

采自：中学历史教学园地(http://www.zxls.com/Index.html)

于温江①。其他还有：公元 734 年，齐澣创建京口埭，治伊娄渠。公元 738 年，开伊娄河于扬州南瓜洲浦，以通漕运。公元 742 年，开通三门运渠，使漕粮直接由水路运抵长安。公元 765 年，又修治练湖，以蓄水济运。公元 813 年，重开孟渎故渠，引江水南注通漕等。类似的河渠应还有很多，不再一一列举。这说明唐代河渠地位之重要、取利之丰富、利用之广泛。

唐代河渠之用于客运方面，《元和郡县志》卷 6《河南道一·河南府·河阴县》载："公家运漕，私行商旅，舳舻相断，隋氏作之虽劳，后代实受其利焉"，可见河渠之利，并非为公家漕运专美。

---

①　《新唐书》卷 42《地理志·成都府·温江》。

(二)唐代域外交通

表 5.1　　　　　　　　　贾耽所记域外七要道

	起	止
陆路	营州(河北朝阳县)	安东(朝鲜满洲)
	安南(越南河内)	天竺(印度)
	受降城(山西石玉)	回鹘(蒙古)
	安西(甘肃安肃)	西域(云贵缅甸)
	夏州(陕西横山县西)	大同(绥远)云中(山西怀仁西北)
海路	登州(山东蓬莱)	高丽(朝鲜)渤海
	广州	海夷(南洋诸国)

贾耽考方域道里最详,从边州入四夷,莫不毕纪。所谓"绝域之比邻,异蕃之习俗,梯山献琛之路,乘舶来朝之人,咸究竟其源流,访求其居处。阛阓之行贾,戎貊之遗老,莫不听其言而掇其要。"①

其入四夷道路最要者七:一曰营州入安东道,二曰登州海行入高丽渤海道,三曰夏州塞外通大同云中道,四曰中受降城入回鹘道,五曰安西入西域道(安史之乱后逐渐衰落),六曰安南通天竺道(自南北朝起,入天竺者多取道海上,且史书记载此路者甚少,说明此路实际交通地位并不高),七曰广州通海夷道。其山川聚落、封略远近皆緊举其目,州县有名而前所不录者,或夷狄所自名云②。唐代与域外的交通线,无论密度、长度,还是利用的频度都达到了空前的程度。这些国际交流通道,不仅仅是货物流通的渠道,更是中外文化交流的纽带,利用这些通道来到唐土的"国际旅游者"众多。

二、唐代主要的旅游交通方式

唐代的交通不同于旅游交通,但旅游交通一定是以基本交通为基础,据第三

---

① 《旧唐书》卷 138《贾耽传》。
② 《新唐书》卷 43 下《地理志·羁縻州》。

第五章 唐代旅游媒介

章的统计，但凡有出游路线记载的，大多优先考虑水路，即使迂回很长一段距离，唐人依然不舍舟楫，这表明水运在唐代旅游交通中的地位非常重要，前文已有相关论证，现列举几人旅游线路如下。

《来南录》记载了李翱的一次旅行经历：元和四年正月，他从洛阳出发，韩退之、石浚川、孟东野等人假舟相送。经漕口，到景云山（疑为北邙山余脉，在河南府巩县西）题名、饯别，再经巩县、汴梁口、河阴、汴州、陈留、雍丘、宋州、永城、埇口到泗州，刺史假舟转淮，上河如扬州。经盱眙、新浦、楚州达扬州，上栖灵浮图。居四日，济大江至润州，经常州、苏州、松江、杭州。期间，如虎丘山，息足千人石，窥剑池，宿望梅楼，观走砌石，将游报恩不果，因水涸舟不通，又无马。又如武林山（即灵隐天竺寺）。临曲波，观轮□（車春），登石桥，宿高亭。晨望平湖孤山，江涛穷竹，道上新堂，周眺群峰，听松风召灵山永吟叫猿，山童学反舌声……癸巳，驾涛江，逆波至富春。丙申，经七里滩，至睦州……辛丑，至衢州……丙戌，去衢州。戊子，自常山，上岭至玉山（信州玉山县）。庚寅，至信州。甲午，望君阳山（在弋阳县），怪峰直耸，似华山。丙申，上于越亭（在饶州余干县）。己亥，直渡担石湖（在洪州东北）。辛丑，至洪州。游徐孺亭，看荷叶……五月，壬子，至吉州。壬戌，至虔州。己丑，与韩泰、安平渡江，游灵应山（在虔州信丰县），居辛未，上大庾岭，明日至浈昌，癸酉，上灵屯西岭（韶州曲江县东北八十里），见韶石……甲戌，宿灵鹫山（韶州曲江县北六里），居六月，乙亥，朔，至韶州，丙子，至始兴公室，戊寅，入东荫山，看大竹笋如婴儿，过浈阳峡（广州浈阳县南二十五里）。己卯，宿清远峡山（广州清远县东三十五里）。癸未，至广州。自东京至广州，水道出衢信七千六百里，出上元西江七千一百有三十里，自洛川下黄河，汴梁过淮至淮阴一千八百有三十里，顺流自淮阴至邵伯三百有五十里，逆流自邵伯至江九十里，自润州至杭州八百里，渠有高下，水皆不流，自杭州至常山六百九十有五里，逆流多惊滩，以竹索引船，乃可上。自常山至玉山八十里，陆道谓之玉山岭，自玉山至湖七百有一十里，顺流谓之高溪，自湖至洪州一百有一十八里，逆流，自洪州至大庾岭，一千有八百里，逆流，谓之漳江，自大庾岭至浈昌，一百有一十里，陆道，谓之大庾岭，自浈昌至广州九百有四十里，顺流，谓之浈江，出韶州谓之韶江。

从他描写的景点，可以很明显地看出，李翱实际上更多地选择了水路的方式出行，而且走了很长的弯路。他先选择了汴水南下，依次经历了汴、宋、亳、宿、泗等州。再沿淮河到楚州，改由漕渠到扬州。然后涉大江到润州，再沿江南运河到达杭州，沿浙江到衢州常山县。经过短暂的陆路，在玉山县改由余水入彭蠡湖，再由赣水南下，沿途经过洪州、吉州、虔州，在大庾县改由陆路翻越大庾岭，再经浈水至韶州，然后沿江经浈阳峡到达广州。其全程基本上是以水路来完成的（如图5.3所示）。可以看出，李翱这次出游，完整地利用了从洛阳到汴州、泗州、扬州、苏州、衢州，以及从洪州到广州的这两段基本交通线，而且，他兜了一个大圈子，原因就是可以走水路。

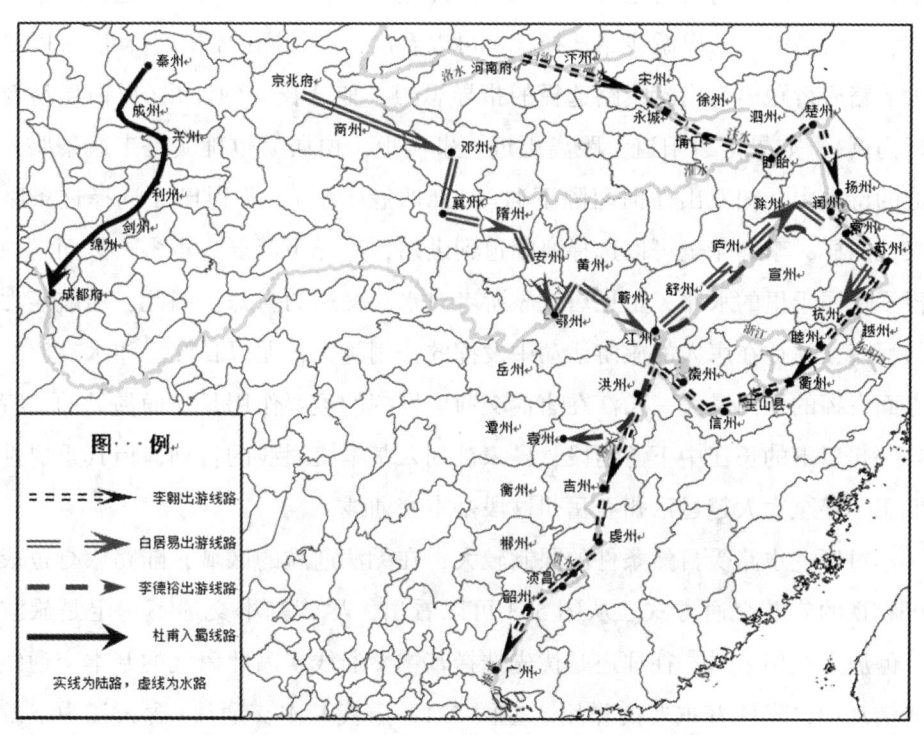

图 5.3 唐代几个典型人物的旅游交通线路

白居易元和十年，长庆二年，两次由襄阳路南下，分别去往江州和杭州，而没有选择李翱一样的线路，其原因是洛阳通往泗州的内河运输的阻绝（元和十年是淮西吴元济用兵，长庆二年是汴州军乱）。白居易的这两次出行，尽管心情不一样，但是都留下了脍炙人口的旅游诗篇（"是行颇为惬"），可以认为具有旅游性质，其路线如图5.3，可以看出，白居易去杭州也兜了一个大圈子，原因还是优先选择水路。另外，李德裕出刺袁州，也更多地选择了水路（见《畏途赋》），他的路线大致是自润州西行，在溧阳登舟，直趋彭蠡湖，然后沿赣江南下，后由渝水（袁水）抵达袁州，一路都是舟行。统计数据还表明，杜甫的入蜀线路，实际上是从秦州到成州，再到兴州、利州，后与图5.1基本交通图入蜀线相同，至于杜甫后来出蜀，利用的几乎完全是长江的水运交通线，甚至最后逝世也是在船上。

这充分反映了唐代旅游者对于水路交通的偏好，即使是走了很长的弯路，依然不舍不弃。除了前文所述韦庄等人迂回万里入蜀和进京的出游是这样外，对比李翱、白居易等人的出游线路选择，也可以看出，在相同的情形下，唐人以尽量减少陆路旅行距离为出游线路选择的指导思想。如从长安到江州（以白居易贬谪江州为例），如果走襄阳道，距离更近。事实上，白居易也确实是走这条路，但在他的诗文中，却发出汴河阻隔不通（时淮西寇未平），不得已才选择这条路的慨叹。同样，李翱完全可以选择襄阳道到洪州，这样距离要小得多，然而，他却选择了迂回千里的水路，足见唐代旅游者对水路交通的青睐。因此，通航能力越强的河流，往往在唐人的旅游活动中发挥的作用越大，尤以长江、汴水在旅游客运方面发挥的作用最大。长江在唐代交通中发挥的重要作用是显而易见的，特别是自鄂州以下的长江中下游河段，虽未被列入基本交通线的行列，但其重要性绝不低于，甚至大大超过涪州至岳州这段基本交通线。

不过毕竟水路受自然条件的限制较大，在无法通航的区域，陆路旅行也成为不可忽视的旅游交通方式。从图5.3可以看出，尽管基本交通不一定是旅游交通，但唐人在出游时，往往还是优先选择基本交通线，因此唐代的基本交通线在旅游活动中，发挥着重要的作用。据图5.1，唐代基本交通线（含长江中下游河段）以陆路为主，唐代陆驿数量占全部驿站数量的79.1%，几乎是水驿数量的四倍。可以认为，陆路交通在唐代旅游交通中的地位相当高。

在陆上旅游活动中步行当是采用较多的交通方式。特别是宗教徒，他们的传教过程一般是步行，如佛教就明确规定步行乃修行的一种重要方式。关于步行游览的诗文颇多，如韦应物《游开元精舍》是"游步爱僧居"，齐己《游谷山寺》是"时复携筇信步登"，卢肇《登祝融寺兰若》是"策杖攀萝步步登"，柳宗元是"步登最高寺,萧散任疏顽",郑世翼是"步登北邙坂,踟蹰聊写望",羊滔是"步登春岩里,更上最远山",白居易是"步登龙尾道,却望终南青"等,可见步行在旅游活动中的作用很突出,特别是在有针对性和目的性的景点游赏过程中步行游览的作用无可替代。

三、唐代主要的旅游交通工具

既然唐代旅游者对于水路交通方式情有独钟,那么船只在唐代的旅游运输上的作用亦当十分突出。早在秦汉时期,中国就已经有了造船业,隋炀帝的龙舟标志着中国古代造船技术的成熟,唐代造船的发达则体现在船体之大和数量之多两方面。

据《中国印度见闻录》载:"据说大部分的中国船,都是在尸罗夫装了货再启程的,所有的货物都先从巴士拉、阿曼以及其他各埠运到尸罗夫,然后装在中国船里。其所以要在此地换船,是因为波斯湾里的风浪很凶险。"又"这是两山之间的一处峡道,只有小海船可以通过,中国船是不相宜的……(故临)那里有水井,供应淡水,并对中国船只征税,每艘中国船征收一千个迪尔汗,其他船只仅交税十到二十个迪纳尔。"①唐代两河流域浅滩众多,庞大的中国船无法在波斯湾内通航无阻,海船到达尸罗夫后,货物用吃水浅的小船运到巴士拉。中国船究竟多大,通过征税便可知道,1迪纳尔(金币)=20迪尔汗(银币),说明中国船至少是外国船的五倍,甚至更大。而唐代活动在波斯湾海域的商人主要是以海上贸易著称的波斯人和大食人,他们的商船也不至于太小,足见中国船之硕大。在内河运输方面,中国船也非常大。"大历、贞元间,有俞大娘航船最大,居者养生、送死、嫁娶悉在其间。开巷为圃,操驾之工数百。南至江西,北至淮南,岁一往来,其利甚溥,此则不啻载万也,洪、鄂之水居颇多,与屋邑殆相半。凡大船必为富商所有,奏商声乐从婢仆以据柂楼之下,其间大隐,亦可知矣。"②中国船不仅大,而且数量多。据考证,唐代登、莱、沧等十州常年有水手5400人左右,

---

① 穆根来、汶江、黄倬汉译:《中国印度见闻录》,北京中华书局1983年版,第7~8、40~44页。

② 《唐国史补》卷下。

其中海运3400人，河运2000人。① 没有足够数量的船只，以及发达的航运网，断然不可能供养这么多水手。此外，唐代造船技术先进，所谓"挟二轮蹈之，鼓水疾进，驶于阵马，有所造作皆用省而利长"②，"挟二轮蹈之，翔风鼓，疾若挂帆席，所造省易而久固"③，算是现代轮船的鼻祖(图5.4)。

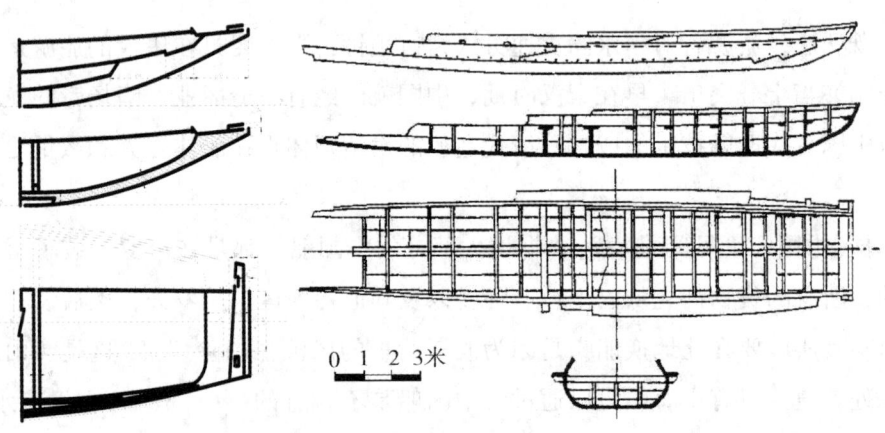

图5.4　扬州施桥唐船复原图

唐代的内河船按其大小和式样可以分为平底船、座船、浅底层子船、杂般座船、海鸥船、网船、车船、马船、腾浅船、铁头船、万石船等。海船按照载重的大小可以分为五千斛船、二千斛船、一千斛船、钻风船等。④ 唐代旅游者利用什么样式的舟船进行旅游活动难以考证，但留下的诗文却也不少。写船上活动的如白居易《船夜援琴》："身外都无事，舟中只有琴"，宋之问《游云门寺》："维舟探静域"，张说《游洞庭湖湘》："飞棹越溟波，维舟恣攀陟"；写坐船兴致的如杜甫《放船》："直愁骑马滑，故作泛舟回。青惜峰峦过，黄知橘柚来。江流大自在，坐稳兴悠哉"，韩愈《同冠峡》："维舟山水间，晨坐听百鸟"，灵一《与元居士青

---

① 汶江：《古代中国与亚非地区的海上交通》，四川省社会科学院出版社1989年版，第81页。
② 《新唐书》卷80《太宗诸子》。
③ 《册府元龟》卷786《多能》，卷980《工巧》。
④ 黄留珠：《周秦汉唐文明》，陕西人民出版社1999年版，第172页。

山潭饮茶》：“岩下维舟不忍去，青溪流水暮潺潺”；写送客的如李白《黄鹤楼送孟浩然之广陵》：“孤帆远影碧空尽，唯见长江天际流”，唐求《舟行夜泊夔州》：“维舟镜面中，迥对白盐峰”；写江景的如德诚《船子和尚偈》：“千尺丝纶直下垂，一波才动万波随。夜静水寒鱼不食，满船空载月明归”；写岸景的如武元衡《桃源行送友》：“相见维舟登览处，红堤绿岸宛然成”，韩偓《船头》：“两岸绿芜齐似剪，掩映云山相向晚。船头独立望长空，日艳波光逼人眼”；写渡头的如崔橹《春晚泊船江村》：“芳草青青古渡头，渔家住处暂维舟。残花半树悄无语，细雨满天风似愁……自怜爱失心期约，看取花时更远游"等，足见船在唐代旅游者的旅游活动中发挥的重要作用。

除了船之外，唐代的旅游交通工具尚有以畜力为代表的驴、马、骡、牛等，以及以人力为代表的轿子(图5.5)。驴是唐代旅游者最为常用的骑乘工具之一，其一，唐代驴价较为低廉，最高五千文左右；其二，唐代驴的数量较其他骑乘对象多，官私乘驴较乘马普遍，所谓"郡将虽乘马，群官总是驴"①；其三，唐代"禁工商不得乘马""请一切禁断。庶人准此。师僧道士，除纲维及两街大德，余并不得乘马""禁未仕不得乘大马……举人不得骑"②；其四，驴的耐力、稳健性较好，且多性情温顺。驴等骑乘工具的租赁不始于唐，但兴盛于唐，"两京之间，多有百姓僦(指租赁、雇佣)驴，俗谓之驿驴"③，驿站不仅酒馔丰溢，"每店皆有驴赁客乘，倏忽数十里，谓之驿驴"④。陈季卿和日僧圆仁便有赁乘旅游的典型例子，《艳异编续集》载，陈季卿"至于渭滨，乃赁乘复游青龙寺，宛然见山翁拥炉而坐"⑤，日僧圆仁《入唐求法巡礼行记》载，"从煦眙(盱眙)县至扬州九驿……每驿赁驴之"⑥。

轿子则是上层社会游玩时常用的交通工具，唐代对轿子的称谓有多种，但不外乎四个名字："舆""辇""篼""笋"，前二者最常见。北宋王得臣《麈史》

---

① 《封氏闻见记》卷10《狂谲》。
② 分别见《唐会要》卷31《舆服上·杂录》；《大唐传载》。
③ 《册府元龟》卷159《革弊》。
④ 《通典》卷7《食货七·历代盛衰户口》。
⑤ (明)王世贞：《艳异编续集》卷7《陈季卿》，明天启年间刻本。
⑥ [日]圆仁撰，白化文等校注：《入唐求法巡礼行记校注》，花山文艺出版社1992年版，第477页。

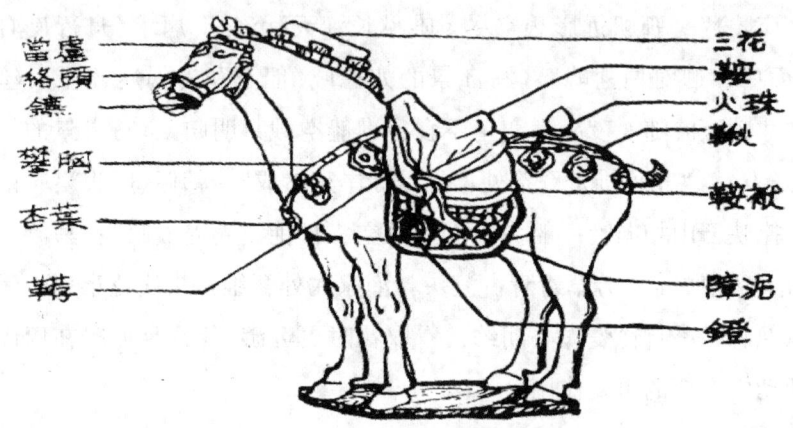

图 5.5　唐代鞍马系驾用具示意图

据：周成：《中国古代交通图典》，中国世界语出版社 1995 年版，第 109 页。

载，唐代轿子是皇亲国戚(特别是女性)的代步工具，皇宫中的贵妃公主常乘坐轿子游玩，如"则天尝幸万安山玉泉寺，以山迳危悬，欲御腰舆而上"①，"开元中，禁中初重木芍药，即今牡丹也……上因移植于兴庆池东沉香亭前。会花方繁开，上乘照夜白，太真妃以步辇从……上曰：'赏名花，对妃子，焉用旧乐词为？'遂命龟年持金花笺，宣赐李白，立进《清平调》辞三章""公主乘七宝步辇……每一出游，则芬香街巷，晶光耀日，观者眩其目""上与贵妃出游别殿，贵妃置鹦鹉于步辇上，与之同去。"②史书也有社会地位较高以及边远山区旅游者乘坐轿子的记载，如白居易出游时，就有"舍车轿，跣足涉溪而上"的经历，晚年更是与香山僧如满"结香火社，每肩舆往来"③，唐末卢程也有"山路险阻，往复绵邈，程安坐肩舆"④的经历。总体而言，轿子作为旅游交通工具在唐代并不十分普及。

---

① 《旧唐书》卷 89《王方庆传》。
② 分别见《太平广记》卷 204《乐二·李龟年》，卷 237《奢侈二·同昌公主》，卷 460《禽鸟一·雪衣女》。
③ 《旧唐书》卷 166《白居易传》。
④ 《旧五代史》卷 67《卢程传》。

第二节 唐代旅游接待

一、唐代旅游接待概况

唐代最主要的旅游接待场所包括官办驿馆、私营馆舍和宗教寺院。

(一) 唐代官办驿馆的旅游接待

驿,"置骑也"①,以马、驴、船等在各个驿馆(站)之间中转人员和物资,同时更换马匹、提供人们暂住的服务,通过的线路即为驿道。唐代驿馆众多,"府西三百里,候馆同鱼鳞"②。全国每30里一驿,共1639所,其中陆驿1297所,水驿260所,水陆相兼者86所。③ 驿夫17000人,从事驿务相关行业的人员两万余④。不过这些设施多为官办性质,政府对其管理颇为严格,"私行人不得入驿而入者,笞四十。辄受供给者,杖一百。计赃重者,准盗论。虽应入驿,不合受供给而受者,罪亦如之"⑤。有些驿道与"民道"甚至有"鸿沟"隔开,现新疆境内存留的一条古驿道遗址总宽40米,官道处其正中,两旁有水道将其与商道隔开。两京之间的驿路是唐代最繁荣的驿道,不仅设有许多驿馆,还设有不少行宫。驿馆为唐代旅游者提供了极大的便利,岑参曰:"一驿过一驿,驿骑如星流。平明发咸阳,暮及陇山头"⑥,高适也说:"自京师四极,经启十道。道列于亭,亭实以驷。而亭惟三十里,驿有上、中、下。丰屋美食,供亿是为。人迹所穷,帝命流洽。用之远者,莫若于斯矣。"⑦

另外,唐代还出现了专门接待和管理外宾的驿馆,以四方馆与鸿胪客馆名气

---

① (汉)许慎撰,紫剑虹等主编:《说文解字》,北京九州出版社2001年版,第559页。
② (唐)韩愈:《酬裴十六功曹巡府西驿途中见寄》,见《御定全唐诗》卷339。
③ 《唐六典》卷5《尚书兵部》。
④ 臧嵘:《中国古代驿站与邮传》,北京商务印书馆1997年版,第92~93页。
⑤ 《唐律疏义》卷26《杂律》。
⑥ 《御定全唐诗》卷198《岑参·初过陇山途中呈宇文判官》。
⑦ 《高常侍集》卷9《杂著·陈留郡上源新驿记》。

最大，两京均有四方馆①，"上嘉人兽俱来远，蛮馆四方犀入苑"②即指四方馆。鸿胪客馆在长安"承天门街之西，第七横街之北。从东第一，鸿胪寺。次西，鸿胪客馆。馆西，含光门街，街西第一，大社"③，两《唐书》记载甚多，如："帝责谓，君臣皆顿首伏。诏赦罪，改馆鸿胪寺""使者相蹑，留舍鸿胪""大历六年正月，回纥于鸿胪寺擅出坊市……七年七月，回纥出鸿胪寺，入坊市强暴……（十年九月）自鸿胪寺驰入县狱，劫囚而出。"④此外，客馆也颇多，"故事，戎夷朝贡，将至都，中官驿劳于郊。既及馆，恩礼优渥""每元正朝贺，常数百千人"⑤。

（二）唐代私营馆舍的旅游接待

官办驿馆具专门的行政、军事和外交性质，专人专用，对于旅游活动来说，其意义稍有下降。起初唐代邸店兼营商人住宿和金融业务，具旅店和钱庄性质⑥，随着商业的发展，旅店业开始独立出来，不仅接待商人，也服务旅游者，并弥补了官办驿馆服务对象单一，经营形式呆板等缺陷。加之唐代馆舍利润丰厚，就连官吏也竞相争利，⑦因而私营馆舍非常发达，"东至宋汴，西至岐州，夹路列店肆待客……南诣荆襄，北至太原、范阳，西至蜀川、凉府，皆有店肆，以供商旅"⑧，足见其数量之多，分布之广。

除了最基本的食宿服务外，私营馆舍提供的接待服务多种多样，还通常伴有

---

① 《两京城坊考》卷1《西京·皇城》："承天门街之西，宫城之南，第二横街之北。从东第一，中书外省。次西，四方馆。"卷5《东京·皇城》："应天门外第一横街之南，第二横街之北。西曰西朝堂。次西，中书外省。次西，四方馆"。见（清）徐松撰，李健超增订：《增订两京城坊考》，三秦出版社1996年版，第19、249页。

② （唐）白居易：《驯犀——感为政之难终也》，见《御定全唐诗》卷426。

③ （清）徐松撰，李健超增订：《增订两京城坊考》，三秦出版社1996年版，第21页。

④ 分别见《新唐书》卷221上《西域传》、卷217上《回鹘传》，《旧唐书》卷195《回纥传》。

⑤ 《新唐书》卷222下《南蛮下·牂牁国传》；《资治通鉴》卷198《太宗纪》，贞观二十年。

⑥ 梁中效：《唐代的邸店》，《汉中师院学报：哲学社会科学版》1989年第3期，第80~92页。

⑦ 政府曾三令五申，禁止官吏与民争利。"禁九品已下清资官置客舍、邸店、车坊""诏王公卿士，不得与民争利，诸节度、观察使于扬州置回易邸，并罢之"。见《旧唐书》卷9《玄宗下》，卷12《德宗上》。"禁百官置邸贩鬻"。见《新唐书》卷7《德宗》。

⑧ 《通典》卷7《食货七·历代盛衰户口》。

交通工具的租赁、寄存、金融、贸易等服务。《洛阳缙绅旧闻记》载："仍于通利店内先寄物"①，关于金融服务，当是邸店、旅店及飞钱（便换）业务未完全分离的表现，如"偶过扬州阿使桥……（卢生）乃与一拄杖曰：'将此于波斯店取钱，可从此学道……'"岑参"河边酒家堪寄宿，主人小女能缝衣"②更道出了唐代馆舍服务的个性化，充分说明唐代旅店业经营之灵活，服务之周全。

而提供文物玩赏则带有明显的旅游宣传和促销性质，可谓经营手段之高超。"玄宗幸蜀，至马嵬驿，命高力士缢贵妃于佛堂前梨树下。马嵬店媪，收得锦鞾一只，相传过客每一借觊，必须百钱，前后获利极多，媪因至富"③，这类事件虽属偶然，不过对旅游者确实具有极大的吸引力。

此外，旅店为吸引旅游者的到来，还很注重一些细节，如周边环境的营造、娱乐项目设置、特色饮食等。如韩偓有诗《桃林场客舍之前，有池半亩，木槿栉比，阕水遮山，因命仆夫运斤梳沐，豁然清朗，复睹太虚，因作五言八韵》，仅从诗名就能想见客舍主人的用心。诗曰："插槿作藩篱，丛生覆小池。为能妨远目，因遣去闲枝。邻叟偷来赏，栖禽欲下疑……稍宽春水面，尽见晚山眉。岸稳人偷钓，阶明日上基。"④可见客舍还成为"邻叟偷来赏"的游玩之地，其旅游开发思路可谓先进。类似的客舍还有渭城之"客舍青青柳色新"，温汤客舍之"宫城佳气晚宜看，雪照山边万井寒"，高云客舍之"窗中西城峻，树外东川广"，洛阳客舍之"隋朝古陌铜驼柳，石氏荒原金谷花"，怀州客舍之"朝昏太行色，坐卧沁河声"，邯郸漳水边客舍之"垂杨下系钓鱼船"等。至于观妓等娱乐活动，也是唐代旅游者住店时常有的项目，如张说有诗《温泉冯刘二监客舍观妓》，薛能有诗《京中客舍闻筝》等。关于特色饮食，《南部新书》载，"野狐泉店在潼关之西，泉在道南店后坡下。旧传云：'野狐掊而泉涌，店人改为冷淘，过者行旅止焉。'今法馔中有野狐泉者，以绿粉为之，亦象此也。"⑤杜甫有《槐叶冷淘》诗盛赞其味。在"客情终日在眉头"的客舍，能得到如此招待，也算是对旅游者的一种慰藉。

总体上，私营馆舍比官办驿馆发挥的旅游接待功能要强一些。

---

① 《洛阳缙绅旧闻记》卷1《少师佯狂杨公凝式》。
② （唐）岑参：《临河客舍呈狄明府兄留题县南楼》，见《御定全唐诗》卷199。
③ 《唐国史补》卷上。
④ （唐）韩偓：《桃林场客舍之前有池半亩……五言八韵》，见《御定全唐诗》卷681。
⑤ 《南部新书》卷5。

（三）唐代佛寺传舍的旅游接待

唐代旅游者还有一个主要的投宿地——寺观，所谓"州县公私，多借寺观居止"①即指此。不过从史籍记载的多寡来判断，寄宿佛寺者为多，寄宿道观者较少，杨衡有寄宿云溪观的经历，皎然亦有宿道观的经历。②

唐代寺院有"立外屋，居游民，取佣给"③的功利思想，因而"众僧房堂，诸俗受用"④，以致"佛寺宿会"成为一种普遍的社会现象，仅《御定全唐诗》中有数百篇"宿寺诗"⑤，常州惠山寺干脆辟曲水亭以备"士庶投息之所"⑥，反映了唐代寺院的俗化，以及俗人寄居寺院较为普遍的事实。不过唐代俗人寄寺真正兴盛于安史乱后，大历后更是盛行流寓佛寺，所谓"天宝后，诗人多为忧苦流寓之思，及寄兴于江湖僧寺"⑦，白居易"山寺每游多寄宿""僧房寄宿多"，雍陶"身闲多宿寺"，李端"宿寺不虚年"，王建"喜欢得伴山僧宿"，黄滔"寻幽频宿寺"，颜真卿"予不信佛法而好居佛寺"，杜甫"随意宿僧房"，施肩吾投宿湖州天宁寺"邻房逢见广州客"，牛僧儒进京，韩愈建议他"税于庙院"等，均为唐代寄寺的典型例子。

《唐会要》载："如有胜地名山，灵踪古迹，实可留情，为众所知者，即任量事修建，却仍旧名。其诸县有户口繁盛，商旅辐辏，愿依香火，以济津梁，亦任量事，各置院一所，于州下抽三五人住持。其有山谷险难，道途危苦，羸车重负，须暂憩留，亦任因依旧基，却置兰若。并须是有力人自发心营造，不得令奸

---

① （唐）李豫：《禁断公私借寺观居止诏》，见（清）董诰等编：《全唐文》卷46，北京中华书局1983年版，第508页。
② （唐）杨衡《宿云溪观赋得秋灯引送客》、（唐）皎然《宿道士观》，见《御定全唐诗》卷465、卷817。
③ 《太平广记》卷485《东城父老传》。
④ （唐）道宣：《四分律删繁补阙行事钞》卷下《僧像致敬篇第二十》，大藏经在线阅读网（http：//www3.fosss.org/DZZJian/ShowArticle.asp?ArticleID=588&Page=11），2010年12月11日。
⑤ 张弓：《汉唐佛寺文化史（下）》，中国社会科学出版社1997年版，第1019~1021页。
⑥ （唐）陆羽：《游慧山寺记》，见（清）董诰等编：《全唐文》卷433，北京中华书局1983年版，第4419页。
⑦ 《新唐书》卷35《五行志二》。

党,因此遂抑敛乡间。"①说明唐代寺院除了选择名山古迹建造外,交通要道也多为建寺之址,寺院因而具备更佳旅游接待功能。如唐初法琳"以百牢冲会,四方所归。道俗栖投,往还莫寄。序乃宅寺关口,用接远宾。故行侣赖之,咏歌盈耳"②,从该寺的功能看,似乎传舍性质大于宗教性质,张弓研究认为,至迟在大历后,唐代这样的佛寺传舍不在少数,如嵩山丰乐寺、辋溪清源寺、临泷寺、鄂州头陀寺等均是如此,到会昌初,全国兰若传舍几乎无所不在,到唐末,各州县的佛寺传舍系统,几乎可以替代官方邮传系统③。据圆仁《入唐求法巡礼行记》记载,从恒州行唐县到五台山的12个佛寺传舍,均是20~30里一个;再从五台山南门到太原,佛寺传舍约有9个,几乎30~35里一个;从太原南行到蒲州宝鼎县天王院约有14个佛寺传舍,数量略多于客店,几乎15~60里一个(多为30里左右);渡河后到八柱寺,南行经十数个传舍和客店可直达京师,途中佛寺传舍与客店数量相当④,可以认为,唐后期,佛寺传舍的确对官办驿馆有较大的替代性⑤。

寺院给他人提供简易投宿处,不全是免费的,起初还遮遮掩掩"受捐香火钱",后来连邸店都开起来了。会昌灭佛时,"京城诸市,亦不尽有产业,就中即有富寺,今既疏理僧尼,兼停修造,所入厚利,恐皆枉破。委功德使检责富寺邸店多处,除计料供常住外,剩者便勒货卖,不得广占求利,侵夺疲人"⑥,也能反映当时寺院具备一定的旅游接待功能。

二、唐代馆舍的分布

唐代官办驿馆大抵沿唐代基本交通线分布,而私营馆舍的选址,往往与利益直接挂钩,因此,交通便利之处,众人聚集之所,馆舍相对较多。唐代有旅游记载的驿馆可列于表5.2。

---

① 《唐会要》卷48《议释教下》。
② (唐)道宣:《续高僧传》卷24《法琳传》,http://www.foxue.org/article/200706/article_95274.html,2010年11月24日。
③ 张弓:《汉唐佛寺文化史(下)》,中国社会科学出版社1997年版,第1024~1027页。
④ [日]圆仁撰,白化文等校注:《入唐求法巡礼行记校注》,花山文艺出版社1992年版,第261~342页。
⑤ 张弓:《汉唐佛寺文化史(下)》,中国社会科学出版社1997年版,第1019~1027页。
⑥ (唐)李炎:《加尊号后郊天赦文》,见(清)董诰等编:《全唐文》卷78,北京中华书局1983年版,第819页。

表 5.2　　　　　　　　　　唐代有旅游记载的驿馆

性质	时段	名称（数字代表出现频次）	数量	地区数
馆	前期	永州的苦竹馆，峡州的青溪馆，随州的蔡阳馆，唐城馆	4	3
馆	后期	京兆的泥阳馆，商州的商山馆2，平州的碣石馆，魏州的武阳馆，朔州善的阳馆，河南寿安县甘棠馆3，彭婆馆，和州的横江馆，润州的龙沮馆，永州的湘口馆，常州的水西馆，湖州的雪溪馆，潭州的黄蘖馆2，睦州的桐庐馆，池州的杨梅馆，饶州的甘棠馆3，吉州的玉仙馆，蓬州的芳溪馆，随州的广昌馆	19	18
驿	前期	凤翔府的陈仓驿，绵州奉济驿，巴西驿，梓州的通泉驿，嘉州的青溪驿2，蕲州的临江驿，兴州的方骞驿，洪州的石头驿，利州的望喜驿，杭州的樟亭驿，淄州的古泉驿，端州驿5，南阳驿，广州的广江驿，襄州的襄河驿，华州的敷水驿，京兆的马嵬驿	17	14
驿	后期	京兆的蓝桥驿4，骆口驿3，马嵬驿，长乐驿，望苑驿，五松驿，细柳驿，宣化驿，华州的敷水驿3，商州的富水驿3，层峰驿3，商山馆2，四皓驿，桐树驿馆，延州的三川驿，河中的石泉驿，太原的落漠驿，寿阳驿，晋州的霍山驿，平阳馆，汾州的冷泉驿，隰州新驿，河南府的柳泉驿，白沙馆，临都驿，曲河驿，鹿桥驿，三乡驿，虢州的盘豆驿3，稠桑驿2，滑亭新驿，湖城驿，陕州的茅城驿，汝州的临泉驿，神龟驿，滑州新驿，郑州的清台新驿，郓州蓬莱驿，楚州的莲塘驿，成都的沱江驿，绵州的筹笔驿4，罗江驿，阆州的青山驿3，润州的青阳驿，苏州的望亭驿，江州的楚城驿，若岘驿，杭州的樟亭驿2，湖州的平望驿，潭州的长沙驿，青枫驿，鄂州的临川驿，洪州的石头驿，袁州的丰城剑池驿，石头驿，蕲州的临江驿，漳州的漳浦驿3，澧州驿，桂州的望秦驿，循州的蓝溪驿，襄州的汉阴驿，善谑驿，清水驿，兴元的褒城驿4，白马驿3，鹄鸣驿2，金牛驿，黄花驿，利州的望嘉驿3，嘉陵驿3，望喜驿3，嘉川驿，三泉驿。兴州的青云驿，洋州的悬泉驿	75	39

第二节 唐代旅游接待

表 5.2 说明，唐代，尤其是唐后期，驿馆发挥了重要的旅游接待功能。这些驿馆绝大多数为官办，从类型上看，"驿"明显多于"馆"，也即唐代接待旅游者的官办馆驿，大多是沿全国主要驿道分布的。

唐代最早期的私营馆舍分布于大城市和交通要道上。"诸道节度观察使，以广陵当南北之衡……例置邸肆。"①扬州由于区位优势，吸引了很多有权势的人到此开办馆舍，虽打着政府的旗号，但多为谋私。何明远"每于驿边起店停商"②亦属此例。处于全国政治文化中心的长安和洛阳"商贾所凑"，因而"市内店肆，如东市之制……浮寄流寓，不可胜记"③。两京直至五代时依然"邸店罗列"④。至于交通要道，政府也会参与和鼓励开办馆舍，如"开北山，通车道三所，置县三，每驿旁造店一百间"⑤，"从灵泉驿至白云驿，共一十所，并每驿侧近，置私客馆一所"⑥，驿站周边成为馆舍的主要分布地点。而驿站之间，也常有馆舍分布，如"又十里至松岭驿，逆旅三户"⑦，岑参曰："野店临官路"⑧，之所以这样，是因为驿站不仅接待能力有限，同时也不是任何人都可以居住的，而驿站又是交通最便利，行人最集中的地方，驿道则是人员流动最频繁的线路，馆舍正好可以弥补驿站的不足，同时也可以加强政府对其他地区的联系与控制。此外，通航河流两岸和渡口四周也是旅舍分布的主要地点，如"洞玄自浙东抵扬州，至废亭埭，维舟于逆旅主人"⑨，"万里桥边多酒家，游人爱向谁家宿""野店临西浦""客舍门临漳水边"⑩等。

此外，在一些边远地区，也会有馆舍的出现，如"逆旅相逢处，江村日暮

---

① 《册府元龟》卷 160《帝王部·革弊第二》。
② 《太平广记》卷 243《治生·何明远》。
③ 《长安志》卷 8《唐京城二·东市》，卷 10《唐京城四·西市》。
④ 《旧五代史》卷 90《赵在礼传》。
⑤ （清）王昶：《金石萃编》卷 83《大唐易州铁像碑颂》，上海宝善书局光绪癸巳（1893年）孟秋石印版，第 7 页。
⑥ 《唐会要》卷 86《道路》。
⑦ （唐）孙樵：《兴元新路记》，见（清）董诰等编：《全唐文》卷 794，北京中华书局 1983年版，第 8327 页。
⑧ （唐）岑参：《浐水东店送唐子归嵩阳》，见《御定全唐诗》卷 200。
⑨ 《太平广记》卷 44《神仙四十四·萧洞玄》。
⑩ （唐）张籍《成都曲》《宿江店》，（唐）岑参《邯郸客舍歌》，分别见《御定全唐诗》卷 382、卷 384、卷 199。

时""月斜孤馆傍村行，野店高低带古城"①。带有旅馆性质的店子，越来越多的出现在孤村、山边和乡间道路旁等。如"野店云日丽，孤庄砧杵鸣""野店暮来山畔逢"②，虽然生意惨淡，如"至暮，宿一村店，店中具酒食，而无居人"，但却有存在的必要，这些店子经营多种业务，如"停灯待贾客，卖酒与渔家"③。《御定全唐诗》中关于"野店"（25首）、"山店"（15首）、"孤店"（8首）、"村店"（6首）、"茅店"（2首）的诗篇众多，恕不一一罗列。它们给旅客、应试者、行商等带来了极大的便利，有些店舍较多或交通重要的地区还发展成集镇。

第三节 唐代其他旅游媒介

一、唐代的陪游

文人墨客由于种种原因，经常会成为官宦权贵游玩和宴请的陪客，双方各取所需，留下的诗文多如牛毛，如上官婕妤"远惭班左愧游陪"，武则天"陪銮游禁苑，侍赏出兰闱"，李峤"驰道春风起，陪游出建章"，刘怀一"鹰鹯同效逐，鹓鹭忝游陪"，张九龄"陪游七圣列，望幸百神迎"，宋之问"欲知陪赏处，空外有飞烟"，崔湜"臣朔真何幸，常陪汉武游"，李峤"每接高阳宴，长陪河朔游"，崔融"明日陪游向赤城"，李适"幸陪清汉跸，欣奉净居游"，苏颋"箫鼓宸游陪宴日，和鸣双凤喜来仪"等。杜甫由于"旅食京华十三载"④，作陪的经历非常丰富，从他留下的陪游诗数量上就可窥见一斑，同时也说明唐代"陪游"不仅存在，而且非常普遍，但是陪游者内心深处的苦楚，有谁知道呢？且看杜甫的《乐游园歌》⑤：

---

① （唐）孟浩然《永嘉上浦馆逢张八子容》，（唐）许浑《南阳道中》，分别见《御定全唐诗》卷160、卷535。
② （唐）卢纶《秋晚霁后野望忆夏侯审》，（唐）罗邺《宿武安山有怀》，分别见《御定全唐诗》卷280、卷654。
③ （唐）张籍：《宿江店》，见《御定全唐诗》卷384。
④ （唐）杜甫：《奉赠韦左丞丈二十二韵》，见《御定全唐诗》卷216。
⑤ （唐）杜甫：《乐游园歌》，见《御定全唐诗》卷216。

乐游古园崒森爽，烟绵碧草萋萋长。公子华筵势最高，秦川对酒平如掌。长生木瓢示真率，更调鞍马狂欢赏。青春波浪芙蓉园，白日雷霆夹城仗。阊阖晴开昳荡荡，曲江翠幕排银榜。拂水低徊舞袖翻，缘云清切歌声上。却忆年年人醉时，只今未醉已先悲。数茎白发那抛得，百罚深杯亦不辞。圣朝亦知贱士丑，一物自荷皇天慈。此身饮罢无归处，独立苍茫自咏诗。

陪游不完全是牢骚，特别是陪老友游览，心情自然不同，如杜甫"岑参兄弟皆好奇，携我远来游渼陂""平生为幽兴，未惜马蹄遥"，贾至"江上相逢皆旧游，湘山永望不堪愁"，白居易"惆怅旧游那复到，菊花时节羡君回"，顾况"尽日陪游处，斜阳竹院清"等。

二、唐代的地图

唐代明令各道、州、府定期更新地图内容并向朝廷造送①，促进了地图事业的蓬勃发展，民间利用地图也成为可能。贾耽是唐代著名的地图制作者，绘有《关中陇右及山南九州岛图》《海内华夷图》各一轴（今佚）及《地图》十卷，贞元十七年绘成的《海内华夷图》开创了"古墨今朱"分色编绘历史地图的先例。

《兴庆宫图》是一幅宫殿园林地图，采用立体形象法表示各种建筑物，东西宫墙上的宫门和楼台采用了侧视和正视两种投影绘法，图上刻有"每六寸折地一里"的比例尺，该图比例尺约为1：2800②，这也可以被认为是一幅唐代皇家旅游图。

《御定全唐诗》中也有不少提及地图的，曹松七十余岁及第，他在看了《华夷图》（应为贾耽《海内华夷图》）后，赋诗云："落笔胜缩地，展图当晏宁。中华属贵分，远裔占何星。分寸辨诸岳，斗升观四溟。长疑未到处，一一似曾经。"伍乔

---

① 《唐六典》卷5："职方郎中员外郎掌天下之地图及城隍、镇戍、烽堠之数，辨其邦国都鄙之远迩，及四夷之归化者。凡地图委州、府三年一造，与板籍偕上省，其外夷每有番客到京，委鸿胪讯其人本国山川风土，为图以奏焉。副上于省，其五方之区域，都鄙之废置，疆场之争讼者，举而正之。"《唐会要》卷59"建中元年十一月二十九日，请州图每三年一送职方，今改至五年一造送，如州县有创造及山河改移，即不在五年之限，后复故。"

② 阎平等：《中华古地图集珍》，西安地图出版社1995年版，第36页。

直到南唐才及第，他也看过《华夷图》，并说要将其"长悬在户庭"，说明普通人收藏和悬挂地图不受政策限制。除《海内华夷图》这样的全国性地图外，唐人还可以看到很多区域性地图，如韦庄《金陵图》云："谁谓伤心画不成，画人心逐世人情。君看六幅南朝事，老木寒云满故城。"说明《金陵图》颇具历史地图的意义，齐己《看金陵图》诗可佐证，齐己《寄顾蟾处士（好于山水）》诗则更具旅游意义："久闻为客过苍梧，休说携家归镜湖。山水颠狂应尽在，鬓毛凋落免贫无。和僧抢入云中峭，带鹤驱成涧底孤。春醉醒来有余兴，因人乞与武陵图。"也说明唐代借图为常事，徐安贞《题襄阳图》云："画得襄阳郡，依然见昔游。岘山思驻马，汉水忆回舟。丹壑常含霁，青林不换秋。图书空咫尺，千里意悠悠。"回味了自己在襄阳旅游的经历。

此类地图在唐代还有很多，如《朔方图》《沧州图》等，说明唐代地图的普及，也意味着地图的广泛应用，不仅看图，唐人还画图，如杜甫《严公厅宴，同咏蜀道画图（得空字）》云："日临公馆静，画满地图雄。剑阁星桥北，松州雪岭东。华夷山不断，吴蜀水相通。兴与烟霞会，清樽幸不空"，宋之问《送田道士使蜀投龙》云："赠言回驭日，图画彼山川"等。此外，唐代还有很多风景名胜图，如李白有《求崔山人百丈崖瀑布图》《莹禅师房观山海图》等诗，杜甫《木皮岭》《戏题画山水图歌》提及"忆观昆仑图，目击悬圃存""壮哉昆仑方壶图，挂君高堂之素壁。巴陵洞庭日本东，赤岸水与银河通，中有云气随飞龙。舟人渔子入浦溆，山木尽亚洪涛风"，方干《题画建溪图》《项洙处士画水墨钓台》云："六幅轻绡画建溪，刺桐花下路高低。分明记得曾行处，只欠猿声与鸟啼""画石画松无两般，犹嫌瀑布画声难……我家曾寄双台下，往往开图尽日看"，薛涛《酬雍秀才贻巴峡图》云："千叠云峰万顷湖，白波分去绕荆吴。感君识我枕流意，重示瞿塘峡口图"等。

除此之外，部分艺术作品，如《庆云图》《八骏图》《山水图》《海图屏风》《写真图》《木莲花图》《四皓图》《九老图》《兰竹图》《海阳图》《紫芝图》《七夕图》《妇人图》《兰亭图》《松石晓景图》《破贼图》《磻溪垂钓图》《海棠图》《桃花图》《瑞应图》《青溪图》《獬廌图》《地狱图》《十才子图》《海山图》《金浮图》等多次进入唐人的诗篇中，作为旅游吸引物的观赏价值毋庸置疑，更反映了当时的地图、名胜图等已经进入普通人家，"主人壁上铺州图，主人堂前多俗儒"①句即是证明。

---

① （唐）李贺：《五粒小松歌》，见《御定全唐诗》卷393。

如此多的地图进入普通人家，那么唐人又是如何利用其进行旅游活动的呢？最知名的莫过于"借图"，齐己借图前已述及，韩愈也为游览"借图经""曲江山水闻来久，恐不知名访倍难。愿借图经将入界，每逢佳处便开看"①，李白更是"求百丈崖瀑布图"，发出"幽缄倘相传，何必向天台"的感慨。《御定全唐诗》中多次出现因图忆游的诗篇，"观图见废兴"是唐人利用地图的一种重要方式，最典型的就是诗人每每看到《金陵图》，都会有"老木寒云满故城"的感想，看到《昆仑图》都有"壮哉"的惊叹，"长疑未到处，一一似曾经"，恐怕是旅游者共同的心声。

另外，在风景名胜处、寺院道观、名人居所及其池亭、衙门口等都有可能悬挂和摆放各类地图，时人均可分享。王昌龄《观江淮名胜图》云："援毫无逃境，遂展千里眺。淡扫荆门烟，明标赤城烧。青葱林间岭，隐见淮海徼。但指香炉顶，无闻白猿啸。"和凝《洋川》云："华夷图上见洋川，知在青山绿水边。官闲最好游僧舍，江近应须买钓船。"齐己《怀武陵因寄幕中韩先辈、何从事》云："武陵嘉致迹多幽，每见图经恨白头。溪浪碧通何处去，桃花红过郡前流。常闻相幕鸳鸿兴，日向神仙洞府游。凿井耕田人在否，如今天子正征搜"等。

三、唐代的旅游指南

除地图外，唐代还出现了类似旅游指南一类的文字记载，莫休符《桂林风土记》、颜真卿《吴兴地记》等推为个中翘楚。

《桂林风土记》是莫休符于唐光化二年（公元 899 年）致仕归乡之后写成。虽然是方志，却与一般的方志有很大的不同，无论是其严谨性，还是体系，都像是游记。全书对桂林的地理沿革和城建规模都只作简单介绍，而自然山水和名胜古迹却是浓墨重彩。分别介绍了东观、越亭、岩光亭、訾家洲、漓山、东山亭、碧浔亭、拜表亭、独秀山、海阳山、隐仙亭、灵渠、甘岩、严州舿舸水、如锦潭、象州仙人山、苍梧火山等近 20 处自然景点，并有游览故事、传说、流传下来的篇章等佐证，文字精练却叙述详细，让人亲临其境，如沐春风。名胜古迹有舜祠、双女冢、伏波庙、尧山庙、夹城、欧阳都护冢、会仙里、张天师道陵宅、迁莺坊、开元寺震井、延龄寺圣像等，桂林事迹及名人有菩提寺道林和尚、宜州龙

---

① （唐）韩愈：《将至韶州先寄张端公使君借图经》，见《御定全唐诗》卷344。

开江事、宜州龙采木、徐氏还魂、石氏射樟木灯檠祟、米兰美绩、李给事(李渤)长歌、颜特进(颜延之)、李光禄、李卫公(李靖)、褚中令(褚遂良)、张中令(张九龄)、桂州陈都督、袁恕己、张鹭(张文成)等。《桂林风土记》共3卷,但是流传下来的仅一卷,还不完整,甚为可惜。《太平御览》卷49注明转引自该书的百丈山、隐山、南溪山、龙蟠山等可作为补充,其旅游地理价值不言而喻。

作为旅游指南,《桂林风土记》对于每一个景点的地理位置、景观特点、周边环境、观览感受、传说故事、包含的小景、造景历史、名人游玩及题诗历史等都有较为详细的介绍。凭借此书,不到桂林也大致能知晓桂林山水之美。如其描述越亭:

> 在府城北,与圣寿寺接连。有岩洞、庭台,高峰耸碧,山穴透出北面,因名北牖洞。远眺长江,极目烟水,北人至此,多萦乡思。会昌初,前使元常侍名晦,搜达金貂,翱翔翰林,扬历台省,性好岩沼,时恣盘游。建大八角亭写其真,院砌台、钓榭、石室莲枕、流杯亭、花药院,时为绝景。于时潞寇初平,四郊无垒。公私宴聚,较胜争先。美节良辰,寻芳选胜,管弦车马,阗隘路隅。金貂从此府除浙东,留题曰:"紫泥远自金銮降,朱旆翻驰镜水头。陶令风光偏畏夜,子牟衰鬓暗惊秋。西邻月色何时见,南国春光岂再游。莫遣艳歌催客醉,不堪回首翠娥愁。"副车路单与金貂同年及第,和诗一首:"谢安致理逾三载,黄霸清声彻九重。犹辍珮环归凤阙,且将仁政到稽峰。林闲立马罗千骑,池上开筵醉一钟。共喜甘棠有新咏,独惭霜鬓又攀龙。"越亭初成,金貂有六十韵长诗曰:"乏才叨八使,徇禄非三顾。北阙颁诏条,东邻证迷误。未闻述职效,已见脱烦趣。灏气爽衣巾,岚飔轻杖屦……"

依《桂林风土记》原序知,在该书之前,唐代尚有宗懔《荆楚岁时记》、罗含《湘中记》《奉天记》等流行于世。而以"风土记"为名的方志可以追溯到西晋,当时周处曾作《风土记》①,以后此风一直盛行。至唐代,名篇还有张谓《长沙风土

---

① 《晋书》卷58《周处传》。

记》①、《荆楚风土记》②、段公路《北户杂录》、刘恂《岭表录异》、房千里《南方异物志》、孟管《岭南异物志》等，《桂林风土记》究竟是否开桂林方志记载旅游地理之滥觞，有待深究，但几乎可以确定的是，《桂林风土记》在某种程度上借鉴了前辈的成就，否则，莫休符不会在序言中提及它们，这从侧面反映了唐代"旅游指南"类的著作绝不止《桂林风土记》一篇，唐人游兴浓郁或许正是这些"旅游指南"推波助澜的结果。

颜真卿《吴兴地记》③也具有一定的旅游指南性质，记述了湖州乌程县、长城县和安吉县的山川、陵墓、故宅等。但是较为简略，一般景点都没有介绍，只是罗列了湖州59个可游可玩之处，是一份简单的旅游手册，藉此可大致了解湖州主要旅游资源有哪些。现将其转录如下：

1. 乌程县

有帝颛顼塚、吴大帝陵、吴景帝陵、钮皇后陵、吴丹阳太守芜湖侯太史慈墓、吴大将军朱治墓吴荡冠将军程普墓、晋侍中罗含墓、晋黄门侍郎潘尼墓、齐宣城太守丘灵鞠墓、梁中书侍郎丘迟墓、梁司空康绚缜墓、陈五兵尚书唐宗墓。共12个景点。

2. 长城县

有大雷山、芳岩、震泽、若溪、吴王夫槩庙、陈景帝陵、陈钱皇后陵、陈昭烈王陵、谢安墓、殷仲文墓、陈武帝故宅、陈文帝故宅、吴均故宅、陈氏五主屏风、陈高祖竹帐、国朝高僧南山律主道宣。共16个景点。

3. 安吉县

有天目山、昆山、横溪、梅溪、蛟龙溪、翔凤林、裴子野故宅、周弘让故宅、姚苌雉尾扇、施世英金钟。共10个景点。

4. 卞山

有法华寺、金井玉涧、乳窦石膏温泉、项王走马埒、项王饮马池、项王系马石。共6个景点。

---

① 《御定全唐诗录》卷19《张谓》。
② 《滱水集》卷3《与严灏司理书》提及此书，但作者不详。
③ 《颜鲁公集》卷13《记》。

5. 衡山

有帝颛顼塚、春秋鸠兹城。共 2 个景点。

6. 岘山

有显亭、故别驾李适之石酒樽、五花亭。共 3 个景点。

7. 杼山

有妙喜寺、黄浦桥、避它城、何楷钓台。共 4 个景点。

8. 升山

有吴均入东记、晋吴兴太守王羲之乌亭。共 2 个景点

9. 金盖山

有何氏书堂、张邵丘道祚禅幽寺。共 2 个景点。

10. 太湖

有霅溪、白苹洲。共 2 个景点。

结　　论

综合前文，我们大致可以对唐代旅游地理做一个简单的总结。

1. 唐代旅游发展

从时间特征上说，唐代旅游发展呈现出波动上升而后下降的趋势。高宗时期（公元649—683年）是唐代旅游发展的一个低谷时期，"中宗"时期（公元684—710年），唐代旅游发展达到第一个高峰，此后波动上升，直至穆宗朝（公元820—824年）达到顶峰。旅游活动经过两个世纪的上升发展，在此后半个世纪内迅速下降，从懿宗朝（公元859—873年）直至唐末，旅游活动基本处于历史的最低位。总体上，可将其分为五个阶段：高祖至高宗朝（公元618—683年）是承前朝之缓慢发展期，"中宗"至代宗朝是（公元684—779年）平稳发展期，代宗至穆宗朝（公元780—824年）为迅速上升期，敬宗至懿宗朝（公元825—874年）是迅速下降期，僖宗至哀帝时期（公元875—907年）为低位萎缩期。

唐代旅游活动在空间分布上呈现出广泛又相对集中的不均衡态势，体现出两条线、三个区和四个点的特征。两条线即长江和长安南下广州的一纵一横两条交通大动脉的沿线地带。三个区即两京地区、成都府地区和浙西地区。四个点即太原、兖州、永州和柳州。另外，唐代的旅游活动具有较强的内地集中性，陆地上直接与其他国家接壤的地区旅游活动有限，京畿、河南、山南和江南内陆四道几乎集中了唐代80%的旅游活动。

唐代旅游总体上处于发展状态，江南道和淮南道的发展速度最快，岭南道、河南道前后期持平，处于稳定发展状态，发展速度最慢的是陇右、剑南、河北等道。

唐代前后期旅游活动的变迁规律有：第一，唐代旅游活动的空间分布特征由前期的两条线加数个点的模式，发展成为两条线加两个面的状况，并且江南道已经成为全国最重要的旅游活动中心之一；第二，线状的分布规律以交通线延伸方向为基准，前期的线状规律较后期明显；第三，发展较快的几个点状区域，均是旅游资源较为优越的地区，同时，传统的旅游活动集中区域均出现了不同程度的萎缩迹象，表明唐后期的旅游活动具有较大的旅游学意义，其大众化程度、旅游活动的目的性和享受性，较前期均有较大的发展。

2. 唐代旅游者地理

唐代入境旅游者以使者、僧人和商人为主，他们广泛分布于中国的周边国家和中亚、欧洲以及非洲的部分国家。邻近国家和地区如吐蕃、突厥、回纥、高丽、新罗、日本、南诏等是最主要的国际客源地，前期与突厥的关系较为密切，后期与吐蕃的关系较为密切。唐代出境旅游者多是商人、使者和僧人，他们的足迹遍布东亚、东南亚、印度洋沿岸、阿拉伯海沿岸和红海沿岸、中亚和欧洲等地区。

长安和洛阳作为最大的旅游接待中心，形成了第一级旅游客源地，也是国际旅游者的重点旅游目的地。中亚旅游者往往通过陆路，经玉门关、敦煌、凉州到达长安。南亚和欧洲、非洲的旅游者则往往通过海路经狮子国、马六甲海峡，在交州、广州、泉州等地登陆。然而随着时间的推移和交通、政治形势的变化，越来越多的旅游者沿海路而来，自交州至温州沿海，形成了中国另外一个重点旅游目的地区域。

日本、新罗、高丽、契丹、回纥、突厥、吐蕃和南诏构成了唐王朝最主要的国际旅游客源国，政治旅游占据了其旅游形式的核心部分。日本和新罗除了有这种政治旅游外，还有更多宗教、访学、贸易等活动。

东南亚、南亚、中亚和欧洲，构成了唐王朝第三级国际旅游客源地，其特点是以经济和文化的交流为主要旅游形式，而政治旅游则较为有限。以广州为中心的沿海地区是他们主要的旅游目的地，其活动以商业贸易以及宗教传播为主。

唐代国内旅游者以宗教旅游者，文士旅游者、商人旅游者为主。

两京地区到汴州的沿河地带，成都府地区、荆襄地区、浙西地区是唐代最主要的旅游客源地。另外，太原和桂州的客源也比较集中。唐代旅游客源具有明显的沿江河、沿交通线分布的特征，内陆集中性分布特征也较为明显，尤其是聚集于唐代基本经济区内，经济越发达，旅游客源越多。

3. 唐代旅游资源地理

唐代旅游资源类型丰富，现代旅游资源分类表的旅游资源类型基本都有。综合自然旅游地、河段是唐代最主要的自然旅游资源，唐代人文旅游资源则以综合人文旅游地、景观建筑与附属型建筑为主。具体说，佛塔寺观、山岳型旅游地、楼阁亭台是最主要的旅游资源，其次是康体游乐休闲度假地和园林、观光游憩河段、港口渡口与码头栈道、文化及社会与商贸活动场所、宗教与祭祀活动场所，最后是潭池、废弃寺庙、废城与聚落遗迹等。从地域分布上看，江南道旅游资源类型最为丰富，其次为淮南道、河南道、关内道和剑南道。

唐代前后期旅游资源的结构并没有发生太大的变化，人文旅游资源占据较大优势。其中，建筑和设施类旅游资源占据了较大的比例，其次是地文景观和水域风光类旅游资源。

地文景观中，综合自然旅游地占据绝对优势，地质地貌过程形迹和岛礁所占的比例较小。水域风光旅游资源以河段、天然湖泊为多，生物景观包括树木和花卉地，数量都比较有限。遗址遗迹类旅游资源仅有社会经济文化活动遗址遗迹，也有一定数量。建筑与设施类旅游资源较为丰富，尤其是综合人文旅游地和景观建筑与附属型建筑数量较多，其他如单体活动场馆、居住地与社区、归葬地、交通建筑、水工建筑等旅游资源也有一定数量。

唐人更加偏好于人文旅游资源，特别是对佛塔寺观和楼台亭阁的偏好较为恒定而强烈。前期最受旅游者青睐的是山岳型旅游地，其次是佛塔寺观和楼阁亭台。后期最受旅游者青睐的是佛塔寺观和楼阁亭台，其次是山岳型旅游地。另外，唐后期驿站、渡口等交通因素所发挥的旅游功能也越发重要，其地位已经超过观光游憩河段的地位。

唐代旅游资源的点状分布主要受政治、经济、旅游资源等因素影响。作为最大的两个政治中心，长安和洛阳集中了全国两成以上的旅游资源，其他地区性政治或经济中心，如太原、襄州、扬州、成都、荆州、润州、越州等，也是各自区域旅游资源较为集中的城市。旅游资源较为突出的地区也有可能成为重要的旅游资源集中区域，如宣州、江州、岳州、梓州、永州、道州、桂州等。

唐代旅游资源的分布具有较强的交通指向性。《元和郡县志》所载的国内主要交通线几乎就是旅游资源分布线。这些交通线（含长江沿线）上的旅游资源数

结　论

占全国旅游资源总数的近90%。重要的旅游资源线有：封禅线、长安入蜀线、长安南下桂州线、江南运河线、长江沿线和大庾岭线。前三条主要沿陆路交通线分布，后三条主要要水路交通线分布。另外，重要的交通节点城市（如长安、洛阳、汴州、襄州、润州、成都等）、河流汇流的地方（如岳州、鄂州等）、有湖泊调蓄的州县（如江州）、交通线上旅游资源特别突出的区域（如夔州）等，旅游资源均较多。

唐代旅游资源呈现的面状分布特点主要有两种：一是区域性的面状分布区，二是全国性的内陆集中分布区。前者主要有两京地区、浙西地区、成都及其东北地区、长江中游地区（从荆州至江州沿江一带）。此外，永州、道州和桂州也正走向区域化。全国性的内陆集中分布是指：唐代的旅游资源主要分布在内陆两大区域，即京畿道和河南道、山南道中南部和江南道北部。这两个区域的旅游资源数约占全国旅游资源总量的60%。

唐前期的旅游资源，基本分布于长江沿岸及其以北的地区，两京地区是当时全国旅游资源最集中的地区。开发相对较晚的长江以南地区，很难找到代表性的旅游资源集中区域。唐后期，这种局面有了较大的改变，新增的旅游资源大多来自南方地区。

除两京地区外，封禅线以北地区的旅游资源分布，在唐前后期几乎没有发生太大改变，旅游发展处于一种相对停滞状态。两京地区的旅游发展，则表现出一定的进步意义，旅游活动大众化程度明显增强。两京地区的旅游资源结构更加完善，旅游活动更加丰富。特别是山岳型旅游资源得到较好的开发。浙西地区是唐代旅游资源发展变化最大的区域。唐前期润州、越州和宣州的旅游资源较多，以山水、寺观和亭台楼阁为主，资源结构较为合理，但依然是相对独立的发展，其发展水平有限。后期，出现了区域化发展，代表了唐代旅游发展的最高峰。唐后期，长江沿岸地区的旅游发展取得了一定的进步，尤以荆州、岳州、鄂州和江州最为典型。交通因素对旅游发展的影响减弱，而旅游资源因素的影响增强，旅游发展逐步走向成熟。剑南道的旅游发展呈现出萎缩的态势，除了成都还能勉强维持唐初的资源数量之外，梓州、阆州、绵州都出现了较大幅度的下降。唐后期南方地区，尤其是永州、道州、桂州等地的旅游取得了较大的发展。

整体上唐代旅游资源逐渐被开发出来。从地域上看，大致分为以下几个区域：第一，旅游资源开发利用落后地区，有陇右道、剑南道和河北道；第二，旅游资源稳定开发利用地区，包括河南、河东、关内、岭南和山南五道；第三，旅游资源迅速开发利用地区，包括淮南道和江南道。从旅游资源类型上看，建筑与设施、水域风光和地文景观是唐代旅游资源开发利用的主要对象，建筑设施类旅游资源主要以佛塔寺观和楼阁亭台的开发为主，水域风光中的观光游憩河段和湖泊的开发力度较大，地文景观的开发则主要以山岳型旅游地的开发利用为主。

如果将地域与旅游资源类型相结合，江南道和淮南道的建筑与设施类旅游资源的开发相当迅速，河南道和关内道的建筑与设施类旅游资源也有一定程度的开发。

4. 唐代的旅游媒介

唐代旅游交通以《元和郡县志》所载基本交通线为基础，外加长江运输线构成。域外交通则以贾耽边州入四夷七道为基础，唐后期更加偏向于海上丝绸之路。

舟船、车马和步行是主要的旅游交通方式，远游的旅客更倾向于选择水路的方式出游，即使迂回很长的路程也不舍不弃。在相同的情形下，唐人以尽量减少陆路旅行距离为出游线路选择的指导思想，因此，通航的内河基本上可以成为人们出游的选择，长江、大运河是他们常用的路径。唐代常用的交通工具有舟船、驴马。

唐代旅游食宿相当发达，私营馆舍的分布多沿重要交通线，如驿道，渡口和运河周边分布，城市里面则是分布在市场以及重要路口。馆舍除提供住宿和餐饮服务外，还提供出行工具的租赁、物品寄存等服务。唐代的寺院也接待游客，随着社会的发展，佛寺传舍逐步兴盛。唐代的地图、陪游和旅游指南已经获得相当发展。

参考文献

[1]（汉）刘向著，王锳、王天海译注．说苑全译[M]．贵阳：贵州人民出版社，1992．

[2]（汉）许慎撰，紫剑虹等主编．说文解字[M]．北京：九州出版社，2001．

[3]（唐）白居易．白氏六帖事类集[M]．北京：文物出版社，1987．

[4]（唐）道世撰，周叔迦等校注．法苑珠林校注[M]．北京：中华书局，2003．

[5]（唐）道宣．四分律删繁补阙行事钞[EB/OL]．大藏经在线阅读网（http．//www3.fosss.org/DZZJian/ShowArticle.asp? ArticleID = 588&Page = 11），2010-12-11．

[6]（唐）道宣．续高僧传[EB/OL]．大藏经在线阅读网（http．//www3.fosss.org/DZZJian/ShowArticle.asp? ArticleID=321&Page=4），2010-9-17．

[7]（唐）道宣撰，范祥雍点校．释迦方志[M]．北京：中华书局，2000．

[8]（唐）杜光庭．历代崇道记[EB/OL]．艺术中国网（http．//guji.artx.cn/Article/9281.html），2010-3-16．

[9]（唐）杜佑撰，王文锦，王永兴等点校．通典[M]．北京：中华书局，1988．

[10]（唐）段成式．酉阳杂俎[M]．北京：中华书局，1981．

[11]（唐）樊绰撰，向达校注．蛮书校注[M]．北京：中华书局，1962．

[12]（唐）封演．封氏闻见记[M]．北京：中华书局，1958．

[13]（唐）慧立，（唐）彦悰．大慈恩寺三藏法师传[M]．北京：中华书局，1983．

[14]（唐）李吉甫撰，贺次君点校．元和郡县图志[M]．北京：中华书局，1983．

[15]（唐）李林甫等撰，陈仲夫点校．唐六典[M]．北京：中华书局，1992．

[16]（唐）李泰编，贺次君辑校．括地志辑校[M]．北京：中华书局，1980．

[17]（唐）李肇．唐国史补[M]．上海：上海古籍出版社，1979．

[18]（唐）林宝．元和姓纂［M］．北京：中华书局，1994．

[19]（唐）刘肃．大唐新语［M］．北京：中华书局，1984．

[20]（唐）陆贽撰，（清）柳椿等校．陆宣公集［M］．福州：正谊书院藏版．

[21]（唐）骆宾王撰，（清）陈熙晋笺注．骆临海集笺注［M］．上海：上海古籍出版社，1995．

[22]（唐）牛僧孺撰，程毅中点校．玄怪录［M］．北京：中华书局，1982．

[23]（唐）王泾．大唐郊祀录［M］．北京：民族出版社，2000．

[24]（唐）魏征等．隋书［M］．北京：中华书局，1973．

[25]（唐）温大雅．大唐创业起居注［M］．上海：上海古籍出版社，1983．

[26]（唐）吴兢撰，谢保成集校．贞观政要集校［M］．北京：中华书局，2003．

[27]（唐）萧嵩等．大唐开元礼［M］．北京：民族出版社，2000．

[28]（唐）徐坚等．初学记［M］．北京：中华书局，1980．

[29]（唐）玄奘，辩机撰，季羡林等校注．大唐西域记校注［M］．北京：中华书局，1985．

[30]（唐）杨炯撰，徐明霞点校．杨炯集［M］．北京：中华书局，1980．

[31]（唐）姚汝能撰，曾贻芬点校．安禄山事迹［M］．北京：中华书局，2006．

[32]（唐）义净撰，王邦维校注．大唐西域求法高僧传［M］．北京：中华书局，1988．

[33]（唐）元结撰，杨家骆编．新校元次山集［M］．台北：世界书局，1984．

[34]（唐）张祜．张承吉文集［M］．上海：上海古籍出版社，1978．

[35]（唐）张九龄撰，熊飞校注．张九龄集校注［M］．北京：中华书局，2008．

[36]（唐）张鷟．朝野佥载［M］．北京：中华书局，1979．

[37]（唐）长孙无忌等撰，刘俊文点校．唐律疏议［M］．北京：中华书局，1983．

[38]（唐）赵璘．因话录［M］．上海：上海古籍出版社，1979．

[39]（新罗）金富轼．三国史记［M］．民国五年韩人金泽荣通州排印本．

[40]（五代）孙光宪．北梦琐言［M］．北京：中华书局，2006．

[41]（五代）王定保．唐摭言［M］．北京：中华书局，1960．

[42]（后晋）刘昫等．旧唐书［M］．北京：中华书局，1975．

[43]（宋）乐史．太平寰宇记［M］．北京：中华书局，2007．

参考文献

[44](宋)李昉等.太平广记[M].北京:中华书局,1982.

[45](宋)李昉等.太平御览[M].北京:中华书局,1960.

[46](宋)李昉等.文苑英华[M].北京:中华书局,1966.

[47](宋)欧阳修,宋祁撰.新唐书[M].北京:中华书局,1975.

[48](宋)欧阳修.新五代史[M].北京:中华书局,1974.

[49](宋)蒲积中撰,徐敏霞校点.岁时杂咏[M].沈阳:辽宁教育出版社,1998.

[50](宋)司马光等.资治通鉴[M].北京:中华书局,1956.

[51](宋)宋敏求.唐大诏令集[M].北京:商务印书馆,1959.

[52](宋)王谠撰,周勋初校证.唐语林校证[M].北京:中华书局,1987.

[53](宋)王溥.唐会要[M].上海:上海古籍出版社,1991.

[54](宋)王钦若等.册府元龟[M].北京:中华书局,1960.

[55](宋)吴自牧撰,孟元老等著.梦粱录[M].北京:中国商业出版社,1982.

[56](宋)薛居正等.旧五代史[M].北京:中华书局,1976.

[57](宋)叶梦得撰,侯忠义点校.石林燕语[M].北京:中华书局,1984.

[58](宋)赞宁.大宋僧史略.佛学在线网,http.//www.foxue.org/article/list_836_1.html,2010-11-24.

[59](宋)赞宁撰,范祥雍点校.宋高僧传[M].北京:中华书局,1987.

[60](宋)志磐.佛祖统纪[EB/OL].大藏经在线阅读网(http.//www3.fosss.org/DZZJian/ShowArticle.asp?ArticleID=347&Page=33),2010-9-17.

[61](元)骆天骧撰,黄永年点校.类编长安志[M].北京:中华书局,1990.

[62](元)王恽.秋涧先生大全文集[M].上海涵芬楼借江南图书馆藏明弘治翻元本景印原书版.

[63](明)陈子龙等.皇明经世文编[M].北京:中华书局,1962.

[64](明)何乔远.闽书[M].福建巡抚采进本.

[65](明)王世贞.艳异编续集[M].明天启年间刻本.

[66](明)姚广孝等监修,(明)解缙等编纂.永乐大典,[版本信息不详].

[67](清)曹寅等编.御定全唐诗[M].北京:中华书局,1960.

[68](清)陈熙晋.骆临海集笺注[M].上海:上海古籍出版社,1995.

[69]（清）董诰等编．全唐文[M]．北京：中华书局，1983．

[70]（清）顾祖禹撰，贺次君等点校．读史方舆纪要[M]．北京：中华书局，2005．

[71]（清）屈大均．广东新语[M]．北京：中华书局，1985．

[72]（清）王昶．金石萃编[M]．上海宝善书局光绪癸巳（1893年）孟秋石印版．

[73]（清）王琦．李贺诗歌集注[M]．上海：上海人民出版社，1977．

[74]（清）王琦等评注．三家评注李长吉歌诗[M]．北京：中华书局，1959．

[75]（清）徐松．登科记考[M]．北京：中华书局，1984．

[76]（清）徐松．唐两京城坊考[M]．北京：中华书局，1985．

[77]（清）徐松撰，李健超增订．增订两京城坊考[M]．西安：三秦出版社，1996．

[78]（清）张澍．张氏丛书二十六种：凉州记[M]．二酉堂藏版，道光元年（1821）辛巳新镌．

[79]（清）张澍．张氏丛书二十六种：凉州异物志[M]．二酉堂藏版，道光元年（1821）辛巳新镌．

[80]（清）张澍．张氏丛书二十六种：三辅故事[M]．二酉堂藏版，道光元年（1821）辛巳新镌．

[81]（清）张澍．张氏丛书二十六种：三辅旧事[M]．二酉堂藏版，道光元年（1821）辛巳新镌．

[82]（清）张澍．张氏丛书二十六种：三秦记[M]．二酉堂藏版，道光元年（1821）辛巳新镌．

[83]（清）张澍．张氏丛书二十六种：沙洲记[M]．二酉堂藏版，道光元年（1821）辛巳新镌．

[84]（清）张澍．张氏丛书二十六种：十三州志[M]．二酉堂藏版，道光元年（1821）辛巳新镌．

[85]（清）张澍．张氏丛书二十六种：西河记[M]．二酉堂藏版，道光元年（1821）辛巳新镌．

[86]（清）张澍．张氏丛书二十六种：西河旧事[M]．二酉堂藏版，道光元年（1821）辛巳新镌．

[87](清)赵钺,劳格. 郎官石柱题名考[M]. 北京:中华书局,1992.

[88][法]罗歇·苏著. 休闲[M]. 北京:商务印书馆,1996.

[89][法]谢和耐著,耿昇译. 中国5—10世纪的寺院经济[M]. 上海:上海古籍出版社,2004.

[90][美]爱德华·谢弗著,吴玉贵译. 撒马尔罕的金桃[M]. 西安:陕西师范大学出版社,2005.

[91][美]查尔斯·巴克斯. 南诏国与唐代的西南边疆[M]. 昆明:云南人民出版社,1988.

[92][美]海伦·B. 查平. 云南的观音像[J]. 哈佛亚洲研究季刊,1944(8).

[93][美]威廉·瑟厄波德主编,张广瑞等译. 全球旅游新论[M]. 北京:中国旅游出版社,2001.

[94][美]谢弗著,吴玉贵译. 唐代的外来文明[M]. 北京:中国社会科学出版社,1995.

[95][美]宇文所安. 中国"中世纪"的终结. 中唐文学文化论集[M]. 上海:三联书店,2006.

[96][日]滨口重国. 秦汉隋唐研究(上、下)[M]. 北京:中华书局,1992.

[97][日]池田温等. 唐令拾遗补[M]. 东京大学出版会,1997.

[98][日]池田温著,龚泽铣译. 中国古代籍账研究[M]. 北京:中华书局,1984.

[99][日]冈田玉山等. 唐土名胜图会(上、下册)[M]. 北京:北京古籍出版社,1985.

[100][日]堀敏一著,韩升、刘建英译. 隋唐帝国与东亚[M]. 昆明:云南人民出版社,2002.

[101][日]平冈武夫. 唐代的行政地理[M]. 上海:上海古籍出版社,1989.

[102][日]平冈武夫. 唐代的历史[M]. 上海:上海古籍出版社,1990.

[103][日]平冈武夫. 唐代的长安与洛阳[M]. 上海:上海古籍出版社,1991.

[104][日]平岗武夫. 唐代的长安和洛阳(资料)[M]. 上海:上海古籍出版社,1989.

[105][日]仁井田陞. 唐令拾遗[M]. 东京:日本东京大学出版会,1983.

[106] [日]圆仁. 入唐求法巡礼行记[M]. 上海：上海古籍出版社，1986.

[107] [日]圆仁撰，白化文等校注. 入唐求法巡礼行记校注[M]. 石家庄：花山文艺出版社，1992.

[108] [日]真人元开. 唐大和上东征传[M]. 北京：中华书局，2000.

[109] [英]崔瑞德. 剑桥中国隋唐史（汉译本）[M]. 北京：中国社会科学出版社，1990.

[110] Gilbert. E. The growth of inland and seaside health resorts in England [J]. Scottish Geographical Magazine, 1939, 55: 16-35.

[111] J. Towner. An Historical Geography of Recreation and Tourism in the Western World 1540-1940. Wiley, Chichester, 1996.

[112] 白寿彝. 中国交通史[M]. 上海：上海书店，1984.

[113] 保继刚，楚义芳，彭华. 旅游地理学[M]. 北京：高等教育出版社，1992.

[114] 卞孝萱. 刘禹锡年谱[M]. 北京：中华书局，1963.

[115] 卞孝萱. 元稹年谱[M]. 齐鲁书社，1980.

[116] 卞孝萱等. 韩愈评传[M]. 南京：南京大学出版社，1998.

[117] 卞孝萱等. 刘禹锡[M]. 上海：上海古籍出版社，1980.

[118] 卞孝萱等. 刘禹锡评传[M]. 南京：南京大学出版社，1996.

[119] 蔡敏华. 旅游学概论[M]. 北京：人民邮电出版社，2006.

[120] 曹大兴. 中国历代文学家之地理分布[M]. 武汉：湖北教育出版社，1995.

[121] 岑仲勉. 隋唐史[M]. 北京：高等教育出版社，1957.

[122] 岑仲勉. 唐史余沈[M]. 上海：上海古籍出版社，1979.

[123] 曾枣庄. 杜甫在四川[M]. 成都：四川人民出版社，1983.

[124] 陈才智. 中国古典诗词精品赏读丛书：白居易[M]. 北京：五洲传播出版社，2005.

[125] 陈才智. 中国古典诗词精品赏读丛书：杜甫[M]. 北京：五洲传播出版社，2005.

[126] 陈国灿. 唐代的经济社会[M]. 台北：文津出版有限公司，1999.

[127] 陈建勤. 明清旅游活动研究. 以长江三角洲为中心[M]. 北京：中国社会科学出版社，2008.

[128]陈可畏．长江三峡地区历史地理之研究[M]．北京：北京大学出版社，2002．

[129]陈尚君．唐代文学丛考[M]．北京：中国社会科学出版社，1997．

[130]陈殊原．中国古典诗词精品赏读丛书：王维[M]．北京：五洲传播出版社，2005．

[131]陈铁民校注，王维集校注(全四册)[M]．北京：中华书局，1997．

[132]陈延杰注．张籍诗注[M]．北京：商务印书馆，1938．

[133]陈炎．中国审美文化史(唐宋卷)[M]．济南：山东画报出版社，2000．

[134]陈雁谷．柳宗元旅游思想研究[M]．香港：新风出版社，2009．

[135]陈寅恪．隋唐制度渊源略论稿[M]．上海：上海古籍出版社，1982．

[136]陈寅恪．元白诗笺证稿[M]．上海：三联书店，2001．

[137]陈颖．力的奔放，美的热恋——中国古代旅游说数[M]．北京：旅游教育出版社，1990．

[138]陈勇．唐代长江下游经济发展研究[M]．上海：上海人民出版社，2006．

[139]陈子怡．校正两京新记[M]．西安：和记印书馆，1936．

[140]程蔷，董乃斌．唐帝国的精神文明——民俗与文学[M]．北京：中国社会科学出版社，1996．

[141]程喜霖．唐代过所研究[M]．北京：中华书局，2000．

[142]程志，韩滨娜．唐代的州和道[M]．西安：三秦出版社，1987．

[143]邓小南．唐宋女性与社会(上、下册)[M]．上海：上海辞书出版社，2003．

[144]董乃斌．流金岁月-唐代卷[M]．北京：中华书局，1992．

[145]冻国栋．唐代的商品经济与经营管理[M]．武汉：武汉大学出版社，1990．

[146]冻国栋．唐代人口问题研究[M]．武汉：武汉大学出版社，1993．

[147]冻国栋．中国人口史(隋唐五代时期)[M]．上海：复旦大学出版社，2002．

[148]冻国栋．中国中古经济与社会史论稿[M]．武汉：湖北教育出版社，2005．

[149]范文澜．唐代佛教[M]．北京：人民出版社，1979．

[150]方国瑜．中国西南历史地理考释[M]．北京：中华书局，1987．

[151]方瑜．杜甫夔州诗析论[M]．台北：幼狮文化事业公司，1985．

[152]房仲甫、李二和．中国水运史[M]．北京：新华出版社，2003．

[153]冯尔康．去古人的庭院散步．古代社会生活图记[M]．北京：中华书局，2005．

[154]冯品清．大运河史话[M]．天津：百花文艺出版社，2005．

[155]傅璇琮．李德裕年谱[M]．石家庄：河北教育出版社，1999．

[156]傅璇琮．唐代科举与文学[M]．西安：陕西人民出版社，1986．

[157]傅璇琮．唐代诗人丛考[M]．北京：中华书局，1980．

[158]傅筑夫．中国封建社会经济史（第二卷）[M]．北京：人民出版社，1982．

[159]富平，张鹏一．唐代日人来往长安考[M]．西安：和记印书馆，1937．

[160]高鹤年著，吴秋香点校．名山游访记[M]．北京：宗教文化出版社，2000．

[161]高明士．隋唐贡举制度[M]．台北：文津出版社，1999．

[162]高世瑜．唐代妇女[M]．西安：三秦出版社，1988．

[163]葛剑雄．中国古代的地图测绘[M]．北京：商务印书馆，1998．

[164]葛晓音．中国的名胜古迹[M]．北京：商务印书馆，1995．

[165]葛兆光，戴燕．晚唐风韵[M]．北京：中华书局，2004．

[166]葛兆光．中国古代思想史[M]．上海：复旦大学出版社，2000．

[167]耿刘同．中国古代园林[M]．北京：商务印书馆，1998．

[168]顾易生等．中国古典文学基本知识丛书：柳宗元[M]．上海：上海古籍出版社，1979．

[169]管士光．唐人大有胡气[M]．北京：农村读物出版社，1992．

[170]郭朋．隋唐佛教[M]．济南：齐鲁书社，1980．

[171]郭绍林．唐代士大夫与佛教[M]．西安：三秦出版社，2006．

[172]韩国磐．隋唐五代史论集[M]．上海：三联书店，1979．

[173]郝春文．唐后期五代宋初敦煌僧尼的社会生活[M]．北京：中国社会科学出版社，1998．

[174]何芳川，万明．古代中西文化交流史话[M]．北京：商务印书馆，1998．

[175]何立智等．唐代民俗和民俗诗[M]．北京：语文出版社，1993．

[176]何兹全．五十年来汉唐佛教寺院经济研究[M]．北京：北京师范大学出版社，1986．

[177]胡如雷．隋唐五代社会经济史论稿[M]．北京：中国社会科学出版

社,1996.

[178] 胡士明. 柳宗元诗文选注[M]. 上海:上海古籍出版社,1988.

[179] 黄家城. 桂林旅游史略[M]. 桂林:漓江出版社,1998.

[180] 黄新亚. 消逝的太阳 唐代城市生活长卷[M]. 长沙:湖南人民出版社,2006.

[181] 黄永. 唐史十二讲[M]. 北京:中华书局,2007.

[182] 黄正建. 唐代衣食住行研究[M]. 北京:首都师范大学出版社,1998.

[183] 冀朝鼎著,朱诗鳌译. 中国历史上的基本经济区与水利事业的发展[M]. 北京:中国社会科学出版社,1981.

[184] 蹇长春. 白居易评传[M]. 南京:南京大学出版社,2002.

[185] 江绍原. 中国古代旅行之研究[M]. 上海:上海文艺出版社,1935.

[186] 姜伯勤. 敦煌吐鲁番文书与丝绸之路[M]. 北京:文物出版社,1994.

[187] 蒋非非等. 中韩关系史(古代卷)[M]. 北京:社会科学文献出版社,1998.

[188] 金启华. 杜甫诗论丛[M]. 上海:上海古籍出版社,1985.

[189] 竞鸿,陆力. 全唐诗佳句类典[M]. 海口:南海出版公司,1992.

[190] 鞠清远,陶希圣. 唐代经济史[M]. 北京:商务印书馆,1935.

[191] 蓝勇. 西南历史文化地理[M]. 重庆:西南师范大学出版社,1997.

[192] 李斌城等. 隋唐五代社会生活史[M]. 北京:中国社会科学出版社,1998.

[193] 李德辉. 唐代交通与文学[M]. 长沙:湖南人民出版社,2003.

[194] 李浩. 唐代园林别业考录[M]. 上海:上海古籍出版社,2005.

[195] 李嘉言. 长江集新校[M]. 上海:上海古籍出版社,1983.

[196] 李剑农. 魏晋南北朝隋唐经济史稿[M]. 上海:三联书店,1959.

[197] 李健超. 汉唐两京及丝绸之路历史地理论集[M]. 西安:三秦出版社,2007.

[198] 李天元. 旅游学概论[M]. 天津:南开大学出版社,2003.

[199] 李廷先. 唐代扬州史考[M]. 南京:江苏古籍出版社,2002.

[200] 李孝聪. 唐代地域结构和运作空间[M]. 上海:上海辞书出版社,2003.

[201] 李谊. 杜甫草堂诗注[M]. 成都:四川人民出版社,1982.

[202] 李映辉. 唐代佛教地理研究[M]. 长沙:湖南大学出版社,2004.

[203]李云逸.卢照邻集校注[M].北京：中华书局，1998.

[204]林梅村.汉唐西域与中国文明[M].北京：文物出版社，1998.

[205]刘宏煊.中国疆域史[M].武汉：武汉出版社，1995.

[206]刘俊文编，许洋主等译.日本学者研究中国史论著选译：第七卷[M].北京：中华书局，1993.

[207]刘开扬.高适诗集编年笺注[M].北京：中华书局，1981.

[208]刘开扬.中国古典文学基本知识丛书：杜甫[M].上海：上海古籍出版社，1978.

[209]刘宁.王维孟浩然诗选评[M].上海：上海古籍出版社，2002.

[210]刘士文.中国全史·中国隋唐五代艺术史[M].北京：人民出版社，1994.

[211]刘锡淦.突厥汗国史[M].乌鲁木齐：新疆大学出版社，1996.

[212]刘学锴.李商隐传论(上、下册)[M].合肥：安徽大学出版社，2002.

[213]刘学锴等.李商隐诗歌集解[M].北京：中华书局，2004.

[214]刘学锴等.李商隐文编年校注(全五册)[M].北京：中华书局，2002.

[215]刘荫柏.中国古代杂技[M].北京：商务印书馆，1997.

[216]刘玉峰.唐代工商业形态论稿[M].济南：齐鲁书社，2002.

[217]罗香林.唐代文化史研究[M].上海：上海文艺出版社，1992.

[218]罗庸.唐陈子昂先生伯玉年谱[M].台北：台湾商务印书馆，1986.

[219]吕慧鹏等.中国历代著名文学家评传(第二卷)[M].济南：山东教育出版社，1983.

[220]吕思勉.隋唐五代史[M].北京：中华书局，1959.

[221]吕一飞.胡族习俗与隋唐风韵[M].北京：书目文献出版社，1994.

[222]马楚坚.中国古代的邮驿[M].北京：商务印书馆，1997.

[223]马俊民，王世平.唐代马政[M].台北：五南图书出版公司，1995.

[224]马其昶校注.韩昌黎文集校注[M].上海：上海古籍出版社，1986.

[225]马长寿.突厥人和突厥汗国[M].上海：上海人民出版社，1957.

[226]马正林.中国历史地理简论[M].西安：陕西人民出版社，1987.

[227]缪钺.杜牧传 杜牧年谱[M].石家庄：河北教育出版社，1999.

[228]莫砺锋.杜甫评传[M].南京：南京大学出版社，1993.

[229] 穆根来、汶江、黄倬汉译. 中国印度见闻录[M]. 北京：中华书局，1983.

[230] 宁波市气象学会. 气候诗歌一百首[M]. 北京：气象出版社，1998.

[231] 潘慧惠校注. 罗隐集校注[M]. 杭州：浙江古籍出版社，1995.

[232] 潘镛. 隋唐时期的运河和漕运[M]. 西安：三秦出版社，1987.

[233] 彭顺生. 世界旅游发展史[M]. 北京：中国旅游出版社，2006.

[234] 彭勇. 中国旅游史[M]. 郑州：郑州大学出版社，2006.

[235] 朴真奭. 中朝经济文化交流史研究[M]. 沈阳：辽宁人民出版社，1984.

[236] 钱谦益等. 唐杜少陵先生甫年谱[M]. 台北：台湾商务印书馆，1978.

[237] 屈守元等. 韩愈全集校注[M]. 成都：四川大学出版社，1996.

[238] 全汉升. 唐宋帝国与运河[M]. 北京：商务印书馆，1946.

[239] 全汉升. 中国经济史研究[M]. 台北：稻乡出版社，1991.

[240] 任海. 中国古代体育[M]. 北京：商务印书馆，1996.

[241] 任继愈. 汉唐佛教思想论集[M]. 北京：人民出版社，1987.

[242] 任美锷. 中国自然地理纲要[M]. 北京：商务印书馆，1992.

[243] 荣新江. 唐研究. 第1-11卷[M]. 北京：北京大学出版社，1995—2005.

[244] 荣新江. 中古中国与外来文明[M]. 上海：三联书店，2001.

[245] 上海博物馆，周秦汉唐文明研究论集[M]. 上海：上海古籍出版社，2008.

[246] 尚永亮. 柳宗元诗文选评[M]. 上海：上海古籍出版社，2003.

[247] 施建中. 中国古代史[M]. 北京：北京师范大学出版社，1996.

[248] 史念海. 河山集. 第1~7集[M]. 上海：三联书店、北京：人民出版社、西安：陕西师大出版社、太原：山西人民出版社，1963—1999.

[249] 史念海. 唐代历史地理研究[M]. 北京：中国社会科学出版社，1998.

[250] 史念海. 唐史论丛. 第1~6辑[M]. 西安：陕西人民出版社、西安：三秦出版社，1987—1995.

[251] 史念海. 中国的运河[M]. 西安：陕西人民出版社，1988.

[252] 史念海. 中国古都和文化[M]. 北京：中华书局，1996.

[253] 孙昌武. 柳宗元评传[M]. 南京：南京大学出版社，1998.

[254] 孙昌武. 唐代文学与佛教[M]. 西安：陕西人民出版社，1985.

[255] 谭其骧. 中国历史地图集[M]. 北京：中国地图出版社，1996.

[256] 谭优学. 唐诗人行年考[M]. 成都：四川人民出版社，1981.

[257] 唐长孺. 隋唐五代史[M]. 北京：中国大百科全书出版社，1988.

[258] 唐长孺. 魏晋南北朝隋唐史三论[M]. 武汉：武汉大学出版社，1992.

[259] 陶礼天. 司空图年谱汇考[M]. 北京：华文出版社，2002.

[260] 陶敏，易淑琼校注. 沈佺期宋之问集校注[M]. 北京：中华书局，2001.

[261] 陶瑞芝. 杜甫杜牧诗论丛[M]. 上海：学林出版社，2005.

[262] 陶希圣等. 唐代经济史[M]. 台北：商务印书馆，1979.

[263] 佟培基笺注. 孟浩然诗集笺注[M]. 上海：上海古籍出版社，2000.

[264] 汪菊渊. 中国古代园林史[M]. 北京：中国建筑工业出版社，2006.

[265] 汪艳菊. 中国古典诗词精品赏读丛书：李白[M]. 北京：五洲传播出版社，2005.

[266] 王崇焕. 中国古代交通[M]. 天津：天津教育出版社，1991.

[267] 王福鑫. 宋代旅游研究[M]. 石家庄：河北大学出版社，2007.

[268] 王国安注. 柳宗元诗笺释[M]. 上海：上海古籍出版社，1993.

[269] 王国安注. 王绩诗注[M]. 上海：上海古籍出版社，1981.

[270] 王辑五. 中国日本交通史[M]. 上海：上海书店，1984.

[271] 王启兴等注. 贺知章 包融 张旭 张若虚诗注[M]. 上海：上海古籍出版社，1988.

[272] 王拾遗. 白居易生活系年[M]. 银川：宁夏人民出版社，1981.

[273] 王文楚. 古代交通地理丛考[M]. 北京：中华书局，1996.

[274] 王旋伯. 李绅诗注[M]. 上海：上海古籍出版社，1985.

[275] 王永平. 道教与唐代社会[M]. 北京：首都师范大学出版社，2002.

[276] 王永平. 唐代游艺[M]. 西安：西北大学出版社，1995.

[277] 王永忠. 西方旅游史[M]. 南京：东南大学出版社，2004.

[278] 王玉德，张全明等. 中华五千年生态文化(上)[M]. 武汉：华中师范大学出版社，1999.

[279] 王运熙等. 中国古典文学基本知识丛书. 李白[M]. 上海：上海古籍出版社，1979.

[280] 王志东. 唐代社会生活(上、中、下)[M]. 北京：国际文化出版公

司，2001.

[281] 王子今. 中国古代行旅生活[M]. 北京：商务印书馆，1996.

[282] 魏明孔. 隋唐五代手工业研究[M]. 兰州：甘肃人民出版社，1999.

[283] 汶江. 古代中国与亚非地区的海上交通[M]. 成都：四川省社会科学院出版社，1989.

[284] 翁俊雄. 唐初政区与人口[M]. 北京：北京师范学院出版社，1990.

[285] 翁俊雄. 唐代人口与区域经济[M]. 台北：新文丰出版公司，1995.

[286] 吴枫. 隋唐历史文献集释[M]. 郑州：中州古籍出版社，1987.

[287] 吴汝煜. 唐五代人交往诗索引[M]. 上海：上海古籍出版社，1993.

[288] 吴小龙. 适性任情的审美人生：隐逸文化与休闲[M]. 昆明：云南人民出版社，2005.

[289] 吴玉贵. 突厥汗国与隋唐关系史[M]. 北京：中国社会科学出版社，1998.

[290] 吴在庆. 杜牧集系年校注(全四册)[M]. 北京：中华书局，2008.

[291] 吴宗国. 唐代科举制研究[M]. 沈阳：辽宁大学出版社，1992.

[292] 武略. 中国古典诗词精品赏读丛书：李商隐[M]. 北京：五洲传播出版社，2005.

[293] 向达. 唐代长安与西域文明[M]. 上海：三联书店，1957.

[294] 向玉成. 乐山旅游史[M]. 成都：巴蜀书社，2005.

[295] 谢重光. 汉唐佛教社会史论[M]. 台北：国际文化事业有限公司，1990.

[296] 谢重光. 晋唐寺院与寺院经济研究[J]. 法藏文库·中国佛教学术论典，2001.

[297] 辛德勇. 隋唐两京丛考[M]. 西安：三秦出版社，1991.

[298] 熊柏畦. 杜甫绝句注释[M]. 南昌：江西人民出版社，1982.

[299] 熊飞校注. 张九龄集校注[M]. 北京：中华书局，2008.

[300] 徐改. 中国古代绘画[M]. 北京：商务印书馆，1996.

[301] 徐庭云. 中国社会通史·隋唐五代卷[M]. 太原：山西教育出版社，2000.

[302] 许序雅. 唐代丝绸之路与中亚历史地理研究[M]. 西安：西北大学出版社，2000.

[303] 严昌选编，易图强注释. 历代文化名人笔下的吃喝玩乐[M]. 海口：南方

出版社，1999.

[304] 严昌选编，易图强注释. 历代文化名人笔下的山水楼亭[M]. 海口：南方出版社，1999.

[305] 严昌选编，易图强注释. 历代文化名人笔下的衣食住行[M]. 海口：南方出版社，1999.

[306] 严耕望. 严耕望史学论文选集[M]. 台北：联经出版公司，1991.

[307] 严耕望. 唐代交通图考（1~3）[M]. 上海：上海古籍出版社，2007.

[308] 严耕望. 唐代交通图考（4~5）[M]. 上海：上海古籍出版社，2007.

[309] 严耕望. 唐代交通图考（6）[M]. 上海：上海古籍出版社，2007.

[310] 严耕望. 唐史研究丛稿[M]. 香港：新亚研究所，1969.

[311] 阎平等. 中华古地图集珍[M]. 西安：西安地图出版社，1995.

[312] 杨军笺注. 元稹集编年笺注（诗歌卷）[M]. 西安：三秦出版社，2002.

[313] 杨亚利. 中国历代对外友好往来的故事[M]. 济南：济南出版社，1997.

[314] 杨昭全等著. 中国—朝鲜·韩国关系史（上册）[M]. 天津：天津人民出版社，2001.

[315] 杨志玖. 隋唐五代史纲要[M]. 上海：上海人民出版社，1955.

[316] 叶骁军. 中国都城发展史[M]. 西安：陕西人民出版社，1988.

[317] 伊永文. 到古代中国去旅行：古代中国风情图记[M]. 北京：中华书局，2005.

[318] 于德源. 北京历代城坊·宫殿·苑囿[M]. 北京：首都师范大学出版社，1997.

[319] 余欣. 神道人心. 唐宋之际敦煌民生宗教社会史研究[M]. 北京：中华书局，2006.

[320] 臧嵘，王宏凯. 中国全史·中国隋唐五代习俗史[M]. 北京：人民出版社，1994.

[321] 臧嵘. 中国古代驿站与邮传[M]. 北京：商务印书馆，1997.

[322] 张步天. 中国历史文化地理[M]. 长沙：湖南教育出版社，1993.

[323] 张忱石，许逸民. 唐五代人物传记资料综合索引[M]. 北京：中华书局，1982.

参考文献

[324] 张弓. 汉唐佛寺文化史[M]. 北京：中国社会科学出版社，1997.

[325] 张家驹. 两宋经济重心的南移[M]. 武汉：湖北人民出版社，1957.

[326] 张静芬. 中国古代的造船与航海[M]. 北京：商务印书馆，1997.

[327] 张奎元. 中国全史·中国隋唐五代科技史[M]. 北京：人民出版社，1994.

[328] 张明非. 唐诗与舞蹈[M]. 桂林：漓江出版社，1996.

[329] 张全明，王玉德等. 中华五千年生态文化（上、下）[M]. 武汉：华中师范大学出版社，1999.

[330] 张全明，张翼之. 中国历史地理论纲[M]. 武汉：华中师范大学出版社，1995.

[331] 张仁善. 中国古代民间娱乐[M]. 北京：商务印书馆，1996.

[332] 张雅歌. 西风残照——中晚唐五代著名文学家巡礼[M]. 北京：西苑出版社，1999.

[333] 张永禄. 唐代长安辞典[M]. 西安：陕西人民出版社，1990.

[334] 张泽咸. 唐代工商业[M]. 北京：中国社会科学出版社，1995.

[335] 张泽咸. 唐代阶级结构研究[M]. 郑州：中州古籍出版社，1996.

[336] 张忠山. 中国丝绸之路货币[M]. 兰州：兰州大学出版社，1999.

[337] 章必功. 中国旅游史[M]. 昆明：云南人民出版社，1992.

[338] 章沧授. 历代山水名胜赋鉴赏辞典[M]. 北京：中国旅游出版社，1998.

[339] 章巽，芮传明. 大唐西域记导读[M]. 成都：巴蜀书社，1989.

[340] 赵丰. 唐代丝绸与丝绸之路[M]. 西安：三秦出版社，1992.

[341] 赵荣. 中国古代地理学[M]. 北京：商务印书馆，1997.

[342] 赵云旗. 中国古代交通[M]. 北京：新华出版社，1993.

[343] 郑炳林. 敦煌归义军史专题研究[M]. 兰州：兰州大学出版社，1997.

[344] 郑若葵. 中华文明史话. 交通工具史话[M]. 北京：中国大百科全书出版社，2000.

[345] 郑学檬. 中国古代经济重心南移和唐宋江南经济研究[M]. 长沙：岳麓书社，2003.

[346] 郑焱. 中国旅游发展史[M]. 长沙：湖南教育出版社，2000.

[347] 中国唐代学会. 唐代研究论集. 第1~4辑[M]. 台北：台湾新文丰出版公

司，1992.

[348] 周成. 中国古代交通图典[M]. 北京：中国世界语出版社，1995.

[349] 周传家. 中国古代戏曲[M]. 北京：商务印书馆，1996.

[350] 朱金城笺校. 白居易集笺校[M]. 上海：上海古籍出版社，1988.

[351] 朱学西. 中国古代著名水利工程[M]. 天津：天津教育出版社，1991.

[352] 竺可桢. 竺可桢文集[M]. 北京：科学出版社，1979.

[353] 庄志民. 旅游经济发展的文化空间[M]. 上海：学林出版社，1999.

[354] 邹逸麟. 中国历史人文地理[M]. 北京：科学出版社，2001.

后 记

本书修改自我的博士学位论文，删除了附录部分关于唐代旅游者和旅游资源的详细统计数据，从44万余字删改到如今近18万字，今天终于算是完成了初步的修订工作。

但我不仅没有感觉到轻松，反而有更多的惶恐和忐忑。一是修改书稿过程中，发现原来博士论文存在许多不严谨和纰漏，越修改发现的问题越多，也越觉得当年的博士论文实在难以见人，越修改越能感受到恩师龚胜生先生言犹在耳的严厉指导和呕心沥血；二是本书作为恩师期望的《中国历史旅游地理研究》系列丛书的一部，本应几年前就出版，但因工作、生活上诸多琐事干扰，只能断断续续修修补补，一拖再拖，今日基本工作虽已完成，但自知质量上离恩师期望当有较大差距；三是根据工作的需要，近年来我的学术研究重心开始慢慢偏离唐代旅游地理研究领域，课余虽抽出很多时间用于历史旅游地理领域的阅读和学习，但更多是出于爱好以及一种精神享受和慰藉，对该领域的学术追求有待提高，加上本身不是历史学的科班出身，所以本书肯定还有很多问题，甚至错误，即将付梓之际，担心远多于喜悦；四是恩师向来严厉，甚至是苛刻，每次拜访他，都能感受到他的慈爱关怀中也有诸多殷切期望和严格要求，虽然毕业多年，依然能时时刻刻感受到他的威严，于我于恩师，拙作的出版当不是一项工程的完成，更不是解脱，只是万里长征中迈出的一小步，将来定有诸多修订、改造和提升，任重而道远，这既是对向本书倾注大量心血的师友亲人的回报和应有之举，也是对广大读者的负责和尊重。

拙作的出版，得到了武汉大学出版社陈君良先生的大力支持，他对本书提出了宝贵而专业的意见建议。本书同时受到湖北省社科基金一般项目（后期资助项目）（立项号：HBSK2022YB514）和江汉大学商学院学术著作出版资助，江汉大学商学院陈磊院长、汪朝阳副院长，以及学术著作出版评审专家们也对本书的修改完善提出了宝贵建议。恩师不仅百忙之中抽空对书稿进行细致的指导，也为本书作序，字里行间依然能感受到他的谆谆教诲和热切期盼。刘国旭、任唤麟、周军、何小芊、张涛等众多师兄弟也对本书出版给予了诸多勉励、支持和帮助，提出了许多意见建议。在此一并表示衷心的感谢！

因本人时间和能力所限，拙作定有诸多疏漏和不足，也恳请读到本书的专家、学者和各界朋友批评指正，不吝赐教！

刘　勋

2022 年 10 月于三角湖畔